Marivaux

un humanisme expérimental

par

HENRI COULET

professeur à l'Université de Provence

et

MICHEL GILOT

maître-assistant à l'Université de Grenoble III

Librairie Larousse

17, rue du Montparnasse et 114, boulevard Raspail, Paris-VIe

PQ
2003
.Z5C6

Librairie Larousse (Canada) limitée, propriétaire pour le
Canada des droits d'auteur et des marques pour le commerce
Larousse. — Distributeur exclusif au Canada : les Editions
Françaises Inc., licencié quant aux droits d'auteur et usager
inscrit des marques pour le Canada.

ISBN 2-03-035020-6

Table des matières

Pierre Carlet de Chamblain

S'il est des écrivains qu'on aimerait avoir connus par simple curiosité ou par vanité, sans croire que leur œuvre en recevrait alors un sens différent, il en est aussi auxquels on aurait voulu demander ce qu'ils ont au juste entendu faire, dont on aimerait savoir quelle espèce d'individus ils ont été, leur œuvre n'étant ni assez imprégnée de leur personne pour que la lecture nous en apprenne sur eux autant et plus qu'une conversation, ni assez indépendante d'elle pour ne pas soulever de questions auxquelles eux seuls auraient pu répondre. Marivaux est de ceux-là. On ne sait pas grand'chose de son existence et de son caractère, et ce que l'on en sait ne permet guère de gloser sur le bon sourire qui éclaire sa face ronde, dans le seul portrait qu'on ait de lui. Crébillon le fils et Voltaire avaient des visages autrement provocants. La vie de Marivaux fut-elle aussi transparente que ce sourire? Que l'homme ait laissé si peu de traces, c'est un indice, peut-être, que l'œuvre était de bonne foi.

Enfance et adolescence

Marivaux est né à Paris le 4 février 1688, y a été baptisé le 8 février, y a vécu sans doute ses années d'enfance, a dû y venir plusieurs fois chez des parents ou des amis avant de s'y installer définitivement en 1711 ou 1712. Sa mère, Marie Bullet, était la sœur de l'architecte du roi Pierre Bullet, artiste riche, protégé, qui ajoutait aux ressources venues normalement de ses travaux les profits de la spéculation foncière, et qui avait sur ses carnets de commande les noms les plus illustres de la magistrature et de la finance, le président Talon, le président de Mesmes, l'intendant des finances Poultier, le receveur des finances Crozat, le financier Jabach. Une enfance couvée par la tendresse maternelle, un goût formé dans le luxe de la haute société qui vivait dans les hôtels particuliers du Marais et de la place Vendôme, on pourrait expliquer par là la délicatesse de Marivaux, ce qu'il y a de féminin dans sa sensibilité. Les mères qu'il a peintes dans ses œuvres ne sont pourtant pas très tendres ni dévouées, et la critique a même remarqué qu'il n'y avait pas de rôle de mère dans *le Jeu de l'amour et du hasard,* où M. Orgon incarne la parfaite bonté paternelle. Mais les psychologues sauraient renverser l'objection : symbole de la pureté féminine, régnant sur son univers puéril, Marie Bullet a été pour Marivaux, ou pour son inconscient, le modèle de ces jeunes filles et jeunes femmes sensibles, farouches, Marianne, Silvia, Araminte, êtres idéaux que l'on s'émeut de voir exposés aux premières blessures de la vie; il rêvait d'une mère intacte, inaccessible, et projetait ce rêve dans de telles créations; quant à la mère protectrice qui, loin du père, abritait ses premières années et lui faisait le don quotidien de l'existence, on la retrouve dans les personnages de mères adoptives, étrangement répétés dans le premier roman de Marivaux, *les Effets surprenants de la sympathie,* et si importants aussi bien pour Tervire que pour la narratrice, dans *la Vie de Marianne.* Peut-être... Encore faudrait-il dire pourquoi les enfants adoptés sont toujours des filles, et pourquoi les pères, absents en effet des romans ou éloignés de l'action principale, sont des personnages si tendrement généreux dans les comédies. Il faudrait surtout ne pas oublier l'attendrissement avec lequel le jeune Inconnu du *Spectateur français* parle de sa mère:

> Je ne me souviens pas de l'avoir jamais regardée comme une personne qui avait de l'autorité sur moi; je ne lui ai jamais obéi parce qu'elle était la maîtresse et que je dépendais d'elle; c'était l'amour que j'avais pour elle qui me soumettait toujours au sien. Quand elle me disait quelque chose, je connaissais sensiblement que c'était pour mon bien; je voyais que c'était son cœur qui me

parlait, elle savait pénétrer le mien de cette vérité-là, et elle s'y prenait d'une manière qui était proportionnée à mon intelligence, et que son amour pour moi lui enseignait sans doute [...].

Si quelquefois je n'observais pas exactement ce qu'elle souhaitait de moi, je ne la voyais point irritée [...]; je ne lui voyais pas même un air sévère; je ne la retrouvais pas moins accueillante; elle était seulement plus triste; elle me disait doucement que je l'affligeais, et me caressait même en me montrant son affliction; c'était là mon châtiment, aussi je n'y tenais pas : un jeune homme né avec un cœur un peu sensible ne saurait résister à de pareilles manières [...]. Pour moi, je pleurais de tout mon cœur alors, et je lui promettais en l'embrassant de ne lui plus donner le moindre sujet de chagrin, et je tenais parole.

Point n'est donc besoin d'hypothèses hasardeuses : le monde fictif de Marivaux, dans la plus grande partie de son œuvre, est un monde de beauté, de sensibilité, de loisir, de bonheur; la réalité parisienne, telle qu'il a pu l'étudier quand il fut en âge de la comprendre, ne lui en offrait qu'un modèle trompeur dont il a démêlé l'imposture; ce sont peut-être ses premières impressions d'enfant qui lui en ont fait idéaliser la poésie.

A cette première expérience succéda une expérience contraire, celle de la province. Marivaux ne vécut avec son père qu'à partir de décembre 1698, quand Nicolas Carlet fut nommé contrôleur-contregarde de la Monnaie de Riom. Le séjour en province ne dura qu'une douzaine d'années au plus, dont il faut soustraire les périodes assez longues pendant lesquelles la Monnaie fut fermée; mais ces années étaient celles où l'esprit d'observation s'éveille, où l'enfant se livre avec audace et avec joie à la découverte du monde extérieur. Si la première enfance a préparé à Marivaux ses futures nostalgies, son adolescence en province a favorisé sa verve et sa gaîté. On peut croire qu'il a couru la campagne, pataugé dans les chemins boueux comme les voyageurs de *la Voiture embourbée* ou grelotté sur les routes dans le vent glacé de l'hiver :

Il gelait, nous avions tous au nez la roupie, et nous soufflions comme des chevaux; chacun avait les mains dans ses pochettes,

qu'il a observé la vie et les travaux des villageois :

> Ils apercevaient l'humble et petite retraite d'une fermière, qui entourée de trois ou quatre enfants, leur distribuait à chacun une écuellée de lait et de pain. Elle raccommodait après, à l'un un petit sabot partagé en deux; elle chaussait l'autre d'un bas grossier un peu crotté, mais utile; celui-ci se barbouillait avec avidité de sa portion de laitage. L'appétit s'ouvrait en les voyant manger [...].
>
> D'un autre côté, l'on voyait les écuries et les étables, où les bœufs et les vaches fatigués se rendaient d'un air lent. Le berger et la bergère hâlés par les ardents rayons du soleil, suivaient les troupeaux en folâtrant ensemble [...].
>
> Plus bas, était une grange, d'où l'on entendait le bruit des batteurs; quand ils étaient fatigués, ils se reposaient sur un tas de blé; et étendant un coin de leur habit, ils tiraient d'un panier une collation composée de fromage, et d'un pain nourrissant et noir. Un pot ébréché plein de vin mêlé avec l'eau leur fournissait à boire [...]. Au milieu de la cour était un large vivier; à côté l'on voyait un monceau de fumier, sage précaution contre la fatigue des terres,

qu'il a joué lui aussi au chevalier et à la princesse :

> Vous voilà donc, princesse! me disait-il en se jetant à mes genoux. Et moi, je faisais le beau, je redressais mon cou, et lui répondais d'une voix plus douce qu'une flûte ou qu'un hautbois : Oui, prince, me voilà; j'ai couru les mers, on m'a enlevée là, secourue dans cet endroit, et enfin je vous revois,

et s'est battu en duel avec une épée de bois, comme Pharsamon et Cliton, qu'il a déniché des pies sur les arbres comme les petits enfants du *Bilboquet*, qu'un peu plus tard il a rendu visite à de vieilles dames finissant leurs jours dans un château avec une dame de compagnie, moitié parente, moitié servante, comme M*me* Dursan dans *la Vie de*

Marianne, suivi les gentilshommes campagnards à la chasse au lièvre, et entendu les filles chanter au dessert, dans la gaieté des festins de village : « Maman, mariez-moi, vous savez la raison pourquoi » ou « Au loup, ma mère, au loup! Hélas, c'est fait de moi ». Peut-être enfin a-t-il été, quand il avait commencé son droit à Paris, un de ces jeunes étudiants (l'Oriante de l'Histoire du Solitaire) qui reviennent pour les vacances dans leur province, font les beaux esprits et prennent les premiers rôles dans les comédies de salon. Lorsqu'il a lu, à la même époque sans doute, Cervantès, Scarron, Charles Sorel surtout, il a dû y reconnaître bien des traits qu'il avait remarqués autour de lui dans sa province, et s'écrier : « Et moi aussi, je suis peintre! ». Non pas que ses œuvres soient faites de souvenirs personnels : on n'a pas le droit de forger des faits biographiques à partir de la fiction littéraire, surtout quand les sources théâtrales ou romanesques de cette fiction peuvent être décelées. Mais ou bien la littérature est un pur artifice, ou bien la justesse du ton, la sûreté du dessin dans les scènes provinciales et campagnardes, dès les premières œuvres, prouvent que Marivaux s'est inspiré de ce qu'il a vu et non pas toujours de ce qu'il a lu.

Ce qu'il a lu, c'est Scarron, Cervantès, Sorel, déjà nommés, Rabelais aussi, Marguerite de Navarre, les nouvelles de Montalvan, les tragi-comédies de Du Ryer et de Rotrou; il n'a pas pu faire ces lectures au collège, elles n'y avaient pas leur place. Témoignent-elles du goût retardataire de la province, du fond un peu vieilli de la bibliothèque paternelle? Montrent-elles au contraire que le très jeune Marivaux, à Paris, a subi l'influence d'un goût nouveau apparu dans les dernières années du siècle chez certains Modernes, d'un retour aux modèles baroques après la fragile perfection et le bref triomphe du classicisme? C'est ce que nous croirions plutôt.

Est-il même allé au collège, et fut-ce à celui de Riom? Probablement, mais non certainement. Le collège de Riom appartenait aux Oratoriens : avec Descartes, philosophe désormais introduit dans les écoles, et avec Pascal, que son génie plaçait au-dessus des querelles de théologiens (les Oratoriens n'étaient d'ailleurs pas sans affinités avec le jansénisme), ses maîtres ont pu lui faire lire le plus illustre penseur de cette époque, oratorien lui-même, Malebranche, dont la pensée l'a profondément pénétré. Mais il a presque aussitôt corrigé ces sévères doctrines par la lecture de Fontenelle et les conversations des épicuriens mondains.

« Petrus Decarlet, Parisiensis »

Né dans la capitale et y ayant grandi, Marivaux n'a pas pu la découvrir avec l'étonnement qu'il prête à Marianne :

> Je ne saurais vous dire ce que je sentis en voyant cette grande ville, et son fracas, et son peuple, et ses rues. C'était pour moi l'empire de la lune : je n'étais plus à moi, je ne me ressouvenais plus de rien; j'allais, j'ouvrais les yeux, j'étais étonnée, et voilà tout,

ni avec le plaisir de Jacob, le « paysan parvenu » :

> Je fus ravi de me trouver dans cette grande ville; tout ce que j'y voyais m'étonnait moins qu'il ne me divertissait; ce qu'on appelle le grand monde me paraissait plaisant;

mais il dut bien éprouver quelque sorte de vertige, devant l'immensité de la ville fertile en rencontres et devant sa propre liberté, quand il décida de se qualifier de « parisien », le 30 avril 1712, en prenant sa troisième inscription à l'École de Droit dont il n'était depuis 1710 qu'un étudiant passager résidant en province.

Il a aimé Paris, cet « abrégé du monde ». Avant Restif de la Bretonne, longtemps avant Léon-Paul Fargue, il en a été le Spectateur et le Piéton, observant la foule des « porteurs de visages » à la sortie de la Comédie, à l'église, dans les promenades publiques, dans les boutiques de libraires, de tailleurs ou de savetiers, essayant de trier les caractères originaux et de comprendre quels espoirs, quelles passions, quelles vanités, quels malheurs avaient poussé les uns contre les autres tous ces êtres : il sera l'un des premiers romanciers à faire de Paris non seulement le lieu, mais l'instrument et l'image d'un destin.

Quelles étaient ses intentions, quelles perspectives s'ouvraient à lui? Il n'avait pas l'énergie et l'ambition d'un

Rastignac, ni l'avidité de jouissance d'un Jacob. Il voulait écrire, il écrivait depuis plusieurs années déjà. Quand il publie à Limoges, en mars 1712, sa première et bien maladroite comédie, *le Père prudent et équitable,* il tenait en réserve dans ses cartons *les Effets surprenants de la sympathie,* long roman un peu moins maladroit et bien plus riche de promesses, qu'il avait dû commencer dès 1709 ou 1710, et il avait poussé assez loin la rédaction de son second roman, *Pharsamon ou les nouvelles folies romanesques,* qu'il acheva avant la fin de 1712. On ne pouvait guère vivre de la littérature, en ce début du XVIIIe siècle, qu'à condition d'accepter des besognes de compilateur et de traducteur; mais Marivaux ne songeait pas à s'assurer un autre moyen d'existence, il ne s'intéressait même plus à ses études et les interrompit en 1713, après avoir omis de se présenter au baccalauréat en droit auquel il s'était fait inscrire comme candidat l'été précédent. Très vite, le débutant provincial était devenu un homme de lettres parisien, comme le montre la série d'œuvres spirituelles, satiriques, parodiques, de plus en plus engagées dans les débats d'actualité, qu'il écrivit en 1713, 1714, 1715, *la Voiture embourbée, le Bilboquet, l'Iliade d'Homère travestie en vers burlesques, le Télémaque travesti,* ce dernier publié seulement en 1736 sans que nous sachions exactement la cause de ce retard.

De sa carrière littéraire, il faut ici examiner à part la période qui va du début de 1716 à la fin de 1721 : elle permet de définir la position de Marivaux dans la société et le rapport entre cette position et son œuvre. Le silence que Marivaux observa pendant environ dix-huit mois après la rédaction du *Télémaque travesti,* et qui coïncide avec le passage du pouvoir absolu de Louis XIV à la Régence de Philippe d'Orléans et avec le changement d'atmosphère politique et morale, préparait son renouvellement littéraire. En deux ans Marivaux, romancier confirmé, s'ouvrit plusieurs autres voies d'expression qu'il allait par la suite se rendre tout à fait personnelles : l'essai périodique du moraliste, avec les *Lettres sur les habitants de Paris;* la réflexion critique, avec les *Pensées sur différents sujets;* la comédie psychologique et poétique en prose, supplantant définitivement pour lui la comédie d'intrigue en vers à la

Regnard et suscitée par l'arrivée, à l'appel du Régent, des nouveaux comédiens italiens, avec *l'Amour et la Vérité* et *Arlequin poli par l'amour;* le récit à la première personne, fait pour l'analyse psychologique, avec la *Lettre contenant une aventure;* la seule voie où il échoua, ou du moins où il ne persévéra pas après *Annibal,* fut la tragédie. Voulut-il ensuite recueillir ses forces pour de plus longs projets, pour quelque « ouvrage de très longue haleine » comme *le Spectateur français,* qu'il présentait ainsi dans son premier numéro? Cette première feuille fut le seul ouvrage de Marivaux donné au public entre novembre 1720 et janvier 1722. En réalité, ayant peut-être voulu trop vite tout sacrifier à la littérature, Marivaux se trouva plongé dans des difficultés matérielles où sa vocation d'écrivain aurait pu sombrer.

Il s'était marié en juillet 1717, à Paris; Colombe Bologne était de Sens, nous ignorons comment Marivaux l'avait rencontrée. Imaginer qu'il n'ait voulu faire qu'un mariage d'argent serait ridicule, mais sa condition personnelle s'en trouvait profondément changée : il n'était plus le jeune homme — pas tout à fait jeune, il avait trente ans — indépendant, libre de vivre d'expédients et de tenter sa chance en littérature; il était responsable du bonheur de sa femme, bientôt père d'une petite fille, allié à des bourgeois aisés qui l'aidaient à mieux assurer son existence (la dot de Colombe était importante), mais qui attendaient sans doute de lui qu'il devînt un des leurs, un officier de justice ou de trésorerie, promis à quelque charge honorifique et lucrative. Sans s'être élevés très haut ni s'être beaucoup enrichis (sauf l'oncle maternel, Blaise Martin, trésorier de l'extraordinaire des guerres à Sélestat), tous les parents connus de Colombe Bologne appartenaient à la bourgeoisie des fonctionnaires et des financiers, parmi lesquels il semble bien que Marivaux ait essayé de faire carrière.

Il était déjà de cette classe par son père et par sa mère : Nicolas Carlet avait rempli des offices d'intendance dans la marine, au Havre, puis dans l'armée en Allemagne. Ils l'avaient forcé à vivre loin de sa famille et ils ne l'avaient pas enrichi, quand ils en enrichissaient tant d'autres, moins scrupuleux. Grâce à l'intervention de son beau-frère l'architecte Pierre Bullet, il avait obtenu la charge de contrôleur-contregarde, puis de directeur de la Monnaie à Riom : exercée par lui, cette charge ne rapportait pas grand'chose, mais à sa mort, en 1719, Marivaux demanda à lui succéder, soit pour recueillir quelque chose de l'héritage paternel, en partie engagé dans l'exercice de la charge, soit pour avoir un point de départ d'où il se serait élevé à des charges plus hautes. Cette demande n'eut pas de suite, on n'a pas découvert pourquoi, mais elle fait comprendre ce qu'aurait pu être Pierre Carlet, s'il n'avait pas été Marivaux.

Du côté de sa mère, si Pierre Bullet, oncle de Marivaux, était riche et bien reçu des grands, son fils Jean-Baptiste Bullet de Chamblain, cousin de Marivaux qui lui emprunta — témoignage d'affinité ou d'admiration — son premier pseudonyme littéraire, était aussi riche, aussi bien pourvu de hautes relations, et encore plus ambitieux. Le père avait été spéculateur, le fils entra « dans les traittez », comme on disait alors, et y réussit assez bien pour être frappé d'une amende par une chambre de justice instituée sous la Régence. Architecte du roi comme son père, avec lequel il travailla, Bullet de Chamblain eut lui aussi une clientèle de hauts fonctionnaires et de riches financiers, Chamillart, contrôleur général, Dodun, contrôleur, les frères Pâris, le traitant Bourvalais pour lequel il dessina les plans du château de Champs.

Beaucoup des personnages dont le nom figure dans la biographie de Marivaux sont eux aussi, à des niveaux plus ou moins élevés, hommes d'offices ou de finances, depuis Crébillon le tragique, conseiller du roi, receveur des amendes à la cour des aides, jusqu'aux fermiers généraux Lallemand de Bez et Helvétius. Sous l'influence de quelques-uns d'entre eux, ou de leurs amis des salons, il se hasarda à spéculer, acheta des actions, fut ruiné par la faillite de Law. Négligent dans l'agio, patient dans la ruine, il se comportait à l'inverse de bien des gens de sa classe, mais il s'engageait dans les mêmes voies qu'eux, sans avoir leurs moyens ni leur audace. En 1721, il reprit ses études de droit, les acheva rapidement en profitant des facilités qui étaient faites à un étudiant de son âge et se fit recevoir avocat au Parlement de Paris aussitôt après. Il n'est pas impossible qu'il ait plaidé. Sans argent, ayant renoncé au maigre héritage de son père, sans terre, probablement endetté, veuf dès 1723, il fut une nouvelle fois sur le point d'entrer dans une carrière — une ornière dont sa paresse le sauva :

> Oui, mon cher ami, je suis paresseux, et je jouis de ce bien-là, en dépit de la fortune qui n'a pu me l'enlever et qui m'a réduit à très peu de chose sur tout le reste.

Il manquait aussi de l'effronterie nécessaire (Jacob lui-même en manquait) et n'avait pas le souffle assez long pour courir après la fortune :

> Quand on demande des grâces aux puissants de ce monde, et qu'on a le cœur bien placé, on a toujours l'haleine courte.

Il eut ainsi la position particulière d'un témoin ironique, sans illusion, quelquefois très sévère, et resté cependant solidaire de son milieu naturel par ses goûts et même par ses préjugés. Ce milieu, c'est celui de la bourgeoisie riche, alliée à la noblesse et constituant avec elle ce que Herbert Lüthy a appelé « la haute société consommatrice du produit social et qui n'est, économiquement, que consommatrice ». Elle n'a pas les qualités de la bourgeoisie marchande, manufacturière et bancaire qui se développera un peu plus tard; elle ignore les vertus du travail et de l'économie et vit de ses charges et de ses terres, quand elle en a, de ses rentes sur « la place » ou sur les particuliers, quand elle est moins bien pourvue, ce qui était le cas de Marivaux. Dès qu'il eut un peu d'argent, Marivaux se constitua des rentes, mais il dut lui-même en payer à ceux dont il était débiteur et comme il était dépensier et que ses œuvres ne lui rapportèrent à peu près de quoi vivre qu'à une date assez tardive, on le soupçonna d'accepter des protections humiliantes. Il eût sans doute subi encore plus d'humiliations s'il avait voulu « parvenir ». Son détachement lui permet de juger la société dans des termes qui annoncent les éloquentes dénonciations de Rousseau :

> Soyez méchant, et vous brillerez; nuisez à vos rivaux, trouvez le secret de les accabler, ce ne sera là qu'un triomphe glorieux de votre habileté sur la leur; soyez

tout fraude et toute imposture, ce ne sera rien que politique, que manège admirable; vous êtes dans l'élévation, et à cause de cela les hommes, qui sont vains et qui voudraient bien être où vous êtes, vous regardent avec autant d'égards qu'ils croiraient en mériter s'ils étaient à votre place [...]. Non seulement les actions de cette nature se sauvent du mépris qu'elles mériteraient, mais on semble les exiger de celui qui est en place, et s'il demeure oisif, on ne l'estime pas beaucoup, c'est un homme de peu de valeur, qui ne donne point de spectacle, et qui languit dans la carrière.

Ces puissants orgueilleux sont ceux qui, à Versailles, quand Jacob va trouver M. de Fécour pour lui demander un emploi, l'accueillent d'« un air fier et hautain », jettent sur lui des « regards libres, hardis, et pleins d'une curiosité sans façon », pour « s'amus[er] à [le] mépriser en passant ». Ce sont eux, et les petits-maîtres libertins, prodigues, mauvais payeurs, les femmes coquettes, vaniteuses, tyranniques envers leurs domestiques, que l'esclave Cléanthis fustige quand ils ont besoin de son pardon pour retrouver leur rang, dans *l'Île des esclaves* :

> Il s'agit de vous pardonner, et pour avoir cette bonté-là, que faut-il être, s'il vous plaît? Riche? non; grand seigneur? point du tout. Vous étiez tout cela; en valiez-vous mieux? Et que faut-il donc? Ah! nous y voici. Il faut avoir le cœur bon, de la vertu et de la raison; voilà ce qu'il faut, voilà ce qui est estimable, ce qui distingue, ce qui fait qu'un homme est plus qu'un autre. Entendez-vous, Messieurs les honnêtes gens du monde? Voilà avec quoi l'on donne les beaux exemples que vous demandez, et qui vous passent. Et à qui les demandez-vous? A de pauvres gens que vous avez toujours offensés, maltraités, accablés, tout riches que vous êtes, et qui ont aujourd'hui pitié de vous, tout pauvres qu'ils sont. Estimez-vous à cette heure, faites les superbes, vous aurez bonne grâce! Allez, vous devriez rougir de honte.

La littérature de cette époque — la littérature avouée et autorisée, car dans la clandestinité le curé Meslier lançait des accusations encore plus énergiques au nom des pauvres et des paysans — faisait la satire du monde, Dufresny en montrait la ridicule mascarade, La Bruyère en cinglait la vanité, la sottise, la bassesse, la cupidité; un peu après eux, Montesquieu en dévoilera le conformisme, Crébillon l'immoralisme et l'hypocrisie. Pourtant personne, avant la seconde moitié du siècle, ne s'est intéressé comme Marivaux à toute la diversité du corps social, n'a eu sa sympathie pour les artisans, les boutiquiers, les paysans, les indigents même et les ivrognes. Si le ton est plus vindicatif chez La Bruyère, qu'on ne s'y trompe pas; son cri : « Je veux être peuple! » ressemble bien à une gageure et après avoir cité le fameux tableau de « certains animaux farouches », on serait bien embarrassé de trouver dans *les Caractères* un autre texte concernant les paysans. Marivaux a plus de chaleur, une plus grande ouverture de cœur, une expérience plus authentique de la paysannerie et de la « populace », et sait beaucoup mieux se mettre à la place des autres.

Mais une fois qu'il les a compris, il regagne aussitôt la sienne et ne parle pas en leur nom. Pas plus que La Bruyère, Dufresny ou Montesquieu, il ne songe à renverser la hiérarchie des rangs et des richesses; l'ordre de la société lui paraît conforme à l'ordre de la création, l'inégalité est nécessaire, pourvu qu'elle n'entraîne pas le mépris des supérieurs pour les inférieurs :

> Il n'est pas défendu d'être mieux que les autres; la raison même dans beaucoup d'occasions veut que ceux qui sont utiles, qui ont de certaines lumières, de certains talents, jouissent d'une fortune un peu distinguée; et quand l'homme heureux n'aurait rien qui méritât ce privilège, il est un Être Supérieur qui préside sur nous et dont la sagesse permet sans doute cette inégale distribution que l'on voit dans les choses de la vie; c'est même à cause qu'elle est inégale que les hommes ne se rebutent pas les uns des autres, qu'ils se rapprochent, se vont chercher et s'entraident.

Il suffit que les grands soient généreux, qu'ils reconnaissent des hommes comme eux dans les humbles. « Les âmes [...] ne sont-elles pas toutes d'une condition égale? » demande à Marianne un officier âgé qui veut l'épouser; comme le dit le gouverneur Théophile à son pupille le prince Théodose :

« Dans la nature, votre sang, le mien, celui de tous les hommes, c'est la même chose; nous le tirons tous d'une source commune. » La fraternité que prêche Marivaux est toute de sentiment. Quand les maîtres ont compris leurs fautes et s'en repentent, les esclaves leur pardonnent et reprennent leur livrée; dans l'*Ile de la Raison,* le paysan Blaise est bien le premier à retrouver sa taille normale, mais les seuls qui restent nains sont le philosophe et le poète, non pas la comtesse et le courtisan. La qualité sociale n'est pas obligatoirement solidaire de la qualité morale, et si les interlocuteurs de l'*Éducation d'un prince* sont d'accord pour reconnaître que l'on voit « des hommes du plus bas étage qui sont des hommes admirables » et « de grands seigneurs par la naissance qui avaient une âme indigne », l'inverse paraît encore plus naturel; le maître n'est pas mauvais comme maître, mais comme individu; son caractère, non son rang, fait sa méchanceté, et il existe assez de grands dont l'âme est également grande. Marivaux est sans doute sincère quand il fait dans *la Vie de Marianne* l'éloge de l'un d'eux, auteur d'un « jugement plein de bonté et de vertu » :

> Celui-ci [...] gouvernait à la manière des sages, dont la conduite est douce, simple, sans faste, et désintéressée pour eux-mêmes; qui songent à être utiles et jamais à être vantés; qui font de grandes actions dans la seule pensée que les autres en ont besoin, et non pas à cause qu'il est glorieux de les avoir faites [...].
>
> C'était comme un père de famille qui veille au bien, au repos et à la considération de ses enfants, qui les rend heureux sans leur vanter les soins qu'il se donne pour cela, parce qu'il n'a que faire de leur éloge; les enfants, de leur côté, n'y prennent pas trop garde, mais ils l'aiment.

Selon qu'on commencera par citer les textes revendicatifs ou les textes conciliateurs, on donnera l'image d'un Marivaux révolté contre l'ordre social ou d'un Marivaux conformiste. La vérité est qu'il faut lire ces textes ensemble, et comprendre que Marivaux s'indigne avec l'opprimé tout en considérant, en bon disciple de Malebranche, que le respect de l'ordre est une des plus essentielles vertus. Ni servilement aveugle, ni cyniquement négateur, il sourit avec ironie et bonté — comme dans son portrait par Van Loo?

L'école de la société

Ses fréquentations parisiennes lui ont surtout appris « la science du cœur humain ». Il était trop jeune, quand il s'installa définitivement à Paris, pour vraiment connaître les hommes. Bien qu'il eût déjà acquis la double expérience, enfant, du raffinement, et adolescent, de la rusticité, il n'avait guère idée de cette science que par les livres; or

> ce n'est pas dans les livres qu'on l'apprend, c'est elle au contraire qui nous explique les livres, et qui nous met en état d'en profiter.

Marivaux ajoute aussitôt :

> C'est la société, c'est toute l'humanité même qui en tient la seule école qui soit convenable, école toujours ouverte où tout homme étudie les autres, et en est étudié à son tour; où tout homme est tour à tour écolier et maître.
> Cette école réside dans le commerce que nous avons tous, et sans exception, ensemble.

Le vif sentiment qu'il avait d'une solidarité continue entre tous les membres de la grande société humaine lui a évité de ne voir, comme Crébillon fils, que les groupes étroits de la seule « bonne société ». Mais c'est aux leçons de cette « bonne société » qu'il a formé son goût et son esprit critique, recevant d'elle à la fois une nouvelle expérience et les livres que cette expérience éclairait.

Nous avons supposé que son enfance lui avait rendu chère la grâce féminine avant même qu'il ait su ce qu'était une femme. Il découvrit à Paris la signification de la coquetterie, dont ses premiers romans ne montraient que des expressions outrancières. Il ne cessa de la considérer comme un vice, mais il devina l'ivresse que l'orgueil y goûte, il ne put s'empêcher d'en admirer la virtuosité, l'audace, l'impérieux élan. Il apprit aussi à l'expliquer par la condition faite à la femme dans la société mondaine :

> Nous avez-vous laissé d'autres ressources que le misé-rable emploi de vous plaire?
>
> Nous sommes méchantes, dites-vous? Osez-vous nous le reprocher? Dans la triste privation de toute autorité où vous nous tenez, de tout exercice qui nous occupe, de tout moyen de nous faire craindre comme on vous craint, n'a-t-il pas fallu qu'à force d'esprit et d'industrie, nous nous dédommageassions des torts que nous fait votre tyrannie? Ne sommes-nous pas vos prisonnières; et n'êtes-vous pas nos geôliers? Dans cet état, que nous reste-t-il, que la ruse? Que nous reste-t-il, qu'un courage impuissant, que vous réduisez à la honteuse nécessité de devenir finesse? Notre malice n'est que le fruit de la dépendance où nous sommes. Notre coquetterie fait tout notre bien.

Quoique cette femme qu'un vieillard philosophe fait parler plaide coupable d'un ton un peu trop contrit, les charmes les plus attirants de la sensibilité, les plaisirs les plus stimu-lants de l'esprit sont bien les produits d'une certaine perver-sité, comme l'a démêlé avec pénétration Jacob dans *le Pay-san parvenu* :

> Cette jambe si bien chaussée, si galante, que j'avais tant regardée; ces belles mains si blanches qu'on m'avait si tendrement abandonnées; ces regards si pleins de dou-ceur; enfin l'air que l'on respire au milieu de tout cela : voyez que de choses capables de débrouiller mon esprit et mon cœur! Voyez quelle école de mollesse, de volupté, de corruption, et par conséquent de sentiment! car l'âme se raffine à mesure qu'elle se gâte.

Le raffinement du monde est donc la conséquence de sa corruption; Marivaux n'a pas été plus aveugle que Crébillon fils sur la « bonne compagnie » dont Versac juge le ton mépri-sable, dans *les Égarements du cœur et de l'esprit*. Mais il met à part de cette « bonne compagnie » une élite lucide, rigoureuse dans son refus de l'artifice, qui s'est presque déli-vrée de la méchanceté originelle au lieu de la déguiser. La politesse y est accueil discret et sans réserve, reconnaissance des égards dus à toute personne humaine; la conversation y permet à chacun d'être naturellement lui-même et établit un accord sans contrainte des esprits et des cœurs. Versac, dont le mépris ne s'étend pas jusqu'à elle, a noté de façon un peu extérieure son bon goût :

> Pour avoir le ton de la vraiment bonne compagnie, il faut avoir l'esprit orné sans pédanterie, et de l'élégance sans affectation, être enjoué sans bassesse et libre sans indécence;

Marianne, chez Madame Dorsin, a compris que cette élégance tenait autant du naturel que de l'éducation, et qu'elle était une qualité morale plus encore qu'esthétique :

> Je leur entendais dire d'excellentes choses, mais ils les disaient avec si peu d'effort, ils y cherchaient si peu de façon [...] qu'il ne tenait qu'à moi de croire qu'ils disaient les choses les plus communes. Ce n'était point eux qui mettaient de la finesse, c'était de la finesse qui s'y rencontrait; ils ne sentaient pas qu'ils parlaient mieux qu'on ne parle ordinairement; c'étaient seulement de meilleurs esprits que d'autres [...] sans qu'ils eussent besoin d'y tâcher, et je dirais volontiers sans qu'il y eût de leur faute [...].
>
> Enfin ils me mettaient à mon aise; et moi qui m'imaginais qu'il y avait tant de mystère dans la politesse des gens du monde, et qui l'avais regardée comme une science qui m'était totalement inconnue et dont je n'avais nul principe, j'étais bien surprise de voir qu'il n'y avait rien de particulier dans la leur, rien qui me fût si étranger; mais seulement quelque chose de liant, d'obligeant et d'aimable.
>
> Il me semblait que cette politesse était celle que toute âme honnête, que tout esprit bien fait trouve qu'il a en lui dès qu'on la lui montre.

Les deux protectrices de Marianne, Mme de Miran et Mme Dorsin, représentent peut-être les deux dames dont Marivaux fréquenta d'abord les salons à Paris, Mme de Lambert et Mme de Tencin, bien qu'il y ait entre les portraits et les modèles des différences importantes et voulues; elles représentent surtout l'idéal mondain de Marivaux ou plutôt son idéal des honnêtes gens tel qu'il l'a imaginé en les fréquentant. Il avait pu lire, ou entendre formuler par Mme de Lambert, la définition qu'elle donnait du bon goût :

> Jusqu'à présent on a défini le bon goût, un usage établi par les personnes du grand monde, poli et spirituel. Je crois qu'il dépend de deux choses : d'un sentiment très délicat dans le cœur, et d'une grande justesse dans l'esprit.

Instruit à cette école et encouragé par sa nature propre, Marivaux alla-t-il jusqu'à l'excès? Ses contemporains reprochaient à ses écrits comme à son caractère d'être trop délicats, et nous pourrions lui appliquer ce que Mme de Lambert encore disait de la délicatesse :

> Elle découvre mille beautés, et rend sensible à mille douceurs qui échappent au vulgaire : c'est un microscope, qui grossit pour certain temps ce qui est imperceptible aux autres : elle fait l'assaisonnement de tous les plaisirs; se pourrait-il que nous procurant tant d'avantages, elle ne fût pas souhaitable?
>
> Il est pourtant aisé de remarquer combien la délicatesse d'esprit cause de dégoûts. Rarement content des autres, jamais content de soi-même, avec ce faux trésor on passe sa vie dans une idée de perfection, qu'on ne trouve pas chez autrui, et qu'on ne peut attraper soi-même [...].
>
> Mais ces malheurs ne sont rien, si on les compare avec ceux que cause la délicatesse des sentiments. Quelle source de querelles entre deux cœurs qui ne sont pas également touchés! Quel crime ne fait-elle pas d'un manque d'attention et de sincérité?

Il faudrait atténuer quelque chose de ce texte s'il concernait réellement Marivaux, ce qui est hors de vraisemblance; la bonté de Marivaux — «dans ce monde, il faut être un peu trop bon pour l'être assez», selon le mot justement célèbre de M. Orgon dans *le Jeu de l'amour et du hasard* — devait faire passer sur son caractère difficile, et que serait la bonté sans délicatesse? Une blessure pour celui à qui l'on croirait faire du bien; M. Bono dans *le Paysan parvenu* et Mme

Dutour dans *la Vie de Marianne* en donnent la preuve. Chez les « nouveaux précieux », la subtilité de l'esprit n'arrêtait pas les mouvements de la sensibilité, elle en faisait au contraire mieux goûter les nuances. C'est Fontenelle, à qui Mme de Tencin reprochait d'avoir de la cervelle à la place du cœur, qui a d'avance décrit les qualités les plus caractéristiques du « marivaudage » au théâtre :

> La finesse, la délicatesse, enfin l'agrément de ces effets de passion, consistent assez ordinairement dans une espèce de contradiction qui s'y trouve. On fait ce qu'on ne croit pas faire, on dit le contraire de ce qu'on veut dire, on est dominé par un sentiment qu'on croit avoir vaincu, on découvre ce qu'on prend un grand soin de cacher. Celle de toutes les passions qui fournit le plus de ces sortes de jeux, et peut-être la seule qui en fournisse, c'est l'amour,

ou dans le roman :

> Sans prétendre ravaler le mérite qu'il y a à bien nouer une intrigue, et à disposer les événements de sorte qu'il en résulte de certains effets surprenants, je vous avoue que je suis beaucoup plus touché de voir régner dans un roman une certaine science du cœur, telle qu'elle est, par exemple, dans *la Princesse de Clèves*. Le merveilleux des incidents me frappe une fois sur deux, et puis me rebute; au lieu que les peintures fidèles de la nature, et surtout celles de certains mouvements du cœur presque imperceptibles, à cause de leur délicatesse, ont un droit de plaire qu'elles ne perdent jamais.

A la date où ce texte parut (1687), Marivaux n'était pas né; son œuvre romanesque ne se rattachera d'ailleurs pas à la tradition de *la Princesse de Clèves :* il n'en est pas moins net qu'elle atteindra certains des buts proposés aux romanciers par un écrivain dont Marivaux écouta attentivement les leçons; de même ses comédies relèveront d'un genre comique moyen, défini par Fontenelle dans la Préface de son propre Théâtre, et où « le pitoyable et le tendre » s'unissent avec « le plaisant et le ridicule » dans une représentation de « la vie ordinaire ».

Fontenelle invoquait l'exemple de la Comédie-Italienne (l'Ancienne, qui avait été expulsée en 1694 et que Marivaux n'avait sans doute pas connue), mais il citait aussi Destouches, Nivelle de la Chaussée et Gresset, sans compter lui-même. Il ne nommait pas Marivaux qui s'en irrita. Simple oubli, selon Trublet; il faut plutôt penser que Fontenelle préférait ne rien dire d'un disciple trop indépendant, de même que Marivaux protesta quand on l'accusa d'imiter Fontenelle, dont il ne prétendit jamais renier l'influence. Il admira aussi Crébillon le tragique et La Motte, que nous avons bien oubliés, et il leur dut d'authentiques émotions de théâtre, cette expérience d'un intérêt vif et soutenu, sans passages à vide et sans pathétique extérieur, qu'il voulut ensuite faire connaître aux spectateurs de ses pièces :

> Certainement c'est ce qu'on peut regarder comme le trait du plus grand maître; on aurait beau chercher l'art d'en faire autant, il n'y a point d'autre secret pour cela que d'avoir une âme capable de se pénétrer jusqu'à un certain point des sujets qu'elle envisage. C'est cette profonde capacité de sentiments qui met un homme sur la voie de ces idées si convenables, si significatives; c'est elle qui lui indique ces tours si familiers, si relatifs à nos cœurs; qui lui enseigne ces mouvements faits pour aller les uns avec les autres, pour entraîner avec eux l'image de tout ce qui s'est déjà passé; et pour prêter aux situations qu'on traite ce caractère séduisant qui sauve tout, qui justifie tout [...].

Le grand maître doué de ces pouvoirs, c'est l'auteur d'*Inès*, Houdart de La Motte. Pour être sensible à ses qualités, comme à celles de Crébillon le tragique, il fallait ne pas être « l'homme épais » qui reçoit seulement des « impressions grossières », mais, comme Marivaux, « l'homme délicat » qui « porte sa vue et son sentiment plus loin » et qui développe toute la « finesse » d'un trait, toute « une infinité d'autres petites images sous-entendues ». Devenu maître à son tour, Marivaux reconnut que La Motte « remuait moins qu'il n'éclairait » et qu'« il parlait plus à l'homme intelligent qu'à l'homme sensible ». Mais ces écrivains, dont il lisait les œuvres, dont il allait voir représenter les pièces, avec qui il discutait dans les salons, firent de lui aussi un écrivain et l'aidèrent à réfléchir sur son art.

Aux conversations des salons s'ajoutaient les discussions des cafés. Nous savons que les gens de lettres fréquentaient le café Laurent, le café Gradot, le café Procope, et que Marivaux à un moment ou à un autre a pu y rencontrer La Motte, Crébillon père, Fontenelle, l'abbé de Pons, Boindin, Saint-Foix, Saurin, Duclos... Nous savons qu'on y parlait de littérature, de religion, de politique, de la querelle d'Homère et de l'existence de Dieu. Mais il est difficile de bien distinguer les époques, les groupes d'interlocuteurs, et surtout de savoir quelle part Marivaux prenait à la discussion. Si l'on en croit ce qu'il a dit, il préférait s'abstenir, même si ses propres amis prenaient la parole et exprimaient des idées qui étaient les siennes :

> J'entrai l'autre jour dans un de ces endroits, où s'assemblent de fort honnêtes gens, la plupart amateurs de belles lettres, ou savants; je les connais presque tous; ils sont dans le particulier de la plus aimable société du monde, raisonnables autant que spirituels; se trouvent-ils ensemble, vous ne les reconnaissez plus; ils sont à l'instant saisis de la fureur d'avoir plus d'esprit les uns que les autres.
>
> Il part une question; l'un la décide hardiment, et sans appel; un autre condamne tout net ce que le premier a dit; un troisième s'élève qui les condamne tous deux : pendant qu'ils se disputent ensemble, un quatrième, par un ton qui se fait faire place, et qui vaut un coup de tonnerre, leur annonce sans cérémonie que tout ce qu'ils disent ne vaut rien [...].

Dans le groupe des bourgeois auquel il appartenait par sa naissance et par son mariage, chez les gens du monde, chez les gens de lettres, Marivaux se prêtait, mais ne se donnait pas; il jouait sa partie et gardait son quant-à-soi, attitude ambiguë qu'expliquait sa position sociale de consommateur sans ressources, et son caractère personnel, susceptible et généreux. A trente ans, il passait encore pour « un blanc-bec » et « le petit garçon de la société », sans doute parce que, malgré le respect et l'obéissance que Malebranche déclarait dus aux puissances souveraines et subalternes, il laissait voir qu'il ne prenait pas toujours cette société au sérieux, comme le jour où, en présence d'une femme de fermier général, il fit royalement l'aumône à un mendiant parce que ce mendiant aimait la paresse. Aux plaisirs raffinés qu'il savait goûter aussi bien que personne, il était capable d'opposer les plaisirs d'un repas de gueux :

> Ces repas-là ne sont pas les plus mauvais, je vous assure : la politesse n'y gêne personne. Aussi n'a-t-on que faire d'elle, quand on veut se divertir : ce n'est pas le plaisir qui l'a inventée [...]. Je parle de cette politesse, ou si vous voulez de cette bienséance, de ce bel air que les gens du monde ont dans leurs festins, où il faut s'observer et avoir une façon de boire et de manger qui est de convention [...]. Si vous haussez trop le coude en buvant, on dira que vous n'êtes qu'un provincial, qu'un petit bourgeois qui n'a pas coutume d'être en bonne compagnie; voyez ce que c'est : ô gens du monde, que vous êtes de pauvres gens!

Eût-il vraiment voulu vivre avec d'autres gens que ces pauvres gens du monde? Il ne vendit pas sa montre comme Rousseau, ne se retira pas loin de la ville dans un ermitage en forêt et ne se défit pas des quelque trente habits brodés qui figurèrent sur l'inventaire qu'on fit de ses biens après sa mort. Spectateur, il était comme le philosophe dont il a décrit l'attitude devant la folie et la méchanceté humaines :

> Le philosophe ne hait ni ne fuit les hommes, quoiqu'il les connaisse; il n'a pas cette puérilité-là; car sans compter qu'ils lui servent de spectacle, en qualité d'homme il est lui-même uni à eux par une infinité de petits liens dont il sent l'utilité et la douceur, mais qu'il tient toujours si aisés à rompre en cas de besoin, que son âme en badine, et n'est jamais gênée.

Le spectateur en spectacle

« Je ne ferai point mon portrait », dit le narrateur de la Voiture embourbée, « il serait trop beau ou trop froid; car les hommes sur eux-mêmes, grâce à l'amour-propre, ne savent pas saisir le point de justesse ». Marivaux n'a jamais rien dit de lui-même et nous avons dû doucement forcer les textes à nous parler de leur auteur, sans être bien sûrs de saisir autre chose qu'un masque. On peut interroger les témoins qui l'ont regardé les regarder, mais ils n'ont vu de lui que ce qu'il a bien voulu leur montrer et ce qu'ils étaient capables de voir. L'un des rares à ne trouver qu'à louer dans son caractère est celui qui le reçut à l'Académie Française en 1743, Mgr Languet de Gergy :

> Ce n'est point tant [à vos ouvrages] que vous devez notre choix qu'à l'estime que nous avons faite de vos mœurs, de votre bon cœur, de la douceur de votre société, et si j'ose le dire, de l'*amabilité* de votre caractère [...].
>
> [L'Académie] aime en vous d'avance ce caractère liant, affable, sociable, obligeant, d'un cœur sans vanité, sans humeur, sans ces petitesses dont l'amour-propre se pare et se nourrit, tandis qu'il offense et qu'il révolte celui des autres.

Comme pour contredire cet éloge, Marivaux, raconte d'Alembert, « fut sur le point de demander justice à l'Académie et à l'assemblée d'une leçon » qui exaltait ses mœurs aux dépens de ses ouvrages. L'éloge était pourtant sincère, puisque Lesbros de la Versane en reprit textuellement la principale phrase dans son propre *Éloge historique de M. de Marivaux.* Mais la plupart de ceux qui ont connu Marivaux, Voisenon, Grimm, Trublet, Fontenelle, le président Hénault, ont noté l'extrême sensibilité de son amour-propre. Peut-être certains témoignages tardifs se répètent-ils les uns les autres et même ceux qui l'avaient fréquenté ont pu déformer par esprit de parti (Marivaux ne fut plus admiré par la génération des « philosophes ») ou par vanité l'image qu'ils avaient gardée de lui. Collé nous montre ce qu'un homme informé et superficiel pouvait penser de Marivaux l'année de sa mort, en 1763 :

> Il avait soixante-quinze ans, et n'en paraissait pas avoir cinquante-huit : c'était un homme de beaucoup d'esprit et de mœurs très pures; il était foncièrement un très galant homme, mais sa grande facilité et une extrême

négligence dans ses affaires l'avaient conduit à recevoir des bienfaits de gens dont il n'eût dû jamais en accepter. On n'a découvert qu'à sa mort que Mme de Pompadour lui faisait une pension de mille écus; si j'en dois croire même une vieille demoiselle Saint-Jean, avec laquelle il demeurait depuis plus de trente ans, elle l'avait soutenu pendant plusieurs années, et il avait vécu à ses dépens; et indépendamment de ce que je ne crois pas que cette bonne fille mente, la dépense que Marivaux faisait et aimait à faire me persuade aisément qu'elle n'avance rien à cet égard qui ne soit vrai. Marivaux était curieux en linge et en habits; il était friand et aimait les bons morceaux, il était très difficile à nourrir; et tous ces faits sont vrais. Voilà pourtant les bassesses auxquelles est mené tout doucement, et par une pente insensible, un homme né vertueux, mais qui ne sait pas régler sa dépense, et qui est un dissipateur à raison de sa médiocre fortune. Quoi qu'il en soit, je n'ai point connu à tous autres égards de plus honnête homme, ou du moins qui aimât plus la probité et l'honneur. Il ne s'est peut-être pas aperçu lui-même que son dérangement l'a fait souvent déroger à ses principes.

En ne le considérant que comme homme de lettres, c'est un auteur de mérite : ses romans et ses comédies prouvent qu'il connaissait bien le cœur humain; surtout l'amour-propre, et particulièrement celui des femmes. Il était rempli d'amour-propre lui-même; et je n'ai vu de mes jours à cet égard personne d'aussi chatouilleux que lui. Il fallait le louer et le caresser continuellement comme une jolie femme.

Négligeons la petitesse d'esprit avec laquelle ce portrait est tracé, et ce qu'il doit aux bavardages d'une vieille dame. Un Marivaux gourmand et bien mis, mais incapable de calculer et, précieuse inconséquence! dérogeant quelquefois à ses principes, n'est-ce pas bien là le créateur de l'« Homme sans souci », l'Indigent philosophe qui avait mangé tout son bien, et de son camarade qui chantait : « De la joie! » en levant son verre? D'autres traits, sur les ressources de Marivaux, confirmeraient ce que nous avons dit de sa position sociale.

Marmontel a dessiné dans ses *Mémoires* deux images de Marivaux familier des salons. La première nous le montre chez Mme de Tencin :

L'auditoire était respectable. J'y vis rassemblés Montesquieu, Fontenelle, Mairan, Marivaux, le jeune Helvétius, Astruc, je ne sais qui encore, tous gens de lettres ou savants, et au milieu d'eux une femme d'un esprit et d'un sens profond, mais qui, enveloppée dans son extérieur de bonhomie et de simplicité, avait plutôt l'air de la ménagère que de la maîtresse de la maison : c'était là Mᵐᵉ de Tencin [...]. M. de la Popelinière n'eut pas de peine à me persuader qu'il y avait là trop d'esprit pour moi; et, en effet, je m'aperçus bientôt qu'on y arrivait préparé à jouer son rôle, et que l'envie d'entrer en scène n'y laissait pas toujours à la conversation la liberté de suivre son cours facile et naturel. C'était à qui saisirait le plus vite, et comme à la volée, le moment de placer son mot, son conte, son anecdote, sa maxime ou son trait léger et piquant; et, pour amener son à-propos, on le tirait quelquefois d'un peu loin.

Dans Marivaux, l'impatience de faire preuve de finesse et de sagacité perçait visiblement. Montesquieu, avec plus de calme, attendait que la balle vînt à lui; mais il l'attendait. Mairan guettait l'occasion. Astruc ne daignait pas l'attendre. Fontenelle seul la laissait venir sans la chercher [...]. Helvétius, attentif et discret, recueillait pour semer un jour.

La seconde image, plus détaillée, et peut-être plus digne de foi parce qu'elle sacrifie moins à la pointe et à la métaphore, montre Marivaux chez Mᵐᵉ Geoffrin, qui avait hérité des familiers de Mᵐᵉ de Tencin, comme Mᵐᵉ de Tencin avait hérité de ceux de Mᵐᵉ de Lambert :

Marivaux aurait bien voulu avoir aussi cette humeur enjouée; mais il avait dans la tête une affaire qui le préoccupait sans cesse et lui donnait l'air soucieux. Comme il avait acquis par ses ouvrages la réputation d'esprit subtil et raffiné, il se croyait obligé d'avoir toujours de cet esprit-là, et il était continuellement à l'affût des idées susceptibles d'opposition et d'analyse, pour les faire jouer ensemble ou pour les mettre à l'alambic. Il convenait que telle chose était vraie jusqu'à un certain point ou sous un certain rapport; mais il y avait toujours quelque restriction, quelque distinction à faire, dont lui seul s'était aperçu. Le travail d'attention était laborieux pour lui, souvent pénible pour les autres; mais il en résultait quelquefois d'heureux aperçus et de brillants traits de lumière. Cependant, à l'inquiétude de ses regards, on voyait qu'il était en peine du succès qu'il avait ou qu'il allait avoir. Il n'y eut jamais, je crois, d'amour-propre plus délicat, plus chatouilleux et plus craintif; mais, comme il ménageait soigneusement celui des autres, on respectait le sien, et seulement on le plaignait de ne pouvoir pas se résoudre à être simple et naturel.

« L'inquiétude de ses regards... » Le trait semble vrai, bien qu'il soit malignement interprété. Le naturel et l'aisance de la politesse que Marianne avait sentis dans le salon idéal de Mme Dorsin manquaient sans doute aux salons réels que fréquentait l'homme de lettres et où chacun, observant les autres, se savait lui-même observé. D'Alembert signale lui aussi l'attention qu'apportait Marivaux dans les conversations, et la comprend autrement :

Sa conversation, semblable à ses ouvrages, paraissait dans les premiers moments, amusante par sa singularité; mais bientôt elle devenait fatigante par sa monotonie métaphysique, et par ses expressions peu naturelles; et si l'on aimait à le voir quelquefois, on ne désirait pas de le voir longtemps, quoique la douceur de son commerce et l'aménité de ses mœurs fissent aimer et estimer sa personne. Par une suite de ce caractère doux et honnête, il ne laissait jamais voir dans la société cette distraction qui blesse toujours quand elle ne fait pas rire; il semblait même prêter à ceux qui lui parlaient une espèce d'attention; mais en paraissant attentif, il écoutait peu ce qu'on lui disait; il épiait seulement ce qu'on voulait dire, et y trouvait souvent une finesse dont ceux même qui lui parlaient ne se doutaient pas. Aussi toutes les sociétés lui étaient-elles à peu près égales, parce qu'il savait en tirer le même avantage pour son amusement.

Ce que ces témoins, visiblement eux-mêmes à l'affût, prenaient pour un désir impatient de briller et de capter le jugement d'autrui était au contraire un désir de faire briller autrui, de donner à l'intelligence d'autrui toute la portée qu'elle ne se connaissait pas. C'est du moins la qualité que

Marivaux prête à Mme Dorsin, dans *la Vie de Marianne,* et c'est celle qu'il loue chez les grands génies :

> Les belles choses qu'ils nous disent ne nous frappent pas même comme nouvelles; on croit toujours les reconnaître, on les avait déjà entrevues, mais jusqu'à eux on en était resté là, et jamais on ne les avait vues d'assez près, ni assez fixement pour pouvoir les dire; eux seuls ont su les saisir et les exprimer avec une vérité qui nous pénètre, et les ont rendues conformément aux expériences les plus intimes de notre âme : ce qui fait un accident bien neuf et bien original. Voilà ce qu'on leur attribue.
> Ainsi ils ne sont sublimes que d'après nous qui le sommes foncièrement autant qu'eux, et c'est dans leur sublimité que nous nous imaginons contempler la nôtre.

La délicatesse de l'amour-propre était chez Marivaux la condition, ou l'autre face, de la générosité, mais le malentendu était inévitable, et Marmontel n'a vu qu'une précaution égoïste dans le ménagement que Marivaux avait pour l'amour-propre d'autrui.

De la même façon complémentaire, il était à la fois bienfaisant et dissipateur. Ses cadets, d'une bourgeoisie plus curieuse d'économie politique et domestique, admiraient qu'il eût été si libéral quand il en avait si peu les moyens; ainsi d'Alembert :

> Avec une fortune très bornée, et que beaucoup d'autres auraient appelée indigence, il se dépouillait de tout en faveur des malheureux. Le spectacle de ceux qui souffraient lui était si pénible que rien ne lui en coûtait pour les soulager; il pratiquait la véritable bienfaisance, celle qui sait se priver elle-même pour avoir le plaisir de s'exercer;

et Lesbros de la Versane, qui vénérait Marivaux comme un héros et presque comme un saint :

> M. de Marivaux [...] pouvait avoir environ quatre mille livres de revenu. Il aurait pu se faire avec une pareille somme une situation aussi aisée que commode, s'il

> avait été moins sensible aux malheurs d'autrui et moins
> libéral; mais il n'en dépensait que quinze cents pour ses
> besoins, et le reste était employé à ceux des autres [...].
>
> Aussi l'a-t-on vu souvent sacrifier jusqu'à son néces-
> saire pour rendre la liberté et même la vie à des particu-
> liers qu'il connaissait à peine; mais qui étaient ou pour-
> suivis par des créanciers impitoyables ou réduits au
> désespoir. Il suffisait d'être dans l'indigence et dans
> l'adversité pour avoir un droit assuré sur ses générosités.

Pieuse exagération, autant qu'on puisse en juger. Pour un
homme qui accordait moins d'importance à l'argent qu'au
bonheur, qui ignorait les valeurs de labeur et d'épargne,
trouver son plaisir à sauver des malheureux ou à s'acheter
de beaux linges, sans penser aux dettes qui s'alourdissaient,
c'était un peu la même chose, c'était se conduire en homme
de sa catégorie sociale, selon son caractère personnel.
Marivaux avait l'insouciance des riches, il n'avait pas leur
égoïsme ni leurs besoins : « On peut avoir le cœur bon sans
être prince, et pour l'avoir tel un prince doit plus travailler
qu'un autre », fait-il dire à Lélio dans le Prince travesti. S'il
avait hérité d'une fortune, il l'aurait peut-être toute mangée,
comme son Indigent philosophe.

Avec ses amis de la classe aisée, aristocrates, bourgeois
ou intellectuels, Marivaux est d'accord sur bien des points.
Il partage leur goût du loisir et des idées, leur raffinement,
leur modernisme, leur indépendance d'esprit : il souscrit
partiellement au scepticisme et au pessimisme de certains,
comme Mme de Tencin ou Fontenelle, mais non à leur
athéisme, car bon nombre sont plus ou moins secrètement
athées; il cherche dans l'intelligence des cœurs (au double
sens du mot : pénétration et communion) un bonheur qu'ils
se refusent et qu'ils lui refusent. Ne le regarder que comme
le représentant de son époque serait simplifier outrancière-
ment et son époque et Marivaux. Il se séparait d'elle par son
sens du comique populaire, par sa verve, par son besoin de
simplicité et de naturel qui était pris pour une affectation ou
une contradiction, tandis que sa délicatesse passait pour un
amour-propre trop chatouilleux. Ardemment désireux d'« être
trop bon pour l'être assez », il resta solitaire, mal compris
de sa génération, dédaigné de la génération suivante qui lui

emprunta sans le dire, peut-être sans bien le savoir, ses idées et ses mots : il ouvrait la voie à la philosophie des Lumières dans un esprit déjà anti-philosophique. Aussi n'écrivit-il pas pour ce public qui l'accusait de « courir après l'esprit », lui qui se savait solidaire de la société par sa pensée, par son langage, par ses habitudes et par ses expériences; il fut blessé d'être si méconnu, et il l'avoué; il protesta hautement contre l'erreur radicale qu'on commettait sur son art et sur son œuvre; et tout en reconnaissant qu'on n'écrit jamais pour soi seul, il ironisa sur des juges dont il rejetait le jugement :

> Est-ce qu'il y a des lecteurs dans le monde? je veux dire des gens qui méritent de l'être. Hélas! si peu que rien; je dis même à Paris, qui est une ville où il y a tant de beaux-esprits, tant de jeunes gens qui font de si jolis petits vers, de la petite prose si délicate; où il y a tant de femmes qui sont si aimables, et qui à cause de cela sont si spirituelles; tant d'hommes qui ont du jugement, parce qu'ils sont graves et flegmatiques, tant de pédants qui ont l'air de penser si mûrement; enfin, à Paris où il y a tant de gens qui font mine d'avoir du goût, et qui ont appris par cœur je ne sais combien de formules d'approbation ou de critique, de petites façons de parler avec lesquelles il semble qu'on entend finesse.

Lesbros de la Versane, qui a laissé de lui cet *Éloge historique* où les fait matériels sont exacts et l'interprétation si naïvement erronée, est peut-être celui qui l'a le moins mal compris, parce qu'il l'a le plus aimé. Il le retrouvait dans ses écrits : « M. de Marivaux s'est peint dans ses ouvrages ». Au pied de la lettre, cette proposition est rigoureusement fausse; mais en esprit, elle est entièrement vraie, et Lesbros a raison d'emprunter textuellement la phrase par laquelle le Spectateur français se définissait lui-même et de l'appliquer à Marivaux : « M. de Marivaux était né le plus humain des hommes ».

L'épreuve

Le sentiment

Mon Dieu! combien de douleur peut entrer dans notre âme, jusqu'à quel degré de douleur peut-on être sensible! Je vous avouerai que l'épreuve que j'ai fait de cette douleur dont nous sommes capables est une des choses qui m'a le plus épouvantée dans ma vie, quand j'y ai songé; je lui dois même le goût de la retraite où je suis à présent.

Je ne sais point philosopher, et je ne m'en soucie guère, car je crois que cela n'apprend rien qu'à discourir; les gens que j'ai entendu raisonner là-dessus ont bien de l'esprit assurément; mais je crois que sur certaine matière ils ressemblent à ces nouvellistes qui font des nouvelles quand ils n'en ont point, ou qui corrigent celles qu'ils reçoivent quand elles ne leur plaisent pas. Je pense, pour moi, qu'il n'y a que le sentiment qui nous puisse donner des nouvelles un peu sûres de nous, et qu'il ne faut pas trop se fier à celles que notre esprit veut faire à sa guise, car je le crois un grand visionnaire.

Ces paroles de Marianne contiennent toute la doctrine de Marivaux sur la connaissance de soi. Le sentiment, qui seul peut nous donner des nouvelles un peu sûres de nous, ne s'oppose pas ici à la raison, mais à l'esprit. Il ne faut pas le confondre avec la sensibilité ou la sentimentalité dans laquelle, quinze ou vingt ans plus tard, on commencera à voir le seul bonheur authentique et même le seul mode d'exister qui ait quelque valeur. Marivaux n'inaugure pas la littérature larmoyante. Il ne semble également se rapprocher du sensualisme que parce qu'il participe au mouvement général de la pensée à son époque, et non parce qu'il serait disciple de Locke, comme Helvétius, qui reprendra à son compte certaines idées de Marivaux. Le maître de Marivaux lui-même, une fois de plus, est Malebranche, des théories duquel Marianne traduit à sa façon deux articles capitaux.

Le premier est que la connaissance de soi appartient — en première instance — à l'ordre du sensible, non à l'ordre de l'intelligible. On ne connaît que ce que l'on a éprouvé, on ne peut le déduire d'aucune définition *a priori* de l'âme et de ses facultés. « Nous ne savons de notre âme que ce que nous sentons se passer en nous »; « on ne connaît ni l'âme, ni ses modifications par des idées, mais seulement par des sentiments » : ces phrases de Malebranche, et beaucoup d'autres presque identiques, font comprendre ce que Marivaux entend par « sentiment »; c'est le « sentiment intérieur », ce que l'on a appelé au XIXe siècle la conscience psychologique, la présence de nous-mêmes à nous-mêmes, qui accompagne les pensées les plus abstraites en nous assurant que c'est bien nous qui les pensons, et qui lui-même, dans le domaine de la vie affective, ne s'accompagne d'aucune idée. Il est toujours actuel, toujours vécu. Aucune proposition concernant ce que nous sommes, non pas métaphysiquement et dans l'abstrait, mais dans notre existence d'être individuel, n'a de sens si elle ne s'appuie sur une expérience vécue.

L'autre article est que l'âme a une capacité qu'elle ignore, comme un récipient qui peut recevoir un contenu; c'est l'image qu'évoque l'adjectif « capable », commun à Malebranche et à Marivaux : « Lorsque je souffre quelque douleur je le sais, mais avant que de la souffrir je ne comprenais pas que ma substance en fût capable ». Malebranche parle en cet endroit de la douleur physique, mais la différence entre douleur physique et douleur morale ne compte pour rien dans son système, et sa phrase peut très légitimement être mise en parallèle avec celle de Marivaux. L'expérience nous apprend donc non seulement les diverses qualités de sentiments que nous pouvons éprouver, mais encore leur degré, nous dirions leur intensité en employant un mot qui n'apparaîtra qu'un peu plus tard et qui évoque une autre image. La pensée de Malebranche se résume en une phrase de son *Traité de Morale :* « La connaissance de l'homme est de toutes les sciences la plus nécessaire à notre sujet. Mais ce n'est qu'une science expérimentale. » Marivaux n'eût pas maintenu la restriction, il voyait certainement un avantage dans ce que Malebranche semble regretter. A cette différence près, c'est bien une science, pour Malebranche comme pour Marivaux, que l'on peut fonder sur l'expérience; elle a ses lois générales, même si chacun des faits qu'elle étudie est unique et incommunicable.

« Et nul ne se connaît tant qu'il n'a pas souffert », dira Musset : tant qu'il n'a pas joui, non plus, tant qu'il n'a pas eu peur, tant qu'il n'a pas espéré, aimé, haï, rougi... Avant l'épreuve, l'homme ne sait pas qu'il existe, il vit machinalement, comme Arlequin avant d'avoir découvert l'amour :

> Il s'éveille et vous salue du regard le plus imbécile que jamais nigaud ait porté : vous vous approchez, il bâille deux ou trois fois de toutes ses forces, s'allonge, se retourne et se rendort.

Et lorsque l'expérience l'a éveillé à lui-même, il ressent comme un vide, comme un temps où il n'existait pas, le temps où il ne se connaissait pas : ainsi l'ami de l'Indigent philosophe, le soldat déserteur qui se rallie à une troupe de comédiens :

> Ils chantaient en chemin, ils buvaient, ils mangeaient, ils faisaient l'amour : ah! la bonne vie! les rois ne la mènent pas, cette vie-là : elle est trop heureuse pour eux, et ils sont trop grands seigneurs pour elle. Testubleu! mon camarade, j'étais comme l'enfant qui tète; j'ouvrais les yeux sur eux, mon cœur s'épanouissait, je vivais : car je n'avais pas encore vécu.

Ainsi encore Jacob quand il s'émeut devant Mme de Ferval :

> Je voyais une femme de condition d'un certain air, qui avait apparemment des valets, un équipage, et qui me trouvait aimable, qui me permettait de lui baiser la main, et qui ne voulait pas qu'on le sût; une femme enfin qui

nous tirait, mon orgueil et moi, du néant où nous étions encore; car avant ce temps-là m'étais-je estimé quelque chose? Avais-je senti ce que c'était qu'amour-propre?

Expérience et innocence

La découverte qu'un individu fait ainsi de lui-même grâce au hasard et à la rencontre d'autrui est d'autant plus heureuse qu'elle est inattendue. C'est comme un don qu'il reçoit sans l'avoir cherché, un effet de la nature qui le remplit de joie sans faire naître la moindre vanité : il se regarde avec un plaisir aussi innocent que s'il ne le devait pas à lui-même, au point de se saluer devant le miroir comme un agréable compagnon :

> Je me regardais comme on regarde un tableau, et je voyais bien à ma physionomie que j'avais dû me ruiner, et il n'y avait pas l'ombre de prudence dans ce visage-là, pas un trait qui fît espérer qu'il y en aurait un jour; c'était le vrai portrait de l'homme sans souci, et qui dit : N'ai-je rien? je m'en moque. Voilà donc celui qui a mangé tout mon bien, dis-je en m'approchant de ma figure; voilà le libertin qui me fait porter des guenilles, et qui ne s'en soucie guère : voyez-vous le fripon? tout ce qu'il a fait, il le ferait encore.

L'Indigent saute de joie à se connaître tel, et le repli du *moi* sur lui-même est si étranger à sa nature qu'il peut réagir exactement de la même façon devant son être et devant celui d'autrui, de son camarade qui survient :

> Ami, vous êtes bien gaillard, me dit-il. Vraiment oui, répondis-je, je viens de voir un homme qui ne doit rien, et qui n'a rien à perdre. Pardi, je vaux bien cet homme-là, me dit-il; ainsi vous n'avez qu'à me faire une gambade en me voyant; sautez, sautez, je le mérite.

Si chacun était aussi spontanément lui-même, l'erreur et la fraude n'existeraient plus dans les rapports des hommes entre eux. Marivaux rêve d'une humanité toute neuve, comme les âmes des enfants élevés à l'écart du monde, dans *la Dispute,* et prétend quant à lui (par personnages interposés)

38

ne dire que ce qu'il a réellement senti et pensé, saisi à l'état naissant dans un désordre qui est garant d'authenticité :

> L'esprit humain, quand le hasard des objets ou l'occasion l'inspire, ne produirait-il pas des idées plus sensibles et moins étrangères à nous qu'il n'en produit dans cet exercice forcé qu'il se donne en composant?

L'Indigent philosophe, le vieillard du *Cabinet du philosophe,* Marianne quand elle rédige ses Mémoires sont tous du même avis que le Spectateur français; ils écrivent leurs pensées « comme elles se présentent », sont eux-mêmes surpris de leur enchaînement :

> Mais je m'admire, moi, de tout ce que j'ai dit depuis une heure; je n'en voulais pas dire un mot, j'ai toujours été entraîné, je ne sais comment,

et se défendent d'être des auteurs, d'écrire pour écrire. Leur seul modèle est la nature, encore ne l'imitent-ils pas délibérément et de parti-pris, mais par fidèle abandon de leur esprit « à son geste naturel » :

> Regardez la nature, elle a des plaines, et puis des vallons, des montagnes, des arbres ici, des rochers là, point de symétrie, point d'ordre, je dis de cet ordre que nous connaissons, et qui, à mon gré, fait une si sotte figure auprès de ce beau désordre de la nature; mais il n'y a qu'elle qui en a le secret, de ce désordre-là; et mon esprit aussi, car il fait comme elle, et je le laisse aller.

De même, il n'est de vertu que naturelle, simple, et de raison véritable que celle qui « coule de source ». Mais tant d'insistance à réclamer le naturel, tant de protestations contre tout soupçon d'artifice prouvent combien les hommes sont souvent et facilement trompeurs et trompés, et parfois au moment même où ils se croient le plus sincères. Car il est facile de se déclarer irresponsable de ce que l'on a fait, dit, ressenti, pensé, sous prétexte que le hasard et l'occasion ont suscité un comportement auquel on ne se serait jamais attendu de soi-même :

Silvia. — J'aimais Arlequin, n'est-ce pas?

Flaminia. — Il me le semblait.

Silvia. — Eh bien, je crois que je ne l'aime plus.

Flaminia. — Ce n'est pas un grand malheur.

Silvia. — Quand ce serait un malheur, qu'y ferais-je? Lorsque je l'ai aimé, c'était un amour qui m'était venu; à cette heure que je ne l'aime plus, c'est un amour qui s'en est allé; il est venu sans mon avis, il s'en retourne de même, je ne crois pas être blâmable.

Au nom de la sincérité, on peut même se juger dispensé de tenir sa parole et vagabonder de caprice en caprice :

Eh bien! ce cœur qui manque à sa parole, quand il en donne mille, il fait sa charge; quand il en trahit mille, il la fait encore : il va comme ses mouvements le mènent, et ne saurait aller autrement [...]. Bien loin que l'infidélité soit un crime, c'est que je soutiens qu'il ne faut pas un moment hésiter d'en faire une, quand on en est tenté, à moins que de vouloir tromper les gens, ce qu'il faut éviter, à quelque prix que ce soit.

Du moment qu'on ne voulait pas tromper, on est donc innocent d'être infidèle. Est-ce vraiment la nature qui parle ainsi? Certainement pas, mais un instinct qui est aussi dans la nature et qui travaille sans cesse à la fausser, l'amour-propre. Il est en action dès qu'un individu s'est aperçu qu'il était doué d'un être distinct. L'enfant en qui on a préservé l'innocence de l'humanité telle qu'elle pouvait être au commencement du monde, quand il se découvre dans le miroir d'une eau courante, est saisi pour lui-même d'une admiration joyeuse et naïve, mais qui annonce toutes les ruses de l'égoïsme et toutes les complaisances de la mauvaise foi :

Églé. — Quoi! C'est là moi, c'est mon visage?

Carise. — Sans doute.

Églé. — Mais savez-vous que cela est très beau, que cela fait un objet charmant? Quel dommage de ne l'avoir pas su plus tôt!

Carise. — Il est vrai que vous êtes belle.

Églé. — Comment, belle, admirable! cette découverte-là

m'enchante. *(Elle se regarde encore).* Le ruisseau fait toutes mes mines, et toutes me plaisent. Vous devez avoir eu bien du plaisir à me regarder, Mesrou et vous. Je passerais ma vie à me contempler; que je vais m'aimer à présent!

Le bonheur spontané que cause une découverte inattendue ne tardera pas à être remplacé par les plaisirs délibérément recherchés de la préférence de soi et de la domination sur autrui; cette jeune Églé, en grandissant, deviendra la coquette du *Spectateur français* qui étudie ses mines dans son miroir ou celle de la *Lettre contenant une aventure* qui, animée de « l'insatiable envie de sentir [qu'elle est] aimable », multiplie vertigineusement les occasions de jouir d'elle-même et de s'adorer. Car le propre de cette jouissance est de ne pouvoir jamais rassasier, elle a besoin de se renouveler, de se renforcer dans une suite infinie d'expériences, comme si au moindre ralentissement, au moindre intervalle, l'ennui ou le dégoût allait accabler le cœur :

> Vois-tu, mon enfant, si j'ai quatre amants, j'ai pour moi-même un amour de la valeur de tout celui qu'ils ont pour moi. Oh! il faut que tu saches que le plaisir de s'aimer si prodigieusement produit naturellement l'envie de s'aimer encore davantage; et quand un nouvel amant m'acquiert ce droit, quand je me vois les délices de ses yeux, je ne puis t'exprimer ce que je deviens aux miens. Mes conquêtes présentes et passées s'offrent à moi; je vois que j'ai su plaire indistinctement, et je conclus, en tressaillant d'orgueil et de joie, que j'aurais autant d'amants qu'il y a d'hommes, s'il était possible d'exercer mes yeux sur eux tous.

Cette ivresse de l'amour-propre est trompeuse, il ne faut pas être dupe d'accents qui rappellent ceux du Dom Juan de Molière voulant étendre ses conquêtes jusqu'aux limites de l'univers. Marivaux aurait mal lu Malebranche, s'il n'avait pas su qu'aucun objet terrestre, fût-il le plus immédiatement et le plus évidemment aimable, comme le *moi*, ne pouvait jamais être égal au désir infini de bonheur qui est en nous. Mais surtout cette ivresse est sans réalité, elle est un tour-billon de mots, une invention de l'esprit que le premier mouvement authentique du cœur va volatiliser. Les plaisirs de la coquette sont calculés, elle les dose, les prépare, se ménage des surprises qui la divertissent au lieu de la fixer, ne s'engage dans aucune de ses émotions, « tremble sans inquiétude », « désire sans impatience » et « gémit sans être affligée », mettant autant de « manège » à préserver son cœur qu'à conquérir des amants : si nous ne nous connaissons dans notre vérité que par le sentiment, elle se connaît par l'esprit seul, et elle a peur qu'une « surprise de l'amour », plus surprenante que les autres, lui fasse oublier sa vigilance :

> Il est difficile de se conserver des plaisirs de vanité, qui nuisent à tout moment à ceux que le cœur veut prendre; et d'ailleurs une coquette, en pareil cas, oublie souvent de l'être, ou du moins, pour veiller à sa gloire, pour la trouver touchante, il faut qu'elle s'avise d'y penser; mais elle pense à son amour sans s'en aviser; elle n'a besoin que de sentiment pour en goûter les douceurs; et ce sentiment, elle ne le cherche pas; il est toujours tout trouvé.

Que cette vigilance soit instinctive, que la coquette n'ait besoin d'aucun effort de pensée et qu'il lui suffise de « sentir » pour agir toujours à propos, cela ne détruit pas l'opposition essentielle entre le sentiment qui révèle la vérité, et l'esprit qui « s'avise » de repaître la vanité de délices imaginaires. Mais le risque de confusion est grand, et Marivaux n'a pu se défendre d'une sympathie presque admirative pour la vivacité d'un amour-propre si passionné. Il est vrai que cette coquette capable de distinguer les désirs de son cœur et les plaisirs de sa vanité n'est pas irrémédiablement perdue et qu'une « épreuve » qu'elle n'aura pas su bien « ménager » pourra la ramener au sentiment véritable.

Mais ce sentiment lui-même n'est pas toujours innocent : il est présence du moi à lui-même, avons-nous dit, et assure au moi son identité en même temps qu'il lui révèle tout ce dont il est capable; si le moi le plus présent à lui-même, le plus informé de sa capacité, est celui qui a connu le plus d'expérience, le mondain qui a éprouvé tous « les transports de l'esprit et des sens » existera de façon plus pleine et plus heureuse que le rustre enfermé dans le petit cercle de ses travaux routiniers. Rousseau s'en apercevra avec embarras, quand il avouera que *la Nouvelle Héloïse,* roman aux personnages sensibles et vertueux, écrit pour les honnêtes gens qui vivent loin de la corruption des villes, ne pouvait être vraiment compris et goûté que par les gens des salons. C'est l'expérience que fait Jacob et qu'il formule en des termes d'une extrême densité :

> Voyez que de choses capables de débrouiller mon esprit et mon cœur, voyez quelle école de mollesse, de volupté, de corruption, et par conséquent de sentiment; car l'âme se raffine à mesure qu'elle se gâte.

Le raffinement le conduirait à ne plus se plaire que dans son amour-propre et à ne voir dans les autres que les instruments de ce plaisir. Avant que l'esprit ait ainsi faussé le cœur, il est un dangereux moment où l'âme s'abandonne à ses jouissances juste avec assez de repliement sur soi pour mieux les savourer et les choisir, sans que la vanité soit assez forte pour se les asservir toutes. Plus averti qu'Églé des ménagements à prendre et devinant mieux toute la variété des façons dont on peut jouir de soi, Jacob n'est pourtant pas encore condamnable, il est trop franc dans ses appétits.

Plus faciles à mépriser sont ceux qui agissent par vanité pure et veulent seulement conformer leurs gestes et leurs propos à des modèles que leur opinion leur donne pour admirables et dont ils ne partagent ni ne comprennent la nature profonde. Ils imitent Don Quichotte qui lui-même imitait les héros, mais avait la passion de la grandeur; eux, ils n'ont que le ridicule souci de bien jouer leur rôle. Marivaux s'est assez occupé d'eux dans ses premiers romans, ce sont Pharsamon et Cidalise, Amandor et Félicie, personnages de *Pharsamon ou les Folies romanesques,* qu'on appellera plus tard *le Don Quichotte moderne,* et de *la Voiture embourbée.* La seule émotion qu'ils éprouvent est une vanité aveugle, dernière aliénation d'un esprit qui, après avoir desséché leur cœur, se rapetisse aux minutes d'une comédie ridicule. Il ne reste plus rien en eux de cet élan vers le bonheur qui rendait si charmants et si troubles Églé et Jacob, et méritait l'indulgence à la coquette de la *Lettre contenant une aventure.* De la versatilité au mimétisme mécanique, le contenu de l'expérience vécue qui assure l'individu de son être s'est appauvri, dénaturé et finalement détruit.

Mais l'imitation n'est pas toujours aussi grossière : qui saura tracer la séparation nette entre le sentiment ressenti et le sentiment mimé? Frontin simulait le désespoir quand il parlait du chagrin d'Ergaste à Hortense :

> Je pleurais moi-même en lui tenant ces propos lugubres, on eût dit que vous étiez enterré, et que c'était votre testament que j'apportais,

et Jacob, s'il ne simule pas, exagère sa tristesse auprès de Mlle Habert :

> Je me ressouviens bien qu'en lui parlant ainsi, je ne sentais rien en moi qui démentît mon discours. J'avoue pourtant que je tâchai d'avoir l'air et le ton touchant, le ton d'un homme qui pleure, et que je voulus orner un peu la vérité; et ce qui est de singulier, c'est que mon intention me gagna le cœur tout le premier. Je fis si bien que j'en fus la dupe moi-même.

Comment s'y reconnaître? Faudra-t-il excuser les hypocrites en raison de leur sincérité, après avoir excusé les infidèles? La question est moins paradoxale qu'il ne semble. Elle ne peut être résolue qu'au prix d'un assez long détour. Il apparaît en tout cas que dès qu'un sentiment est pris en charge par l'esprit, si peu que ce soit, son innocence est menacée, l'égoïsme, l'artifice, la corruption interviennent pour l'adultérer. Existe-t-il des états dont on puisse jouir en toute innocence, des sentiments où l'esprit n'ait aucune part?

L'amour de Dieu est don sans réserve, renoncement spontané et total à l'amour-propre. Si l'esprit y participe, il est tellement sublimé que la connaissance se confond avec l'amour. Mais cette expérience fondamentale ne peut être ni décrite ni communiquée, « le monde n'y comprendrait rien ». Elle semble même n'être d'aucun usage dans les relations humaines; Marivaux n'a pas peint dans son œuvre de personnage dont la conduite soit dictée par l'amour de Dieu, sauf l'hypocrite Climal converti sur son lit de mort. La tranquillité du paysan « qui ne veut que vivre » (on songe au mot de Mme de Lafayette : « Vivre suffit ») et dont l'âme « se repose tout entière », l'amour du jeune enfant pour sa mère, « instinct qui nous conduit et qui nous fait agir sans réflexion », seraient pour Marivaux des modèles de sentiments sincères et naturels. Il en a la nostalgie, il n'a confiance que dans le mouvement du cœur saisi à l'état naissant, où se révèle la vérité d'un être. Mais ils ne sont pas permis à l'homme qui est emporté par le train du monde, qui doit se défendre contre la ruse et la méchanceté des autres et risque lui-même de céder à la vanité et à la jalousie. Celui-là ne se connaît et n'est connu que lorsqu'il est pris au piège d'une situation imprévue à laquelle il réagit en se trahissant, c'est-à-dire en étant pour une fois loyalement lui-même. Il faut donc mettre autrui à l'épreuve ; peut-on s'y mettre soi-même, pour savoir sa propre vérité ? Le seul moyen en est l'épreuve à laquelle on soumet l'autre.

Expérience et blessure

Ce que l'expérience fait découvrir existait déjà dans l'âme en tant que capacité et constitue un trait essentiel de cet objet de science qu'est l'homme ; mais en tant que sentiment vécu, c'est un mode d'être inouï, fascinant ou insidieusement attirant, qui traumatise l'individu ou l'incline selon une orientation qu'il ignorait. Après l'expérience, il n'est plus ce qu'il était avant ; c'est de lui-même qu'il a reçu des nouvelles, mais Marivaux pense que tout homme est apte à devenir à peu près tout ; la plasticité de l'âme est universelle, parce que tout homme possède toutes les aptitudes physiques, morales et intellectuelles de l'humanité :

> Il n'y a donc point d'homme qui, en qualité de créature humaine, ne doive être et ne soit en effet partagé à sa manière de tous les attributs qu'on voit dans les autres hommes [...].
>
> Point d'homme donc, quelque pesant, quelque faible et maladroit que vous le supposiez, qui ne soit pourtant plus ou moins propre et pliable à tous les exercices possibles de corps, qui n'ait son universalité, ou sa totalité d'attributs à cet égard [...].

Quant aux affections de l'âme humaine, à toutes les façons de sentir, à tous les mouvements d'intérêt dont elle est capable ici-bas, et qu'on peut tous enfermer sous le nom d'amour-propre; point d'homme qui n'aime sa vie, son bien, son plaisir, sa gloire, ses avantages, qui ne tende à son bonheur quelconque [...].

Point d'homme enfin dont la formation commune et complète, de quelque étrange façon qu'elle soit, n'entraîne fortement ou faiblement en lui une possibilité, une disposition universelle d'être remué par tous les penchants qu'on voit dans les autres hommes [...].

Point d'homme enfin [...] qui n'ait sa part universelle d'intelligence et de capacité, autrement dit son aptitude générale pour tout ce qui peut occuper et exercer l'esprit humain.

L'originalité de chacun ne réside pas dans l'existence de traits qui ne seraient chez aucun autre, mais dans le dosage, la combinaison unique pour lui de traits communs à tous; « nous naissons commencés pour tout », dit encore Marivaux, ou :

Tout homme ressemble donc à un autre, en ne ressemblant pourtant qu'à lui.

Mais qu'est-ce qui détermine cette originalité de chacun? Le hasard, ce même hasard qui fait surgir les occasions des expériences sur nous-mêmes. Il est non seulement révélateur, mais formateur, et il peut former d'étranges monstres, une Marianne amoureuse d'un Climal, par exemple :

Peut-être eut-il été ma première inclination, si nous avions commencé autrement ensemble,

ou des gens résignés à n'avoir pas trouvé mieux :

Mlle Argante. — Mais oui, je l'aime; car je ne connais que lui depuis quatre ans.
Lisette. — Mais oui, je l'aime! Qu'est-ce que c'est qu'un amour qui commence par un *mais* et qui finit par un *car*?
Mlle Argante. — Je m'explique comme je sens. Il y a si longtemps que nous nous voyons; c'est toujours la même personne, les mêmes sentiments : cela ne pique pas

beaucoup; mais au bout du compte, c'est un bon garçon; je l'aime quelquefois plus, quelquefois moins, quelquefois point du tout; c'est suivant : quand il y a longtemps que je ne l'ai vu, je le trouve très aimable; quand je le vois tous les jours, il m'ennuie un peu, mais cela se passe et je m'y accoutume.

Si ce tiède amour était condamné, Mlle Argante le prendrait peut-être pour une grande passion, comme Silvia dans *la Double Inconstance,* quand elle est enlevée à son cher Arlequin par le Prince qui veut l'épouser :

> Si le prince [...] est jeune et aimable, tant mieux pour lui, j'en suis bien aise : qu'il garde tout cela pour ses pareils, et qu'il me laisse mon pauvre Arlequin, qui n'est pas plus gros monsieur que je suis grosse dame, pas plus riche que moi, pas plus glorieux que moi, pas mieux logé, qui m'aime sans façon, que j'aime de même, et que je mourrais de chagrin de ne pas voir.

Voilà les accents de la nature, croirait-on; cette nature n'était pourtant que le fait du hasard, Silvia ne tardera pas à la renier :

> *Flaminia.* — [...] Je ne comprends pas comment vous l'avez aimé; je vous dirai même que cela vous fait tort.
> *Silvia.* — Mettez-vous à ma place. C'était le garçon le plus passable de nos cantons, il demeurait dans mon village, il était mon voisin, il est assez facétieux, je suis de bonne humeur, il me faisait quelquefois rire, il me suivait partout, il m'aimait, j'avais coutume de le voir, et de coutume en coutume je l'ai aimé aussi, faute de mieux : mais j'ai toujours bien vu qu'il était enclin au vin et à la gourmandise.

Ce n'est pas là s'excuser de sa versatilité comme d'une vérité de nature, ainsi que le fera Silvia à l'acte suivant, c'est encore moins s'en glorifier comme d'une source de plaisirs toujours renouvelés, c'est reconnaître une erreur que le hasard avait fait naître et que l'habitude avait fait prendre pour une vérité. L'infinie plasticité de l'âme humaine est effrayante, si au lieu de l'enrichir d'expérience en expérience, elle la jette d'erreur en erreur, sans jamais lui permettre de savoir qui elle est. Marianne se serait trompée en aimant Climal, elle s'est peut-être trompée en aimant Valville qui l'a trahie. Tervire la console dans des termes qu'on rend très équivoques en les détachant de leur contexte :

> Eh! mon Dieu, Mademoiselle, est-ce qu'il n'y a plus d'hommes sur la terre, et de plus aimables que lui, d'aussi riches, de plus riches même, de plus grande distinction, qui vous aimeront davantage, et parmi lesquels il y en aura quelqu'un que vous aimerez plus que vous n'avez aimé l'autre? [...] Dieu vous a donné de l'esprit, du caractère, de la figure, vous avez mille heureux hasards à attendre, et vous vous désespérez à cause qu'un homme, qui reviendra peut-être, et dont vous ne voudrez plus, vous manque de parole!

Parce que Dieu existe et parce que Marianne a du caractère, ces paroles sont effectivement rassurantes et optimistes. C'est Dieu qui a rendu Valville infidèle dans l'intérêt de Marianne, et c'est le caractère de Marianne qui lui permettra de choisir parmi « mille heureux hasards » celui auquel elle voudra s'arrêter. Mais enfin elle était sincère en aimant Valville, et il n'est pas dit que ce ne soit pas lui qu'elle épousera. Comment donc être sûr qu'en cédant à l'invitation du hasard on ne s'engage pas dans une voie malheureuse, on ne favorise pas une manifestation non pas tout à fait erronée, puisque l'âme est apte à tout, mais incomplète et médiocre de soi-même?

Si certaines expériences appauvrissent et sclérosent, d'autres causent une blessure dont l'âme reste comme mutilée : c'est l'expérience de la douleur pour Marianne, c'est celle de la honte pour Jacob. Ce dont l'âme se découvre « capable » dans ces circonstances, elle le fuira désormais et ne voudra plus jamais le revivre. Sans doute toute expérience est utile, et, comme disait Socrate, le sage n'aurait aucun mérite à ne pas s'enivrer s'il n'avait pas éprouvé ce que c'est que l'ivresse. Mais pourrait-on en dire autant de la folie, du désespoir, de la prostitution, du crime, etc? Les personnages de l'abbé Prévost découvrent en eux des sentiments et se précipitent dans des situations si extraordinaires qu'ils se demandent s'ils ne sont pas des monstres. Chez Marivaux, seul Climal connaît une révélation aussi bouleversante et ne peut aller jusqu'au bout de sa confession que parce qu'il sait sa mort toute proche et qu'il croit en Dieu. Les autres ne sont pas responsables des mortifications qu'ils essuient, et elles peuvent les conduire au désespoir, comme Marianne, le seul personnage de Marivaux qui ait médité sur le suicide :

> Pourquoi suis-je au monde, malheureuse que je suis? Que fais-je sur la terre?
>
> Je suis au désespoir d'être au monde, et je prie le ciel de m'en retirer.
>
> Ah! je ne survivrai pas à ce tourment-là, je l'espère; Dieu m'en fera la grâce, et je sens que je me meurs.

ou comme Tervire, déshonorée par les calomnies de Mme de Sainte-Hermières et de l'abbé son complice :

> Confinée dans ma chambre, toujours noyée dans les pleurs, méconnaissable à force d'être changée, j'implorais le ciel, et j'attendais qu'il eût pitié de moi, sans oser l'espérer.

Les « nouvelles » que le sentiment apporte ainsi au *moi* ne sont pas celles de ses aptitudes au bonheur, mais celles de son néant. Dans l'expérience de la douleur, Marianne a trouvé l'épouvante et le goût de la retraite; si Tervire s'est faite religieuse, c'est probablement pour une raison analogue. Poussée trop loin, l'épreuve au lieu d'éveiller le *moi* et de l'assurer de son identité risquerait de lui faire concevoir l'horreur de l'existence. Les degrés les plus intenses du sentiment mènent à l'insensibilité. Malebranche l'avait noté et les personnages de Marivaux le confirment, comme si le fond du *moi* était un gouffre où s'abîmait la conscience dès que les émotions deviennent trop violentes : « Je ne sais où j'en suis », ce mot si fréquent dans les comédies traduit l'affolement des personnages devant un sentiment qui les envahit et détruit l'accord où ils étaient avec eux-mêmes; ce n'est pas leur dernier mot, parce que leurs épreuves sont en réalité dirigées et ménagées pour leur propre bien : mais avant qu'ils aient reconnu et accepté ce nouveau sentiment, ils ont un accès de vertige, et sans doute le pire danger pour eux serait de se plaire à ce vertige qui les dispense de prendre une décision et qui remplit presque toute leur capacité de sentir. C'était là l'état de la jeune fille qui écrivait au Spectateur français :

> Je reconnaissais mon trouble, et je n'en sortais point; j'en avais peur et je le rappelais. [...] Je voyais dans tout cela des présages qui menaçaient mon cœur d'un accident qui m'attachait et que je ne pouvais m'expliquer; j'y voyais une fatalité, ou plutôt je voulais l'y voir; je m'égarais dans un chaos de mouvements où je m'abandonnais avec douceur, et pourtant avec peine.

Tels sont les pouvoirs du « sentiment » quand on le reçoit du hasard, que ce hasard soit celui de nos caprices ou celui des rencontres avec d'autres humains, égoïstes, légers, méchants ou indifférents : il fait mentir, il égare, il meurtrit ou il paralyse. Il suffit d'obtenir ce que l'on désirait pour ne plus en vouloir, pour se demander même comment on a pu en concevoir le désir; croire le contraire, c'est, comme dit l'Indigent philosophe, « compter sans son hôte [...] et cet hôte, c'est le diable ou nous ». Nous sommes notre propre Malin qui vient chuchoter ses assurances perfides dans le secret de notre conscience. Pour arracher l'être à ses erreurs, à ses mensonges et à ses blessures, il faut lui faire sentir une nouvelle épreuve, l'épreuve de vérité, qui est ainsi une contre-épreuve. Mais ce qu'elle détruit ou démasque était vrai d'une certaine façon. Dans le pire des cas, le plus fréquent dans la vie, le plus rare chez Marivaux, l'hypocrite percé à jour est rendu impuissant, non pas sincère; la coquette punie ne trompera plus celui qui l'a reconnue, elle en trompera d'autres. Dans le meilleur des cas, le coupable repentant ou l'homme égaré ramené dans la bonne voie sera obligé, s'il est sincère, d'avouer comme siens son crime ou son erreur tout autant que son repentir ou sa raison. C'est pourquoi les épreuves les plus profondes, et l'épreuve la plus longue, celle qu'on subit quand on accepte d'exister, aboutissent à la solitude désespérée de Clorine, dans *Pharsamon,* au couvent de Tervire, à la retraite de Marianne et de la vieille dame qui raconte sa vie dans *le Spectateur français,* à la « misanthropie » du Spectateur français lui-même.

« C'était mon cœur qui éprouvait le vôtre »

La nature ayant « le pour et le contre », il semble difficile de faire autre chose que de regarder en spectateur détaché ses métamorphoses. Marivaux ne cesse pourtant de dénoncer l'hypocrisie, de réclamer la sincérité, d'inviter chacun à être naturellement lui-même comme si chacun était doué d'une nature originale, porteur d'une vérité dissimulée par les conventions et les habitudes et par une pente irrésistible au mensonge. Il est naturel d'être artificiel, encore plus naturel peut-être que d'être vraiment naturel, mais l'opposition entre la nature et l'artifice est fondée; il est des circonstances où subitement l'on se trouve devant la vérité d'un être qu'on avait méconnu jusque-là. C'est l'épreuve par excellence, celle que Marivaux a imaginée symboliquement comme l'origine de toute sa réflexion morale et de son désir d'y voir clair dans autrui, de faire sortir autrui « de sa coquille ». L'anecdote est célèbre, presque tous les biographes de Marivaux, même Lesbros de la Versane, ont cru qu'elle était véritablement arrivée à l'écrivain dans sa jeunesse; elle est certainement fictive, c'est le Spectateur français qui parle, et non pas Marivaux, mais elle n'en est pas moins pleinement expressive. Amoureux à dix-sept ans d'une jeune fille gracieuse et qu'il croyait ignorante de ses grâces, le narrateur la surprit un jour en train de répéter devant un miroir les mines que son visage avait présentées durant leur dernier entretien :

> Il se trouvait que ses airs de physionomie que j'avais cru si naïfs n'étaient, à les bien nommer, que des tours de gibecière; je jugeais de loin que sa vanité en adoptait quelques-uns, qu'elle en réformait d'autres, c'était de petites façons, qu'on aurait pu noter, et qu'une femme aurait pu apprendre comme un air de musique. Je tremblai du péril que j'aurais couru si j'avais eu le malheur d'essuyer encore de bonne foi ses friponneries,

au point de perfection où son habileté les portait; mais je l'avais crue naturelle, et ne l'avais aimée que sur ce pied-là; de sorte que mon amour cessa tout d'un coup, comme si mon cœur ne s'était attendri que sous condition.

Comme toutes les femmes sont coquettes et tous les hommes trompeurs, il faut être sans cesse sur ses gardes; même l'honnête homme doit accepter qu'on se méfie de lui :

> Je pardonnerais à quiconque craindrait de se fier à moi, et qui en m'examinant, dirait : il me paraît honnête homme, et peut-être me trompé-je. Oui, quoique sa méfiance fût injuste, je dirais à mon tour : il est vrai qu'il a tort avec moi; mais pareille méfiance lui a déjà fait ailleurs éviter tant de pièges; il a eu raison de se tenir sur la réserve avec tant d'hommes qu'il a trouvés faux et dont il avait aussi bonne opinion que de moi, que c'est sagesse à lui de ne pas se livrer plus à moi qu'aux autres : il ne saurait me connaître mieux qu'il n'a cru les connaître : les hommes se contrefont si bien qu'il n'y a rien de sûr avec eux.

Mais le résultat de cette méfiance n'est pas seulement de procurer à l'observateur « le plaisir de voir clair », il est de permettre, expérience faite, la confiance réciproque, et de sauver de leur égarement ceux qui se sont trompés sur eux-mêmes pour leur propre malheur. La jeune fille déguisée en chevalier, dans *la Fausse Suivante*, est impitoyable parce qu'elle a affaire à un fourbe qui ne mérite que le mépris; la faiblesse naturelle à tout humain est en revanche une excuse pour ceux qui se repentent de leur faute et autorise à les pardonner, comme les esclaves de *l'Ile des esclaves* pardonnent à leurs maîtres après leur avoir fait sentir, en changeant de rôle avec eux, la dureté et l'injustice de leur conduite :

> *Iphicrate.* — [...] Va, mon cher enfant, oublie que tu fus mon esclave, et je me ressouviendrai toujours que je ne méritais pas d'être ton maître.
> *Arlequin.* — Ne dites point comme cela, mon cher patron : si j'avais été votre pareil, je n'aurais peut-être pas mieux valu que vous.

Et Trivelin, qui d'un bout à l'autre a présidé au déroulement de l'épreuve, juge avoir atteint son but quand il voit maîtres et esclaves s'embrasser :

> *Trivelin.* — Vous me charmez. Embrassez-moi, mes chers enfants; c'est là ce que j'attendais.

A la différence des épreuves infligées par la vie et par le hasard, les épreuves machinées par une volonté attentive visent à rassurer autant celui qui les subit que celui qui les impose. Tous les dénouements des comédies où se jouent de telles épreuves le redisent, elles sont inspirées par le désir de ne pas laisser un être aimable se fourvoyer dans un destin indigne de lui. En même temps qu'il se protège contre une imposture ou une erreur possible de son partenaire, l'auteur de l'épreuve force ce partenaire à s'engager de tout son être dans la recherche de son propre bonheur, sans aucun malentendu avec lui-même. L'épreuve apparaît donc finalement comme une preuve d'amour, c'est ce que Silvia déclare et ce que comprend Dorante à la fin du *Jeu de l'amour et du hasard :*

> *Silvia.* — Vous m'aimez, je n'en saurais douter, mais à votre tour jugez de mes sentiments pour vous, jugez de ce que j'ai fait de votre cœur par la délicatesse avec laquelle j'ai tâché de l'acquérir [...].
> *Dorante.* — Je ne saurais vous exprimer mon bonheur; mais ce qui m'enchante le plus ce sont les preuves que je vous ai données de ma tendresse.

C'est aussi ce que déclare Hortense à Rosimond, à la fin du *Petit Maître corrigé,* presque dans les mêmes termes :

> *Hortense.* — Ne me sachez pas mauvais gré de ce qui s'est passé : je vous ai refusé ma main, j'ai montré de l'éloignement pour vous; rien de tout cela n'était sincère : c'était mon cœur qui éprouvait le vôtre. Vous devez tout à mon penchant; je voulais pouvoir m'y livrer, je voulais que ma raison fût contente, et vous comblez mes souhaits; jugez à présent du cas que j'ai fait de votre cœur par tout ce que j'ai tenté pour en obtenir la tendresse entière.

Le dépit, la colère que la victime peut manifester au cours de l'épreuve sont oubliés au dénouement et ne rendent que plus fervents la reconnaissance et le bonheur qui les remplacent. Il ne suffit pas de mettre à l'abri du doute et de fortifier par la résistance qu'on lui a opposée le sentiment d'autrui, il faut purger autrui de ce qui empoisonnerait ce sentiment, lui permettre d'être inutilement méchant et vaniteux pour qu'il n'ait plus l'occasion de l'être sérieusement. Au milieu de la bonne humeur dans laquelle s'échangent les explications des personnages, au dénouement des *Acteurs de bonne foi,* Araminte qui avait fait jouer un rôle ridicule à Mme Argante lui dit sans insister ce mot qui va très loin : « Vous ne m'aimerez jamais tant que vous m'avez haïe. » Il serait de sa part maladroit ou blessant de rappeler à la victime l'humiliation qu'elle a subie, et Mme Argante prend la réflexion comme elle doit la prendre en y répondant par une plaisanterie, mais si Mme Argante n'avait pas, dans une comédie dont elle ne savait pas le secret, haï de tout son cœur Araminte, elle ignorerait qu'il y a en elle cette capacité et elle serait exposée à la surprise d'une situation où sa haine serait irréparable. Se connaître, grâce à l'épreuve à laquelle on a été soumis, permet de choisir ce que l'on veut être :

> Rien n'est si dangereux qu'un ignorant ami,
> Mieux vaudrait un sage ennemi,

et mille fois mieux encore un ami sage, averti de ce qu'il peut craindre de lui-même. La plus cruelle des épreuves peut être celle qu'inspire la plus profonde tendresse : dans la comédie qui porte par excellence ce titre de *l'Épreuve,* il était trop facile, trop inéluctable, qu'Angélique, toute jeune fille n'ayant que son cœur pour richesse et ses rêves pour expérience, devînt amoureuse de ce beau Monsieur Lucidor, riche, élégant, poli, adroit à parler comme les gens de Paris, lumineux et doré comme son nom. Il fallait lui laisser la chance non pas d'épouser un maître Blaise et encore moins un Frontin, mais d'échapper à l'entraînement d'une passion imaginaire — la chance de haïr plutôt que de se tromper :

> *Angélique.* — Hélas, Monsieur, c'est par discrétion que je
> ne vous ai pas dit ma pensée ; mais je vous aime si peu,

que, si je ne me retenais pas, je vous haïrais, depuis ce mari que vous avez mandé de Paris; oui, Monsieur, je vous haïrais, je ne sais même si je ne vous hais pas, je ne voudrais pas jurer que non, car j'avais de l'amitié pour vous, et je n'en ai plus; est-ce là des dispositions pour aimer?

On cherche des raisons d'égoïsme et de prudence, ou de vanité, ou de cruauté, là où Marivaux n'a voulu faire agir que la bonté du cœur, parce qu'on est incapable d'imaginer l'intelligence géniale qui accompagne cette bonté chez un Lucidor, chez un Monsieur Orgon, chez une Silvia, chez le prodigieux Merlin des *Acteurs de bonne foi,* comme chez la Flaminia de *la Double Inconstance.* Quand Lucidor déclare : « Tout sûr que je suis de son cœur, je veux savoir à quoi je le dois; et si c'est l'homme riche, ou seulement moi qu'on aime », est-il vraiment si difficile de croire qu'il agisse par amour et dans l'intérêt d'Angélique, et non par calcul de richard qui ne veut pas être floué, ou par sadisme avant la lettre, ou par besoin d'être idolâtré? Que de sottises fait écrire la peur d'être dupe, sur un écrivain qui n'a jamais voulu tromper ses lecteurs! Et quel aveuglement, que de chercher la profondeur uniquement dans l'inavouable! D'une des pièces les plus gaies de Marivaux on fait une sinistre affaire de cabinet de psychanalyste, et du même coup on méconnaît ce qu'elle a d'authentiquement dramatique, le risque lucidement accepté par Lucidor (dont le nom est décidément symbolique) d'être pour Angélique un objet de haine et de ruiner à jamais son propre bonheur.

Car il se met lui-même à l'épreuve, comme la plupart des personnages qui chez Marivaux mettent à l'épreuve quelqu'un d'autre. A certains moments, il suffirait d'un mot, d'un silence, d'un pas de plus pour que tout soit perdu, pour que tout chavire dans le malheur quand à l'instant d'avant tous les espoirs étaient possibles :

Silvia (à part). — S'il part, je ne l'aime plus, je ne l'épouserai jamais...

Il faut à celui qui mène l'épreuve un courage presque héroïque et une idée intransigeante du bonheur pour ne pas capituler devant l'angoisse et bâcler vite un raccommodement. L'Hortense du *Petit-Maître corrigé* tient jusqu'à l'avant-dernière scène du dernier acte le rôle le plus meurtrissant pour elle-même sans jamais céder au dépit ni à l'impatience. Dans des dialogues suspendus, repris, suspendus encore, dans d'hésitants déplacements vers la sortie, dans un appel qu'on a retenu jusqu'à la seconde où l'on n'aurait pu jamais plus se parler, dans un regard en arrière avant de disparaître, les personnages jouent leur destin : ainsi Araminte, dans *les Fausses Confidences,* quand elle force Dorante à écrire un billet par lequel elle accepte le mariage avec le comte, s'impose à elle-même une épreuve dont elle ignore encore le sens, mais dont elle ressent la douloureuse difficulté. Dans ces moments de tension hautement tragique, la réalité du risque couru innocente celui qui mène le jeu, et les épreuves machinées sont aussi émouvantes que les épreuves créées par le hasard, la situation, entre deux âmes également nobles. Qu'on suive les péripéties d'une scène entre Hortense et Lélio dans *le Prince travesti*, rythmées comme un ballet par leurs allées et venues entre deux portes :

> *Lélio.* — [...] Adieu, Madame, il n'y a plus de séjour ici pour moi; je pars dans l'instant, et je ne vous oublierai jamais. *(Il s'éloigne).*
> *Hortense (pendant qu'il s'en va).* — Oh! je ne sais plus où j'en suis; je n'avais pas prévu ce coup-là. *(Elle l'appelle).* Lélio!
> *Lélio (revenant).* — Que me voulez-vous, Madame?
> *Hortense.* — Je n'en sais rien; vous êtes au désespoir, vous m'y mettez, je ne sais encore que cela.
> *Lélio.* — Vous me haïrez si je ne vous quitte.
> *Hortense.* — Je ne vous hais plus quand vous me quittez.
> *Lélio.* — Daignez donc consulter votre cœur.
> *Hortense.* — Vous voyez bien les conseils qu'il me donne; vous partez, je vous rappelle; je vous rappellerai, si je vous renvoie; mon cœur ne finira rien.
> *Lélio.* — Eh! Madame, ne me renvoyez plus; nous échapperons aisément à tous les malheurs que vous craignez; laissez-moi vous expliquer mes mesures, et vous dire que ma naissance...
> *Hortense (vivement).* — Non, je me retrouve enfin, je ne

56

veux plus rien entendre. Echapper à nos malheurs! Ne s'agit-il pas de sortir d'ici? Le pourrons-nous? N'a-t-on pas les yeux sur nous? Ne serez-vous pas arrêté? Adieu, je vous dois la vie; je ne vous devrai rien si vous ne sauvez la vôtre. Vous dites que vous m'aimez; non, je n'en crois rien si vous ne partez. Partez donc, ou soyez mon ennemi mortel; partez, ma tendresse vous l'ordonne, ou restez ici l'homme le plus haï de moi, et le plus haïssable que je connaisse. *(Elle s'en va comme en colère[1])*
Lélio (d'un ton de dépit). — Je partirai donc, puisque vous le voulez; mais vous prétendez me sauver la vie, et vous n'y réussirez pas.
Hortense (se retournant de loin). — Vous me rappelez donc à votre tour?
Lélio. — J'aime autant mourir que de ne plus vous voir.

Quand on a échappé à ces risques terribles, la joie qu'on goûte à être sûr de l'autre et de soi est si intense qu'aucun mot ne peut l'exprimer; elle éclate dans de courtes phrases entraînées aussitôt par la suite de l'action ou coupées par la chute du rideau; car pour Marivaux comme pour Stendhal, le bonheur ne se raconte pas :

Lélio. — Je crains encore vos inquiétudes.
Hortense. — Et moi, je ne crains plus rien.

La ruse employée n'a pas besoin d'autre excuse que l'amour, elle n'est même possible que par l'amour :

La Comtesse. — Ah! je respire! Que de chagrin vous m'avez donné! Comment avez-vous pu feindre si longtemps?
Dorante. — Je ne l'ai pu qu'à force d'amour,

mais son auteur manquerait à la véritable délicatesse qui l'inspire s'il ne remettait pas son sort entre les mains de sa victime après lui avoir dit toute la vérité :

---

1. « Comme en colère » ne signifie pas qu'Hortense simule la colère, mais que l'actrice doit représenter la colère qu'Hortense éprouve réellement. Les indications scéniques disent ce que les acteurs ont à faire, elles ne sont pas des commentaires psychologiques.

> *Le prince.* — A présent que vous me connaissez, vous êtes libre d'accepter ma main et mon cœur, ou de refuser l'un et l'autre. Parlez, Silvia,

et bien qu'en général cette sincérité soit tenue pour ce qu'elle est en effet, une preuve supplémentaire de tendresse, le risque couru à tout avouer est très réel :

> *Dorante.* — Dans tout ce qui s'est passé chez vous, il n'y a rien de vrai que ma passion qui est infinie, et que le portrait que j'ai fait. [...] Voilà, Madame, ce que mon respect, mon amour et mon caractère ne me permettent pas de vous cacher. J'aime encore mieux regretter votre tendresse que de la devoir à l'artifice qui me l'a acquise; j'aime mieux votre haine que le remords d'avoir trompé ce que j'adore.

A ces paroles de Dorante, Araminte a besoin de « le regarder quelque temps sans parler » avant de pouvoir lui répondre :

> Si j'apprenais cela d'un autre que de vous je vous haïrais sans doute; mais l'aveu que vous m'en faites vous-même dans un moment comme celui-ci change tout. Ce trait de sincérité me charme, me paraît incroyable, et vous êtes le plus honnête homme du monde.

On dirait que pour Marivaux l'amour n'est jamais solidement forgé s'il ne s'est pas exposé volontairement au feu de la haine, s'il n'a pas été consciemment choisi de préférence à celle-ci.

« Partout sacrifice »

Quelles que soient les manœuvres auxquelles il se livre, celui qui dirige l'épreuve ne saurait être soupçonné d'insincérité : c'est parce qu'il a pris clairement conscience de son sentiment qu'il peut employer sa volonté à régler l'action et choisir des moyens dont il mesure tout ce qu'ils ont de dangereux pour lui-même. Il sait que le bonheur de l'autre est la condition de son propre bonheur, et en ce qui le concerne l'épreuve consiste à vérifier s'il est capable d'aimer assez le bonheur de l'autre pour accepter de perdre le sien : qu'on puisse voir en cela de l'égoïsme, Marivaux n'en eût pas disconvenu, car il ne croyait pas qu'un héros fût un sur-homme, mais c'est un égoïsme qui se confond exactement avec la générosité. On suspecterait plus justement le sentiment auquel est conduite la victime de ces manœuvres : quelle peut être la vérité d'un amour qui a été provoqué, alimenté, contrarié, dirigé par la machination d'un domestique comme Dubois ou d'une habile mondaine comme Flaminia?

> J'ai cru voir que nous nous ressemblions presque tous; que nous avions tous à peu près le même volume de méchanceté, de faiblesse et de ridicule; qu'à la vérité nous n'étions pas tous aussi fréquemment les uns'que les autres faibles, ridicules et méchants; mais qu'il y avait pour chacun de nous des positions où nous serions tout ce que je dis là, si nous ne nous empêchions pas de l'être.

Ce que l'inconnu du *Spectateur français* dit ici de la méchanceté, de la faiblesse et du ridicule, il est tentant de le dire aussi de l'amour : il suffit de mettre la personne visée dans une « position » telle qu'elle ne pourra pas ne pas être amoureuse. L'insolente assurance de Dubois :

> Notre affaire est infaillible, absolument infaillible : il me semble que je vous vois déjà en deshabillé dans l'appartement de Madame,

celle de Flaminia :

> Quoi, Seigneur, Arlequin et Silvia me résisteraient? Je ne gouvernerais pas deux cœurs de cette espèce-là, moi qui l'ai entrepris, moi qui suis opiniâtre, moi qui suis femme?

donneraient à penser que l'amour inspiré à Araminte et à Silvia n'est qu'une illusion ou un accident, et que l'adresse des meneurs de jeu a été seulement de savoir profiter des caprices et des incertitudes du cœur humain, ouvert à toutes les influences :

> A l'égard du cœur, on ne peut se le promettre pour toujours, il n'est pas à nous,

et condamné par la nature à l'instabilité :

> Si l'amour se menait bien, on n'aurait qu'un amant, ou qu'une maîtresse en dix ans; et il est de l'intérêt de la nature qu'on en ait vingt, et davantage.

Le dernier mot de Marivaux sur le sentiment est-il que nulle vérité n'existe, sauf la vérité de l'instant créée par l'occasion et balayée par l'occasion suivante? Les excuses que Silvia donnait à son infidélité envers Arlequin justifieraient toutes les manœuvres, et l'on aurait raison de chanter, comme dans le divertissement qui termine *la Fausse Suivante* :

> Livrons-nous donc sans résistance.
> A l'objet qui vient nous charmer.
> Au milieu des transports dont il remplit notre âme
> Jurons-lui mille fois une éternelle flamme.
> Mais n'inspire-t-il plus ces aimables transports?
> Trahissons aussitôt nos serments sans remords.

Pourtant Flaminia ne croit pas aux bonnes raisons de Silvia, elle n'y voit qu'un dépit aveugle :

> *Flaminia (les premiers mots à part).* — Rions un moment. Je le pense à peu près de même.

Si ces paroles ont un sens, si l'on ne cherche pas systématiquement à faire dire aux mots le contraire de ce qu'ils signifient, nous devons admettre que, pour Flaminia, le nouvel amour de Silvia n'est pas un effet de l'inconstance, mais d'une affinité plus certaine et plus fondée que celle par laquelle elle se croyait liée à Arlequin. Le vrai bonheur de Silvia est d'aimer le prince, comme celui de Mlle Argante, dans *le Dénouement imprévu,* est d'aimer Éraste et non Dorante; mais leur cœur se révolte contre les pressions qu'on leur fait subir, elles s'en veulent de changer, elles boudent contre leur vœu secret, peut-être ont-elles peur d'un engagement plus exigeant, et il faut les forcer à être heureuses. Les épreuves seraient un divertissement absurde et tyrannique si elles créaient dans une sensibilité ployable à tout sens le penchant même dont elles ont à vérifier l'existence. Marivaux croit à une vérité originale des êtres, au « geste naturel » d'un esprit, à sa « singularité »; le devoir de tout homme comme de tout écrivain est de « se ressembler fidèlement à soi-même, de ne point se départir ni du tour ni du caractère d'idées pour qui la nature nous a donné vocation ». Mais les hommes mentent si facilement à eux-mêmes et aux autres, leurs rapports entre eux et avec leur conscience sont une telle partie de cache-cache qu'il est bien imprudent de confondre spontanéité et naturel. A l'Arlequin dont l'esprit et le cœur s'éveillent joyeusement quand il rencontre la Silvia qui le polira par l'amour s'oppose l'Arlequin détourné de son vrai bonheur par une Silvia qui le rendra à lui-même en le quittant pour un autre amour. Le sentiment authentique n'apparaît souvent qu'après une longue préparation, et l'on commence par être ce que veulent l'opinion, le monde, les habitudes, la vanité, l'esprit de contradiction avant d'être enfin soi-même.

Il faut donc savoir se refuser : même quand le *moi* n'est rien encore, parce qu'il n'a rien éprouvé, il est désir d'être libre, d'avoir son propre visage et de regarder de ses propres yeux :

> Si j'étais mariée, ce ne serait plus mon visage; il serait à mon mari, qui le laisserait là, à qui il ne plairait pas, et qui lui défendrait de plaire à d'autres; j'aimerais autant n'en point avoir. Non, non, Lisette, je n'ai point envie d'être coquette; mais il y a des moments où le cœur vous en dit, et où l'on est bien aise d'avoir les yeux libres.

Pour échapper aux aliénations et aux asservissements qui le menacent, le *moi* doit toujours être prêt à la métamorphose, accueillir ce que le hasard lui apporte et que la fantaisie lui suggère, se mettre en danger pour sauver sa liberté. Le déguisement de Silvia, la folie de Mlle Argante (dans *le Dénouement imprévu*), la comédie à laquelle se livrent

Merlin et Araminte et à laquelle ils forcent tous les « acteurs de bonne foi », le travesti du Prince qui veut « hâter l'expérience » dont il aura besoin pour régner et pour vivre, tout ce jeu et ce carnaval qu'est souvent le théâtre de Marivaux traduisent la peur du moi d'être emprisonné dans une fausse image de lui-même et séparé de tout ce qu'il aurait pu être. Paradoxalement, le masque est au service de la vérité, parce qu'il permet d'éluder un autre masque, celui qu'on se verrait à jamais collé sur le visage par les conventions de la famille et de la société.

Mais l'on ne se refuse que pour mieux se choisir, et la liberté qu'on préserve n'est pas celle de n'être rien. A la fin tous les masques tombent, le sentiment s'est révélé dans les emportements du désespoir ou du dépit, on s'est assuré dans les épreuves, la raison et la volonté confirment ce que la nature indiquait. Plus important que les données naturelles, confuses et contradictoires, car « la nature a le pour et le contre », est cet assentiment lucide, ce choix délibéré par lequel on n'est réellement que ce qu'on a bien voulu être. Si attentif à ne jamais laisser fausser ce qui peut être proposé par la nature, Marivaux ne fait pas du naturel une fatalité, on peut même dire que la vérité du *moi* n'est pas dans le naturel, mais dans la raison qui s'appuie sur le naturel pour le façonner. Tout n'est pas possible au même degré, mais tout est à quelque degré possible, et Marivaux n'est pas loin de penser que la nature est seulement une première habitude :

> Où est l'homme vil, méprisable et pervers, en qui dans le cours de sa vie, et indépendamment de tout artifice, vous ne surprendrez pas des apparitions momentanées de toutes les sortes de vertus, de sentiments ou de mouvements louables qu'on peut avoir? [mouvements] qui à la vérité ne parviennent à se montrer, qui ne font en lui de ces apparitions que j'appelle momentanées, qu'à la faveur du silence et de l'inaction où restent quelquefois les mouvements habituels auxquels il est sujet [...].

Si le hasard peut « surprendre » chez le pervers des mouvements de vertu, l'éducation, la volonté, l'attention (encore une faculté qui avait un très grand rôle dans la psychologie et la morale de Malebranche) peuvent complètement transformer le méchant :

> Il faut bien que la formation la plus ingrate et la plus défectueuse ne soit pas irrémédiable, et puisse devenir meilleure ou moins maligne, si nous le voulons. Il faut bien, malgré sa peu favorable ou sa trop dangereuse tournure, qu'il y ait en elle une flexibilité qui la soumette elle-même à la force de l'éducation, aux efforts de notre volonté, et qui la rende encore susceptible de notre part d'une dernière façon, et comme d'un dernier pli qui la corrige, ou qui diminue considérablement ses défauts.

Le naturel n'est ni une valeur ni une règle en lui-même, il doit être réglé sur l'intérêt, sur le plaisir, sur la paix intérieure (Malebranche eût dit : sur l'ordre), sur des valeurs qui appartiennent au vécu, mais que le moi ne reconnaît qu'à l'épreuve. En un sens tout est naturel, en un autre tout est artificiel, puisque même les premières expressions d'une personnalité sont l'effet de l'éducation, du préjugé ou du hasard. L'épreuve seule est alors capable de fournir matière à des comparaisons, de conférer au naturel la valeur d'une règle et à l'artificiel celle d'une vérité. Ainsi entendue dans son sens le plus large, l'épreuve est l'expérience même de la vie, à laquelle tout humain doit s'exposer volontairement et avec une extrême attention. Un effort sur soi-même ne serait pas possible si le germe du changement cherché n'était pas dans la nature de celui qui le cherche, un mensonge est toujours la manifestation d'une vérité, à son origine :

> Les hommes sont faux; mais ce qu'ils pensent dans le fond de l'âme perce toujours à travers ce qu'ils disent et ce qu'ils font;

et l'instauration d'une vérité, dans sa fin, comme le disent les paroles déjà citées de Jacob à Mlle Habert. Au lieu de soupçonner Jacob d'un immoralisme naïf ou cynique, il vaut mieux se demander si la Flaminia de *la Double Inconstance* et le Dorante des *Fausses Confidences* ne sont pas animés de la même espèce de sincérité : à moins de n'appeler sincères, exactement au contraire de ce que pensait Marivaux, que les sentiments auxquels ne participent ni la volonté ni la conscience.

Un être n'est pas tout donné, il s'élabore à travers ses expériences, il devient :

> Car la pensée et le sentiment et tout ce que vous avez, enfin, appartient bien à l'homme, mais cela ne fait pas l'homme : je n'appellerais cela que les outils avec lesquels on doit le devenir.

Ici apparaît la double efficacité de l'épreuve : elle révèle à l'homme ce qu'il peut être, et qu'il ne savait pas encore qu'il pouvait être, elle lui apprend aussi ce qu'il n'est pas, elle lui ferme la voie à tout ce qu'il aurait pu être et dont il ignorera à jamais qu'il était capable. Ce que Pascal disait de notre condition métaphysique : « On est embarqué », est vrai aussi de notre identité : à chaque instant, il faut choisir; un individu est fait de quelques affirmations lucides et d'innombrables négations :

> Il n'est question que de sacrifice dans la vie. Sacrifiez-moi votre liberté, dit la cour, dit le prince, dit ce seigneur, dit cette femme; sacrifiez-moi votre santé, disent ces plaisirs; sacrifiez-moi ces plaisirs, dit la santé; votre honneur, dit la Fortune; votre fortune, dit l'Honneur : partout sacrifice.
>
> Il y en a un qui est si beau, qu'il en impose à ceux-mêmes qui ne le font pas; c'est le sacrifice du vice à la vertu, du crime à l'innocence, de l'improbité à son contraire. Chaque homme en particulier a besoin que tout homme avec qui il vit fasse avec lui ce dernier sacrifice.

C'est à ce prix que chacun devient soi-même au milieu de tous. L'épanouissement dans la liberté, la découverte joyeuse de tous les bonheurs dont on est « capable » ne sont donc finalement qu'un beau rêve. Mais à ce rêve, Marivaux n'a jamais renoncé. Il a bien aperçu, il a bien avoué que l'accomplissement suprême de soi était dans le sacrifice suprême, et que le vrai bonheur était dans la retraite, mais il n'a cessé de vouloir prendre au piège une autre forme de bonheur et de procurer à ses personnages l'épreuve où ils aient la délicieuse révélation de se sentir vivre.

3

L'appel des formes

C'était un excellent homme, quoiqu'il ait eu tant de contradicteurs. On l'a mis au-dessous de gens qui étaient bien au-dessous de lui, et le miroir m'a appris d'où cela venait en partie.

C'est qu'il était bon à tout, ce qui est un grand défaut; il vaut mieux, avec les hommes, n'être bon qu'à quelque chose.

[...] Il faut prendre un état dans la république des Lettres, et ce n'est pas en avoir que d'y faire le métier de tout le monde.

[...] C'était comme un sage qui aurait très bien contrefait le petit-maître.

Comment accepter que ce philosophe soit aussi un bel esprit, que ce poète tragique ait écrit des fables, des odes, une épopée, des opéras, des comédies, des madrigaux? Tel est l'humour du « miroir » : c'est à Houdart de la Motte, ancienne idole déchue, que Marivaux rend hommage sur ce ton doux-amer, mais nous ne pouvons nous empêcher de penser qu'il nous parle ici de lui-même. On s'est si souvent refusé à admettre qu'il ait pu pratiquer avec la même aisance des « genres » si différents! Écrire à vingt ans une comédie de collégien et rêver déjà, si longuement, aux tendres images qui nourriront son premier roman; disserter sur ce « monstre qu'on appelle *Amour* » et le faire apparaître, la même semaine, au théâtre, dans une *Surprise;* réfléchir sur le destin des civilisations et livrer à quelques amateurs de « l'extrêmement bonne compagnie » l'une de ces nouvelles « petites pièces » où s'exerce un caprice... dans cette attitude, il « entre trop de choses, et peut-être de tout » : fantaisie, esprit de jeu, goût d'être différent de soi-même en se masquant parfois derrière son propre visage, refus de se laisser classer ou embrigader, désir d'échapper à la spécialisation, à la sclérose, à la consécration peut-être, mise à l'épreuve d'une esthétique et d'une philosophie. Marianne nous le dit :

> Les hommes sont bien au-dessus de tous les livres qu'ils font.

Mais il faut y voir bien davantage : un instinct et une hygiène personnelle, une nécessité intérieure.

De là tant d'empiètements et de chassés-croisés, de jeux entre les ressources des « genres » : ils pouvaient et peuvent encore aujourd'hui (mais pour des raisons opposées) indigner les puristes. Quand on ne comprenait pas son théâtre, on le jugeait *métaphysique,* ou bien trop *romanesque,* ainsi Voltaire dans une lettre où il cherche à être aimable :

> Je lui reprocherai [...] de trop détailler les passions et de manquer quelquefois le chemin du cœur, en prenant des routes un peu trop détournées.

Inversement, nous pourrions être tentés de juger trop *dramatiques* certains épisodes de ses romans, quittes à oublier qu'il a justement été de ceux qui, de si loin, ont contribué à former notre goût; c'est bien du moins dans les grandes scènes des dernières parties de *la Vie de Marianne* que se manifeste chez lui un certain théâtre, l'esprit du drame, et c'est une impression exquise que de voir naître un poète comique dans des feuilles ou des feuilletons de journaliste : les premières livraisons du *Spectateur* ou les *Lettres contenant une aventure.* Plutôt que d'expliquer ces empiètements comme de simples phénomènes de contamination, on y trouvera le plus souvent des preuves de maîtrise : en pleine possession de ses moyens, le romancier reprend au théâtre son bien; le dramaturge est sûr de son jeu, il se plaît à élargir son domaine et récupère au profit du théâtre des ressources imprévues.

L'essai journalistique, le roman, le théâtre même ont été entre les mains de Marivaux des formes toutes neuves. Les sources les plus profondes d'un artiste aussi cultivé ont toujours été ses propres créations : ses premiers romans, d'où est né *son* roman; *Arlequin poli par l'amour,* la pièce-source d'où ses comédies ont jailli : chez les Italiens tout paraissait possible; avec rien, ou presque, le poète se donnait tout pouvoir. Ce n'est pas en appliquant des règles que Marivaux a été à la fois, qu'en fait il a dû être tour à tour, s'inventer, romancier, journaliste, poète comique. Il serait dérisoire d'enserrer dans une théorie des genres son roman, sa comédie, ses essais de journaliste, précisément parce que ce furent pour lui des formes exigeantes. Mais on peut déceler dans cette œuvre une logique et une dynamique, un sens et une pratique : un *appel* des formes.

Trois formes

Ses comédies, ses grands romans, ses journaux représentent trois sortes très différentes de déroulements. Le dénouement de chaque pièce est donné dès le départ, et il n'y a pas d'autre dénouement possible. Les changements que découvrent les héros, l'organisateur du spectacle ne les ignorait pas. Jeux réglés, progressions fatales, où le hasard ne peut intervenir. La pièce dit tout ce qu'elle avait à dire : il serait parfaitement absurde de vouloir lui donner une suite, de se demander par exemple si Dorante va tromper Araminte, Silvia être heureuse avec le Prince, Flaminia devenir châtelaine de village... Tout au contraire un roman de Marivaux n'a pas de dénouement. Ou du moins le dénouement ne compte pas : le titre nous le dit, Jacob est parvenu, Marianne est maintenant comtesse. La vie continue; comme *les Faux-Monnayeurs* le roman de Jacob et de Marianne «pourrait être continué» parce qu'il n'a pas besoin de l'être. Marianne peut bien épouser l'officier, voir très vite lui revenir Valville, l'épouser ou ne pas l'épouser, Jacob courtiser Mme d'Orville, suivre très loin d'Orsan ou entrer «dans les traités» : tous ces faits sont possibles, aucun n'importe. Tout se passe comme si le but de l'écrivain avait été de conférer à ses héros la vertu d'échapper à leur carrière. Dans les journaux, le déroulement de l'écriture n'existe que comme substitut d'une vision instantanée : il s'agit de nous mettre sous les yeux non pas des caractères comme prétendait le faire La Bruyère, mais des situations, uniques et généralisables, des *exempla* : ce père abandonné, ce trop faible mari, cette dévote, tels qu'en eux-mêmes enfin leur situation les définit. Souvent l'écrivain souligne lui-même qu'il se borne à *développer,* plus ou moins longuement, ce qu'il a saisi dans un éclair. Ailleurs, ce sont d'admirables mouvements d'écriture où d'un seul élan les personnages instaurent et vivent leur situation : l'amoureuse de la seconde feuille du *Spectateur* crée son amour comme passion héroïque qui doit d'elle-même se renoncer; en dépeignant son esclavage, la jeune coquette de la douzième feuille nous décrit déjà sa libération.

Le théâtre, c'est l'épreuve accomplie; le roman, l'épreuve sans fin; la « feuille volante », l'épreuve innombrable. Donc trois points de vue. Sur la scène se déroule le jeu de l'épreuve; on ne nous en dit pas les dessous : à nous de les interpréter. Dans *Marianne* et *le Paysan parvenu* nous sommes à l'intérieur de celui qui affronte l'épreuve : vivre, c'est connaître l'immense solitude du coureur de fond. L'épreuve que nous présentent les journaux, elle, est éparse dans le monde, et comme pulvérulente : il s'agit d'en recueillir les témoignages et de les éclairer. Ainsi chez Marivaux la comédie est par nature un paradis fermé; le roman, un mouvement que rien n'arrête : le déploiement d'une destinée; la « feuille volante », un va-et-vient perpétuel : au contact du réel les idées jaillissent; comme le héros du *Voyage au monde vrai,* on court aussitôt les éprouver dans la vie.

A l'origine, trois idées profondément différentes de l'application des ressources de l'homme, trois notions qui s'excluent : la fascination dramatique; la communication immédiate d'homme à homme; la notion d'expérience.

Marivaux (et ce n'est peut-être pas l'un de ses points de vue les moins étonnants) conçoit le plaisir dramatique comme une expérience immédiate de l'homme civilisé. Déjà dans l'Avis au lecteur des *Effets de la sympathie* il éprouve le besoin inattendu d'analyser les impressions des spectateurs de tragédie en décrivant (d'après saint Augustin) le phénomène de la catharsis :

On gémit avec ceux qui nous paraissent gémir : mais comme leurs maux ne sont que feints, l'âme émue se fait un plaisir de sa sensibilité, en se garantissant par la raison d'une tristesse véritable, qui ne doit la saisir qu'à la réalité des malheurs.

[...] Oreste vient-il annoncer à Hermione sa maîtresse la mort de Pyrrhus qu'il a tué, le traitement qu'il en reçoit nous étonne, nous frappe comme lui, l'amertume de ses remords pénètre jusqu'à nous : mais ils perdent dans notre âme ce qu'ils ont de triste et d'amer, et n'y laissent qu'un trouble dont nous jouissons avec autant de douceur qu'Oreste en est tourmenté avec rage.

Au début d'un autre roman, *le Télémaque travesti,* une constatation très simple lui permet de donner une image saisissante du monde du *spectacle :*

Tel est l'homme, qu'un fait extravagant et réel qui se passe à ses yeux le divertit souvent moins qu'un fait de pareil genre inventé. L'avare à la comédie lui paraît plus ridicule que l'avare dans le monde, et les défauts de mœurs qu'on lui représente par un jeu lui sont plus sensibles que les défauts réels. La raison de cette sensibilité mal entendue est peut-être la suite de son dérangement...

Le premier péché, l'orgueil, porte l'homme à croire qu'il se « connaît » quand il se livre à ses propres images. Mais qu'importe l'explication? Ce qui compte, c'est l'étrange effet de cette « sensibilité mal entendue » : le pouvoir du théâtre sur l'espèce humaine.

De ses misères l'homme tire une grandeur grâce à sa sensibilité paradoxale : c'est le sens de l'éloge de Corneille et de Racine présentés comme « bienfaiteurs du monde » dans les *Réflexions sur l'esprit humain,* et c'est aussi la leçon qui découle de l'extraordinaire passage de *l'Ile de la Raison* où un poète comique, en pleine possession de son art, exalte la poésie dramatique en faisant son procès :

— Des ouvrages qui font pleurer! cela est bien bizarre!
— On appelle cela des tragédies, que l'on récite en dialogues, où il y a des héros si tendres, qui ont tour à

tour des transports de vertu et de passion si merveilleux; de nobles coupables qui ont une fierté si étonnante, dont les crimes ont quelque chose de si grand, et les reproches qu'ils s'en font sont si magnanimes; des hommes enfin qui ont de si respectables faiblesses, qui se tuent quelquefois d'une manière si admirable et si auguste, qu'on ne saurait les voir sans en avoir l'âme émue, et pleurer de plaisir. Vous ne me répondez rien.

— Voilà qui est fini, je n'espère plus rien; votre espèce me devient plus problématique que jamais. Quel pot pourri de crimes admirables, de vertus coupables et de faiblesses augustes! il faut que leur raison ne soit qu'un coq-à-l'âne. Continuez.

— Et puis, il y a des comédies où je représentais les vices et les ridicules des hommes.

— Ah! je leur pardonne de pleurer là.

— Point du tout; cela les faisait rire.

— Hem?

— Je vous dis qu'ils riaient.

— Pleurer où l'on doit rire, et rire où l'on doit pleurer! les monstrueuses créatures!

Au théâtre l'homme s'exalte en toute sécurité en contemplant ses images, comme dans la caverne de Platon; c'est l'illusion par excellence : un refuge, ou plus précisément un *alibi;* et pourtant l'avis au lecteur des *Effets de la sympathie* nous le rappelle, des hommes en chair et en os s'y ébattent, là, sous nos yeux, c'est leur présence réelle qui nous tire des larmes ou des rires, dans un jeu mensonger. Tel est le paradoxe fondateur de la poésie dramatique; par lui-même il n'explique rien, mais il faut en partir pour comprendre le théâtre selon Marivaux.

A l'origine de l'essai journalistique, une idée de l'homme profondément différente. L'écrivain l'expose et l'illustre aussitôt dans la première feuille du *Spectateur français* : rien ne sert d'élucubrer les plus subtiles pensées dans le silence d'un cabinet de travail, il faut renoncer à la littérature comme science ou activité de loisir, plonger hardiment dans la vie telle qu'elle vient, être homme et non auteur, homme parmi les autres, à l'écoute du monde, en partant de la certitude que ce qui touche un être humain doit immédiatement toucher ses semblables :

> L'esprit humain, quand le hasard des objets ou l'occasion l'inspire, ne produirait-il pas des idées plus sensibles et moins étrangères à nous qu'il n'en produit dans cet exercice forcé qu'il se donne en composant?
>
> [...] Mon dessein n'est de penser ni bien ni mal, mais simplement de recueillir fidèlement ce qui me vient d'après le tour d'imagination que me donnent les choses que je vois ou que j'entends, et c'est de ce tour d'imagination, ou pour mieux dire de ce qu'il produit, que je voudrais que les hommes nous rendissent compte, quand les objets les frappent.

Tel est ici le postulat initial : d'homme à homme l'émotion se communique aussitôt, seule source des pensées vraies, créatrices à leur tour, dans un rejaillissement continuel, de nouvelles émotions et de nouvelles pensées.

Ainsi naît, avec ses caractères les plus frappants : l'immédiateté, la saisie du réel sans atteinte, la disponibilité, l'essai journalistique tel que Marivaux le conçoit et le pratique. Animé par la certitude tranquille que rien d'humain ne peut lui être étranger, le Spectateur est à l'affût; mais nul ne lui ressemble moins que ces gens indifférents, ces observateurs « curieux » et « inquiets » dont on nous décrit dans la cinquième partie de *la Vie de Marianne* « l'âme vide, oisive » :

> Il y a de certaines gens dont l'esprit n'est en mouvement que par pure disette d'idées; c'est ce qui les rend si affamés d'objets étrangers, d'autant plus qu'il ne leur reste rien, que tout passe en eux, que tout en sort; gens toujours regardants, toujours écoutants, jamais pensants. Je les compare à un homme qui passerait sa vie à se tenir à sa fenêtre : voilà l'image que je me fais d'eux, et des fonctions de leur esprit.

Ici la vie quotidienne apparaît comme plus captivante que *les Mille et une nuits* : dans cette quête perpétuelle l'esprit et le monde ne cessent de se féconder. La même relation heureuse devra unir le lecteur à celui qui tient la plume. Après les tâtonnements qui marquaient ses débuts de moraliste dans les *Lettres sur les habitants de Paris,* l'écrivain se donne un espace idéal : la feuille; il invente une forme : la chronique, promenade et butin, fruit de cette durée humaine, la *journée*.

Marivaux fonde le roman sur une tout autre expérience, quand il y revient après l'avoir abandonné dix ans. Marianne écrit à l'écart de la vie quotidienne : elle est pour elle-même une énigme et une source de plaisir.

> On ne veut dans des aventures que les aventures mêmes, et Marianne, en écrivant les siennes, n'a point eu égard à cela. Elle ne s'est refusé aucune des réflexions qui lui sont venues sur les accidents de sa vie; ses réflexions sont quelquefois courtes, quelquefois longues, suivant le goût qu'elle y a pris. Elle écrivait à une amie, qui, apparemment, aimait à penser : et d'ailleurs Marianne était retirée du monde, situation qui rend l'esprit sérieux et philosophe.

Phrases de récit, coulantes et anodines : Marianne ici commence à se rêver. Dans l'Avertissement de la seconde partie, le passage au présent correspond à une prise de conscience beaucoup plus nette : Marivaux va lancer dans le public sa *Marianne,* son *Paysan parvenu,* nous sommes en janvier 1734, c'est l'acte constitutif de son roman :

> Il y a trop de réflexions, et ce n'est pas là la forme ordinaire des romans, ou des histoires faites simplement pour divertir. Mais Marianne n'a point songé à faire un roman non plus. Son amie lui demande l'histoire de sa vie, et elle l'écrit à sa manière. Marianne n'a aucune forme d'ouvrage présente à l'esprit. Ce n'est point un auteur, c'est une femme qui pense, qui a passé par différents états, qui a beaucoup vu; enfin dont la vie est un tissu d'événements qui lui ont donné une certaine connaissance du cœur et du caractère des hommes, et qui, en contant ses aventures, s'imagine être avec son amie, lui parler, l'entretenir, lui répondre; et dans cet esprit-là, mêle indistinctement les faits qu'elle raconte aux réflexions qui lui viennent à propos de ces faits : voilà sur quel ton le prend Marianne.

Ici le *roman* de Marianne est en train de se faire : il ne peut *devenir* qu'au présent; mais la notion fondatrice, la réalité originelle est bien cette difficile notion : *l'expérience.* « C'est

une femme qui pense, qui a passé par différents états [...];
sa vie est un tissu d'événements... ». La vie est une découverte personnelle, vécue successivement d'états en états :
le roman commence quand on part de la position de l'individu
qui a derrière lui sa vie comme une expérience unique.
Regard tout à la fois rétrospectif et prospecteur. L'un des
maîtres secrets de Marivaux, saint Augustin, s'émerveillait
de ce phénomène miraculeux : la mémoire; on écrit ses
mémoires, mais on ne peut pas les écrire tout à fait au
passé; l'être romanesque, unique par sa succession, vit
à chaque étape des expériences universelles.

Tels sont les données élémentaires, les faits humains
fondamentaux sur lesquels vont s'appuyer respectivement
comédies, journaux et romans. Chaque type de création
est un « geste naturel ». Mais encore faut-il voir ce qu'ont
apporté à l'écrivain l'entrée dans l'univers du théâtre, la
pratique de l'essai journalistique, la création romanesque.
Trois formes de visions, ou plutôt d'expériences, de l'homme.

Le chemin du théâtre

Présence réelle, « mouvement actuel », spectacle immédiat,
tel est, comme pour Pergolèse ou Cimarosa, le théâtre pour
Marivaux. Le dramaturge est d'abord un consommateur de
spectacles, comme tous ceux de ses contemporains qui ont
tant aimé la Comédie-Italienne : ils aimaient Arlequin ou
Silvia comme ils adoraient les enfants pour leurs « moments
ravissants ». Feuilletons les « notices », ces petits mémoriaux, que le marquis d'Argenson rédigeait pour son propre
plaisir :

> Le petit Arlequin étant très joli sous le masque, pétri
> de grâces et charmant par ses manières et par sa
> naïveté, l'on composa plusieurs pièces pour lui seul;
> celle-ci *(Arlequin poli par l'amour)* est une de plus
> destinée à ses grâces.
> *La Double Inconstance,* par Marivaux, je crois [...] Il y a
> du naïf, des sentiments et beaucoup d'esprit; le rôle
> de Silvia est fait pour elle, celui d'Arlequin est farci de
> traits propres à notre petit Arlequin.
> Le jeu d'Arlequin fait tout, et à ce jeu il faut les grâces

de notre petit Arlequin, ses jolies mains et tout son naturel *(Arlequin muet par crainte).*

On ne verra jamais que Silvia faire une amante mutine et tendre sous sa mutinerie, Romagnesi faire un benêt d'amant... *(la Fausse Inconstance).*

Ou bien lisons seulement ces quelques mots du compagnon de jeux du petit Louis XV, le marquis de Calvière :

Dimanche 3 mai 1722. Je fus à une pièce italienne intitulée *la Surprise de l'amour;* je n'ai jamais, de mes jours, vu jouer aussi parfaitement que le faisait la petite Silvia...

Marivaux a prolongé ces douces surprises : voir gambader ou sourire, bouger et s'émouvoir Silvia, Arlequin, Lélio, figures de rêve, dans les gestes et les traits de merveilleux acteurs, guetter et provoquer dans ces rôles anciens la naissance d'êtres selon son cœur, d'un Prince mélancolique, de *sa* Silvia de 1722, de 1723, tel fut certainement pour ce frémissant « spectateur » le chemin secret du théâtre.

Valmont nous donne une idée de ce plaisir quand il écrit, dans un style qui n'est plus du tout celui de la Régence :

Eh quoi! ce même spectacle qui vous fait courir au Théâtre avec empressement, que vous y applaudissez avec fureur, le croyez-vous moins attachant dans la réalité? Ces sentiments d'une âme pure et tendre, qui redoute le bonheur alors qu'elle désire et ne cesse pas de se défendre, même alors qu'elle cesse de résister, vous les écoutez avec enthousiasme : ne seraient-ils sans prix que pour celui qui les fait naître? Voilà pourtant, voilà les délicieuses jouissances que cette femme céleste m'offre chaque jour, et vous me reprochez d'en savourer les douceurs!

Le poète goûte et provoque ces « délicieuses jouissances ». Il voulait que les acteurs n'eussent pas « la fureur de montrer de l'esprit »; c'est qu'il demandait infiniment plus à ses interprètes : leur intelligence instinctive, leurs réactions physiques; leur visage, leurs mains et leur regard, leurs réflexes, le don de leur corps. Ç'aurait été beaucoup trop peu de chercher à les mettre en valeur, comme ses contemporains le lui ont parfois reproché : il lui fallait utiliser leurs plus lointaines virtualités, les pousser à se livrer tout entiers sur la scène, puis à aller toujours plus avant selon eux-mêmes, Arlequin suivant sa «jolie balourdise», Silvia selon sa spontanéité, ses caprices et ses rêves. En 1731, *le Nouvelliste du Parnasse,* qui n'aimait guère Marivaux, constatait :

> le caractère d'Arlequin depuis un siècle est devenu l'effort de l'art, de l'esprit du théâtre : c'est un caméléon qui prend toutes les couleurs. Le Sieur Thomassini, quand il joue en italien, ce n'est qu'un valet ignorant... Mais quand il joue en français, c'est souvent un aimable partisan de la pure nature, un philosophe naïf, sans fard et sans étude... Tel on le voit surtout dans les pièces de M. de Marivault.

Philosophe naïf et déluré, homme de la nature et, à certains moments du *Prince travesti,* homme de la rue, Arlequin ne cesse d'évoluer; et plus encore Silvia, paysanne, princesse et aventurière : c'est ainsi que le poète a servi Thomassini ou Gianetta Benozzi, qu'ils ont pu devenir pour certains de ses contemporains des personnages mythiques, que Casanova, en parlant de Silvia, la comédienne, a fait le portrait de la Silvia de Marivaux et qu'il est même arrivé à d'Argenson de lui reprocher d'avoir incarné un personnage de femme-reine avec trop de vraisemblance.

Un terrible «petit homme», une «dangereuse petite fille»... Merveilleux spécimens de l'espèce humaine qui peut-être s'ignoraient «dans la vie», hors des feux de la scène. Des personnages qui ne se connaissent pas encore quand le rideau se lève. Le théâtre. pour Marivaux, c'est ce lieu où toute présence humaine est active et féconde. Voici, dans l'*Électre* de Crébillon, Oreste, sous le nom de Tydée, enfin en présence de sa sœur; ou plutôt, voici le commentaire qu'en 1719 le fougueux intellectuel des *Pensées sur différents sujets* consacre à cette scène de reconnaissance — en quelques instants nous éprouvons l'impression d'entrer dans ce qui sera, quelques années plus tard, son univers :

> Voyez-vous dans ces vers l'âme absolument convaincue, franche de tout doute? Sa certitude est ici l'ouvrage de

l'évidence, et non le sien propre : *Vous vous troublez? Ah! mon frère est ici!* Rien n'est plus simple que ce sentiment, mais aussi rien de plus judicieux. Électre n'interroge point Tydée sur son trouble : *Il s'est troublé, Electre sait tout;* intelligence impétueuse, digne de sa tendresse pour son frère, et bien naturelle dans sa douleur. *Pourquoi me fuir,* dit-elle, *pourquoi vouloir que j'ignore qu'il est ici?* Voyez, Madame, avec quelle souplesse son impatience et sa joie la font parler; elle écarte la question de savoir si son frère est à la cour. Il paraît, à l'entendre, que cette question est vidée, *pourquoi me fuir?* Je vous avoue, Madame, que ce piège qu'Électre tend à Tydée me semble admirable; j'y reconnais les tours séduisants qu'enseigne à l'âme un intérêt cher, cet art de l'amour-propre à tromper la réserve de ceux de qui nous voulons apprendre quelque chose; art inimitable au travail réfléchi, et que le poète ne peut saisir que quand, par emportement d'imagination, il devient lui-même ce qu'est la personne dont il parle.

[...] L'âme, en de certains moments, s'afflige, se décourage avec excès du plus petit obstacle qu'elle trouve à ce qu'elle veut. Tout lui est successivement matière de douleur ou de joie, d'espérance ou de désespoir; point de milieu pour elle; et cela doit être : car tous ses excès vont à son profit, par la compassion qu'ils inspirent.

Ou son frère n'est plus, ou le cruel la fuit.
Ah! donnez-moi la mort, ou me rendez Oreste;
Rendez-moi par pitié le seul bien qui me reste!

Quelles contradictions de jugement! Non, *mon frère n'est point mort, mon frère est ici.* Électre sur tout cela demandait un aveu franc; on ne lui refuse pas, on se tait seulement. C'en est fait; espérance, certitude, tout s'évanouit; ce ne sont plus que des éclats de douleur.

Capter « le langage de l'âme ardente à la fin de son malheur », sonder « le progrès sourd » d'un sentiment, goûter et susciter les « instants où la passion fournit à un homme des vues subites », hors de « l'ordre ordinaire de la raison », telle est pour Marivaux l'expérience du théâtre; elle correspond à une certaine conception des pouvoirs humains : « L'homme est ainsi fait que tout ce qu'il a lui sert, et vient à lui quand il le faut », il se découvre et se révèle par autrui, et grâce à autrui. Lélio et la Comtesse se croient désabusés : les voilà dans leurs terres, loin de la vie parisienne, délivrés de leurs illusions de jeunesse. Un mot peut résumer leur situation : ils sont en vacances... D'un geste de magicien, un ami commun, le Baron, les enferme, les livre l'un à l'autre, dans un cercle transparent : alors commence *la Surprise de l'amour*, parfaite figure des intrigues de Marivaux. Les jeunes gens peuvent partir encore, à tout instant ils pourraient partir : d'acte en acte d'ailleurs ils ne cesseront de nourrir des projets de fuite; or la tentation, ou la nécessité, de rester est plus forte : ils resteront jusqu'au bout dans le cercle enchanté. Toutes les portes sont grandes ouvertes, le monde est là, et la vie d'en dehors, « simple et tranquille », avec ses rumeurs et ses facilités (plus tard, on ira l'affronter; plus tard, quand on aura été marqué par cette expérience, et, qui sait? peut-être transformé). Or, dans cet appartement, ce parc ou ce palais, sur cette terrasse, cette scène de six mètres sur huit, vont régner des relations aussi rigoureuses que dans *Huis-clos* ou dans *Bajazet*. Voici de jeunes êtres aimantés : ils devront coexister pour la durée d'une représentation et trouver, ensemble, chacun sa vérité. Voilà le théâtre selon Marivaux, première forme de psychodrame, « psychanalyse non freudienne », suivant le mot de Stanislas Fumet : une psychanalyse « qui, loin de répudier la liberté, la montre en son premier exercice ».

> Ici chaque situation principale est toujours tenue présente à vos yeux, elle ne finit point, elle vous frappe partout, sous des images passagères qui la rappellent sans la répéter; vous la revoyez dans mille autres petites situations momentanées qui naissent du dialogue des personnages, et qui en naissent si naturellement que vous ne les soupçonnez point d'être la cause de l'effet qu'elles produisent.

« Ici », c'est *Inès de Castro*, tragédie oubliée de La Motte, l'un des plus grands succès dramatiques du siècle, que les Français venaient de représenter, au moment même où *la Double Inconstance* apparaissait à la Comédie-Italienne : un soir d'avril, en 1723... Pour nous, naturellement, ce sont les pièces de Marivaux dont le Spectateur semble, comme on disait, « faire la réclame ». Or dans les lignes qui suivent il montre qu'il serait naïf d'opposer chez le dramaturge maîtrise et don de sympathie, car le poète domine et organise la création qui l'envoûte : c'est une « profonde capacité de sentiment » qui « lui enseigne ces mouvements faits pour aller les uns avec les autres, pour entraîner avec eux l'image de tout ce qui s'est déjà passé », mais « en fait de mouvements, la nature a le pour et le contre, il ne s'agit que de bien ajuster ». Formule précieuse de la part d'un dramaturge qui a été aussi discret que Racine sur les secrets de son art : plus probantes encore, les indications qu'on peut glaner dans la dixième partie de *la Vie de Marianne* (1742) où opère Tervire, cette sainte de la mise en scène. A son propre détriment la jeune fille se charge d'organiser la réconciliation d'une mère avec son fils : quel instinct de divination, mais quelle lucidité, quelle passion de l'action psychologique (même au sens où l'entendaient naguère les théoriciens de la guerre subversive), quel cynisme, serait-on tenté de dire! La généreuse Tervire n'est pas le moins implacable de ces virtuoses qui traversent et animent le théâtre de Marivaux en héritant de son génie. Elle prévoit et modifie son intrigue en fonction des circonstances, fait entrer ses personnages, éclater leurs répliques à la seconde où il le faut :

> Il y a de ces instants-là qui n'ont qu'un point qu'il faut saisir,

organise un spectacle où comptent chaque geste et chaque *instant,* mais plus que tout (comme dans *les Fausses Confidences*), l'accélération et le ralentissement du temps; elle « assemble, pour ainsi dire », selon sa propre remarque, « tant d'impressions *sur* » la victime de cette épreuve qu'on est tenté d'oublier sa ferveur pour admirer une telle maîtrise : comme tous les spectacles de Marivaux, cet épisode est un immense piège.

A ce compte la tragédie d'*Annibal,* belle méditation où circulent lentement des idées, des thèmes et des rêves, n'était pas encore une de ses pièces. Mais de *la Double Inconstance* aux *Fausses Confidences*, d'*Arlequin poli par l'amour* aux rigoureuses machines que sont tant de « petites pièces » *(les Sincères, l'Épreuve, la Dispute...)*, l'évolution de ce théâtre va dans le sens d'une organisation toujours plus rigoureuse et d'une hardiesse toujours plus grande à intégrer des éléments réalistes, empruntés à la vie quotidienne (la vie concrète d'une maison ou les modes d'une année) : des comédies de mœurs comme *l'Heureux Stratagème* ou *le Petit-Maître corrigé,* une comédie sentimentale comme *la Mère confidente* qu'on a parfois goûtée en 1735, suivant la sensibilité du moment, comme quasi larmoyante, ne sont pas autre chose elles-mêmes que des jeux dramatiques. C'est seulement dans les tout derniers moments de sa carrière que Marivaux renonce à son « système » pour écrire des pièces comme il aurait pu, ou presque, en composer en sortant du collège (et qui d'ailleurs ressemblent à celles qu'on jouait au Collège de Riom vers 1690 ou vers 1755) : *la Femme fidèle, Félicie, la Provinciale;* un rêve en action, une féerie moralisante, une farce moliéresque : curieuses tentatives, mais insignifiantes dans l'ensemble de sa production.

Dans les phrases citées plus haut, Valmont évoque, pour les opposer aux joies passives du théâtre, les « délicieuses jouissances » que lui offre chaque jour Mme de Tourvel. L'activité dramatique représente bien pour Marivaux un plaisir du même ordre, puisqu'il est question d'agir sur des êtres humains pour leur faire rendre tout ce qu'ils peuvent. Comme Lucidor sur Angélique. De là deux interprétations extrêmes.

Marivaux dramaturge-tortionnaire (par excès d'efficacité) : on a souvent relevé la « méchanceté » de certains de ses héros, son goût de l'expérimentation, la cruauté de ces « épreuves » où il s'agit d'acquérir une certitude au détriment d'autrui, de se frayer, coûte que coûte, un chemin jusqu'à lui et faire tomber toutes ses défenses, pour se trouver — ou se retrouver soi-même. Vers 1890, puis vers 1930, on en a même profité pour dénoncer « l'indélicatesse » de Marivaux, ses machinations « de si mauvais goût » (avec ces valets si grossiers dans leurs insinuations, si insolents! ajoutaient les critiques d'Action Française) et de son côté Jouvet définissait *les Fausses Confidences* comme un « spectacle éprouvant pour la dignité humaine ». Mais que le poète se délivre dans ses pièces de certains de ses plus troubles fantasmes, que ses moyens ne soient pas toujours des plus purs (mensonges et menteries, chantage, compromission, pièges en tout genre), qu'il fouille « l'âme » sans le moindre ménagement, on peut en convenir sans voir dans ses comédies un théâtre de la cruauté ou un carnaval sadique. Marivaux ne place pas la dignité humaine là où Jouvet, quand il a parlé de lui, a affecté de la mettre. Chez lui d'ailleurs l'épreuve des autres se transforme aussitôt en épreuve de soi-même : est-il un seul de ses personnages qui sache faire souffrir autrui en toute sécurité? Seul Lucidor, peut-être, est passé maître en cet art. Encore doit-on ajouter que le sujet de *l'Épreuve*, c'est le triomphe d'Angélique, que chez Marivaux la petite Angélique n'a pas peur de Lucidor et qu'elle a bien raison.

Philosophe nihiliste (par excès de maîtrise) : à l'ère de la « mort de l'homme » pourrait correspondre une certaine image de Marivaux; il serait ce poète de la fragilité des sentiments et de l'insignifiance des êtres, qui stylise en jeu la réalité avec une espèce d'ironie suprême, fait mouvoir comme des marionnettes tous ces « petits hommes » que sont les hommes. On peut et on doit opposer à ce rêve intellectuel la définition du grand théâtre qu'il a fournie lui-même dans ses *Réflexions sur l'esprit humain à l'occasion de Corneille et de Racine* :

> Le portrait le plus frappant qu'on nous ait donné de ce que nous sommes, celui où nous voyons combien nous sommes grands dans nos vertus, terribles dans nos passions; celui [...] où nous nous sentons le plus superbement étonnés de l'audace et du courage, de la fierté, de la sagesse, j'ose dire aussi de la redoutable iniquité dont nous sommes capables (car cette iniquité, même en nous faisant frémir, nous entretient encore de nos forces); enfin le portrait qui nous peint le mieux l'importance et la singularité de cet être qu'on appelle homme, et qui est chacun de nous [...].

Il est des cas, nous est-il dit dans la neuvième partie de *la Vie de Marianne*, où Dieu « fait la grâce » à un être « de [le] punir pour [le] sauver ». Telle est, paradoxalement, la bienveillance du poète comique : punir, égarer, pousser à bout, *mettre hors de soi*. Car dans la routine de chaque jour, l'implacable organisation du monde vrai, nous vivons si peu! Sur la scène, une intrigue, un geste, un regard, quelques mots vont permettre à de petites marionnettes, enfin maladroites, de vivre le temps d'une aventure (« Ah, Monsieur, si vous saviez combien je vous aurai d'obligation! » s'écrie impétueusement Silvia au dernier acte du *Jeu*), ou bien pour tant de petits rôles que la vie d'une certaine société se chargera, quelques minutes plus tard, de faire rentrer au magasin des accessoires, le temps d'un cri ou d'un soupir. L'action du dramaturge, qu'on aurait pu confondre avec une machination libertine, naît d'une confiance profonde dans les ressources humaines : allons jusqu'à reconnaître que c'est une entreprise de charité.

Témoin, cette comédie sur la comédie, *les Acteurs de bonne foi*, où à la fin de sa carrière Marivaux a tenu à redire ce que représentait pour lui le théâtre : un immense plaisir. Écrire une comédie, la faire jouer, regarder s'exercer son action, « se donner la comédie », y voir naître des hommes... Qu'est-ce donc qu'une comédie pour le spectateur? Quelques images plaisantes, un « joli » petit spectacle (on parlera d'une *belle* tragédie, mais d'une *jolie* comédie, notait l'abbé Girard dans ses *Synonymes français*) : « la chose du monde la plus innocente », comme dit Éraste dans la scène VI. Il n'a vraiment rien à voir avec ce qu'il s'amuse à regarder. Pour les personnages? Comme chez Pirandello, il peut leur arriver de prendre la parole en tant que personnages pour s'indigner du destin qui leur est réservé; voici Éraste, quatre scènes plus tard, quand il est devenu personnage à son tour :

> Voulez-vous qu'une comédie décide de mon sort, et que ma vie dépende de deux ou trois dialogues?

De quel droit le dramaturge exerce-t-il ses pouvoirs avec tant de désinvolture? Quel monstrueux arbitraire! Mais précisément quel est le point de vue du poète comique? Avant que Marivaux ne s'amuse à opposer dans la seconde partie de sa pièce (la comédie au second degré, la plus subversive) l'auteur du scénario, la cynique Mme Amelin, à un bouillant meneur de jeu, Mme Argante (à pièce rigoureuse, mise en scène passionnelle, disait à peu près Jouvet), le poète, le metteur en scène et le marchand de spectacle sont jovialement confondus dans un même personnage : Merlin, ce valet au nom d'enchanteur. Que dit Merlin et que fait-il?

D'abord, il ne lui déplaît pas d'insister sur les aspects matériels de la question. Pour organiser la petite fête qu'est une comédie, il faut des moyens, et quels moyens! Un orchestre : trois bouteilles de vin aux ménétriers du village. Un moucheur de chandelles : douze sous. L'Indigent le disait déjà : « Sans un moucheur de chandelles on ne pourrait pas jouer la comédie; c'est lui qui répand la lumière sur l'action ». Un spectacle, c'est une « marchandise », et l'on ne peut plus se dédire, une fois les frais engagés. Il y a aussi les frais de l'auteur : il a « barbouillé une demi-main de papier, pour mettre [son] canevas bien au net »! Une comédie? Cette petite chose matérielle qui n'a de prix que pour son auteur, parce que c'est le produit de son travail et qu'il s'y connaît, lui, en comptes de bouts de chandelles! Un spectacle parfaitement factice d'ailleurs; ici tout est faux, semble-t-on nous dire en des phrases malicieuses où l'on trouvera de beaux symboles de distanciation :

> *Scène II :* Tu arrives sur le théâtre et tu me trouves rêveur et distrait. Recule-toi un peu, pour me laisser prendre ma contenance. *Scène III :* Allons, poursuivons; reculez-vous un peu, Colette, afin que j'aille au devant de vous.

Comme on est loin du merveilleux spontanéisme auquel on a si souvent ramené « le jeu à l'italienne »!

Mais qu'est-ce enfin, une comédie? Un « petit divertissement », une « petite pièce », « quelque chose de passable », un « petit dessein », une « petite idée », une « bagatelle » : une manigance de rien du tout, un rien, l'*idée* de quelque chose... Écoutons maintenant ses victimes : « Vilaine comédie », « cette peste de jeu-là », une « farce » (« Je m'embarrasse morguié! bian de la farce, qu'elle aille au dia-

ble et tout le monde avec!»), une affreuse « bouffonnerie »...
Une « idée »? un cauchemar :

> *Madame Argante* (fortement). — Mais en vérité tout
> ceci n'est qu'un rêve.
> *Madame Amelin.* — Nous sommes tous bien éveillés,
> je pense.
> *Madame Argante.* — Mais, tant pis, Madame, tant pis!
> Il n'y a qu'un rêve qui puisse rendre ceci pardonnable,
> absolument qu'un rêve...

Comment nier ce rêve, ce rien, comment s'en délivrer?
Madame Argante s'indigne : « Et vous, Merlin, de quoi vous
avisez-vous d'aller faire une vérité d'une bouffonnerie? » Mais
Merlin lui avait déjà répondu : « La simple nature fournira
les dialogues, et cette nature-là sera bouffonne ». La nature
en fait de belles, quand on la laisse faire! « La nature prête »,
comme disait l'Indigent philosophe... De quoi s'agit-il donc?
Tout juste de déclencher des êtres humains, de faire parler,
à force d'art, « la simple nature » : combien Merlin était fier
de son misérable canevas!

> Nous surprendrons, Monsieur, nous surprendrons.
> Si vous saviez le coup d'art qu'il y a dans ma comédie!
> Nous jouerons à l'impromptu, Monsieur, à l'impromptu!

Il triomphe quand il arrive à faire figure d'apprenti-sorcier :
ses actrices se querellent, il commence à se mettre en colère,
à enrager, sa pièce réussit trop bien, la comédie *prend*. Et,
au feu de l'action, les êtres s'illuminent : le pauvre Blaise
qui, dans la vie réussissait si bien à refouler ses inquiétudes
(« *Oui, mais,* si ce que j'allons jouer allait être vrai... »); la
malheureuse Angélique qu'une première réaction suffit à
dépeindre (« Emmenez-moi, ma mère, retirons-nous; tout
nous trahit »); Madame Argante, mère, matrone et metteur
en scène; Colette enfin, avec tout son génie, ces dispositions, ce naturel, la merveilleuse complexité qui caractérise
ses moindres répliques (« *Oui, mais,* je n'ose pas bonnement
m'apercevoir de ce plaisir-là, à cause que j'en prendrais
aussi »). Critique sociale, méditation sur la condition féminine, fiction agissante, la pièce des *Acteurs de bonne foi* est

aussi tout cela. Mais bientôt on se rassure, on respire, on apprend que ce n'était qu'une comédie, dont il ne restera rien, sitôt le rideau baissé, et dans cette pièce où il en a tant dit sur son art, Marivaux en est quitte pour se réserver un dernier trait d'humour :

> J'en serai donc réduit à l'impression, quel dommage !

Libre à tous les Blaise, toutes les Madame Argante du monde, ou tous les Hortensius, d'y voir un jeu cruel, une sombre histoire, ou bien encore une bouffonnerie qu'on a toujours le droit de ne pas prendre au sérieux. Le croirait-on ? La comédie nous montre qu'il n'est pas tout à fait vrai de dire que *les jeux sont faits.* La comédie selon Marivaux, c'est l'anti-résignation, c'est *la vraie vie.*

L'expérience journalistique

Monter des pièges pour des hommes vrais, donner l'infime coup de pouce qui lancera des êtres dans la vie, tel est sans doute le plaisir suprême du dramaturge. Le propos du « journaliste » qu'a été aussi Marivaux peut sembler infiniment plus simple ; il ne s'agit que d'aller sereinement à la rencontre du monde en donnant enfin un contenu concret à la fameuse formule de Térence : « Je suis homme, et je pense que rien d'humain ne m'est étranger » (« recueillir fidèlement ce qui me vient d'après les choses que je vois ou que j'entends »). Si facile sera l'accueil du monde que dans ses premières feuilles le Spectateur éprouve le même bonheur à nous conter les moments qu'il vient de vivre ou à s'effacer pour laisser parler une jeune amoureuse ou « un pauvre savetier ». L'appel de la réflexion, la musique des êtres, la littérature et la vie, c'est tout un dans de telles rencontres : « Je ne sais point créer, je sais seulement surprendre en moi les pensées que le hasard me fait ».

> Je viens de voir l'entrée de l'Infante. J'ai voulu parcourir les rues pleines de monde, c'est une fête délicieuse pour un misanthrope que le spectacle d'un si grand nombre d'hommes assemblés ; c'est le temps de sa récolte d'idées.

Comment? Ne pas se garder du « torrent » populaire, de la « contagion du sensible »? Quel curieux misanthrope, en un temps où il était dit que le philosophe devait être un intouchable!

> Je me reprocherais d'écarter la situation d'esprit où je me trouve; je me livre aux sentiments qu'elle me donne, qui me pénètrent, et dont je voudrais pouvoir pénétrer les autres. Jamais, peut-être, ne me reviendraient-ils avec ce caractère d'attendrissement qu'ils portent. Je m'imagine en devoir compte aux autres; et je vais essayer de faire passer dans leur âme toute la chaleur de l'impression qu'ils me font.

Il faut peut-être découvrir ces souples phrases initiales dans l'édition originale du *Spectateur,* avec leurs fins caractères, leurs lettrines si délicatement ornées, pour savourer pleinement leur rythme et leur élan léger. Gardons-nous bien de croire que Marivaux écrit à l'aventure, sous quelque irrésistible dictée, qu'il jette au public ses « feuilles volatiles » de quelque coin de café. Il ne se livre pas au hasard; le hasard l'inspire : une conversation, un geste, une lecture, ses impressions de flâneur, de longues promenades chez son confrère, le Spectateur anglais... Le monde semble ici se découper de lui-même en figures exemplaires, en situations expressives, visages stylisés, moments « tissés d'or et de soie »; la fable naît sous cette plume : c'est ici qu'il nous a donné ses moments mythiques (la belle au miroir, la fureur d'Hermocrate, la sœur de « l'inconnu »), ses nouvelles (Éléonore et Mirski, la tendre Parisienne, la coquette convertie), ses fables familières (l'histoire de la Veuve et du Magicien). Chaque jour est une lente moisson, chaque instant la chance d'un mûrissement : tout peut être *occasion*. Fécondité du réel, ductilité d'une forme, maîtrise d'un écrivain...

Ne nous y trompons pas : c'est un équilibre conquis. Pouvait-on si facilement reconnaître dans le Spectateur le jeune intellectuel qui, cinq ans plus tôt, avait publié dans *le Mercure de France,* les *Lettres sur les habitants de Paris?* Œuvre fougueuse, abrupte, qu'il avait cru devoir présenter avec désinvolture :

> J'adresse cette relation à une dame qui me l'avait
> demandée [...]. Je commence par lui parler des choses
> qui se passaient quand je fis cette relation. Je continue
> au hasard, et je finis quand il me plaît. Cet ouvrage, en
> un mot, est la production d'un esprit libertin, qui ne
> se refuse rien de ce qui peut l'amuser en chemin faisant.

Si fort était l'attrait des « airs galants » à la dernière mode, si prestigieuses l'irrévérence de Chaulieu et de Hamilton, la « touche légère » de Dufresny. C'était le moment où, tout nouvellement baptisé « M. de Marivaux », il esquissait le « Portrait de Climène, ode anacréontique ». Comment concilier tant de désirs? Ce mondain, ce dilettante qui aime à dire que ses « petits ouvrages » sont « nés du caprice », est un disciple de Malebranche, il se laisse emporter par la passion d'expliquer et de comprendre, multiplie les formules à l'emporte-pièce, les « expressions de génie », s'envoûte lui-même des images que lui offre « le monde » (« Il y a là-dessus bien des réflexions à faire, convenables au feu de mon âge, mais d'un vrai trop voisin de la licence ») et le voilà bientôt lancé dans une grandiose entreprise de recréation. Mais il y a, il y aura toujours dans les « journaux » de Marivaux, un moment (la cinquième feuille de l'*Indigent,* la quatrième feuille du *Cabinet du philosophe,* ou dans *le Spectateur* la treizième, la vingt-et-unième feuille...) où l'écrivain, obsédé par le spectacle qui l'entoure, laisse échapper un sentiment d'horreur : la présence du mal se fait si forte qu'on ne peut plus lui répondre par un journal, une chronique, des pages de « Spectateur », des propos d'« Indigent ». Naissent alors des tentations : la réflexion métaphysique; le refuge dans le silence; peut-être aussi la création romanesque... La griffe du moraliste; la hantise du moraliste, toujours renaissante.

Étreindre le réel et en subir l'envoûtement; comprendre autrui; être obsédé par autrui : c'est de cette contradiction profonde que sont nés en réalité les journaux de Marivaux. Équilibre conquis, équilibre précaire. Avec *le Spectateur* Marivaux s'est inventé une forme : la *feuille,* cette charge heureuse où se condensent, et se déploient, comme dans un cercle sans fin, une situation, un être, une journée; mais sitôt constitué ce merveilleux modèle, l'écrivain semble se plaire à le briser. Il est aisé de voir comment dans *le Spectateur* le journal s'élargit vers le roman et fait craquer ses cadres : Marivaux va nous mettre en présence d'*une vie* (la coquette convertie, l'Inconnu). Mais il faut aussi constater que jamais dans ses journaux Marivaux ne fera plus appel à la feuille comme à une forme parfaite. Pour prendre une mesure du caractère insolite de *l'Indigent philosophe*, il faut ici encore se reporter à l'édition originale : sur du mauvais papier, à peine séparées par des virgules, et bien rarement par des points, les phrases s'écoulent comme un flux sans fin. Propos ininterrompus que peuvent seuls scander des embardées, des crises, de brusques accidents, des pauses dérisoires :

> J'allais l'autre jour dire de belles choses sur l'homme, si la nuit n'était pas venue m'en empêcher; mais quand la nuit vient, mon luminaire finit; et puis, bonsoir à tout le monde.
> Or sus, continuons mes rhapsodies, j'y prends goût...

L'année suivante l'écrivain fit précéder son texte d'un « Avis de l'Imprimeur au Lecteur » particulièrement parlant :

> On trouvera encore dans cette édition toutes les feuilles qui ont paru sous le titre de *l'Indigent philosophe* et qui sont aussi de l'auteur du *Spectateur* : il est vrai qu'il ne les avoua pas quand elles parurent, tant parce qu'il ne voulait leur donner aucune suite que parce qu'elles n'étaient qu'un essai de ce qu'on pouvait faire en écrivant au hasard tout ce qui viendrait à l'imagination.

Dans *le Cabinet du philosophe,* c'est toute une autre histoire. Sitôt parues les trois premières feuilles, Desfontaines affectait d'y voir un maussade travail de marqueterie, plutôt byzantin :

> La fiction du rêve n'est pas moins jolie, à mon gré, que les idées de la vie éternelle et de la vie passagère sont joliment contrastées. Il est vrai que ce joli est un peu triste...

De ses lecteurs l'écrivain exige en effet beaucoup d'attention : dans ses livraisons il juxtapose à dessein des fragments de toute sorte (réflexions sur les femmes et l'amour, sur le train du monde, idées esthétiques, « pensées gaies, sérieuses, chrétiennes », contes de fées, bouts de comédie, « quelquefois des aventures, des dialogues, des mémoires... »). Libre à chacun de les goûter pour eux-mêmes, on ne sera pas encore entré dans « le cabinet du philosophe », car ils ne doivent prendre vie qu'en jouant longuement les uns sur les autres.

Il n'est sans doute pas indifférent de constater qu'à partir du *Spectateur* Marivaux s'abrite derrière toute une galerie de truchements : le Spectateur et ses doubles, l'Indigent et son camarade, le philosophe dans son cabinet; autant de manières, exquises, cyniques, joviales ou détachées, d'apprivoiser le réel. Le Spectateur, l'Espagnol écrivent au jour le jour, ils participent un peu nonchalamment à la vie qui se fait; « à cinq cent lieues de sa patrie », l'Indigent rédige des « espèces de mémoires »; dans *le Cabinet du philosophe,* on nous présente des notes anciennes dont l'auteur est mort : c'était « un homme d'esprit, très connu dans le monde [...]. Le défunt, pendant sa vie, n'avait rien fait imprimer [...]. On ne se doutait point qu'il écrivît en secret ». On assiste donc à un éloignement dans la fiction de plus en plus grand, comme si le rédacteur des journaux se retranchait pour mieux se concentrer, et l'écart n'est plus bien grand entre le dernier porte-parole de Marivaux et ces « philosophes », ces « savants » de 1730 qui, comme a dit l'un d'eux dans une lettre familière, levaient leur « pont-levis » pour se livrer commodément à leurs méditations.

Ne confondons jamais tout à fait l'écrivain avec ses doubles. Dans cette évolution elle-même il faut certainement faire la part du subterfuge : le Spectateur se promène dans les rues parées pour l'entrée de la petite Infante, assiste à la représentation de *Romulus* et d'*Inès de Castro,* mais se soucie assez peu d'actualité; l'Indigent, qui se dit si loin de Paris, ne cesse d'effleurer les sujets qui nourrissaient la conversation des « honnêtes gens » pendant le printemps de 1727; on nous présente *le Cabinet du philosophe* comme une suite de notes jetées sur le papier à des moments perdus pendant une longue période, et ce n'est encore qu'un trait d'humour : quand on lit d'un peu près la littérature de l'été 1733 (*le Mercure* et les journaux hollandais, les petites pièces médiocres qu'avait suscitées Voltaire avec son *Temple du Goût,* les livrets d'opéra), on est frappé d'en trouver mille échos dans le texte (ou le propos) du philosophe et l'on arrive à la conviction qu'il a composé son « petit ouvrage » cet été-là, en quelques mois, et peut-être en quelques semaines.

Innocentes supercheries? Si l'Indigent tient à se dire si loin de Paris, si l'on nous affirme que le « philosophe » dont on nous livre les réflexions est mort et enterré, c'est bien l'expression d'une vérité : il devient de plus en plus nécessaire à Marivaux de prendre du recul vis-à-vis d'une actualité, d'une société qui l'obsède. Jamais Paris n'avait été aussi intensément présent dans son œuvre que dans *l'Indigent :*

> Paris qui est une ville où il y a tant de beaux esprits, tant de jeunes gens qui font de si jolis petits vers, de la petite prose si délicate [...]; tant d'hommes qui ont du jugement, parce qu'ils sont graves et flegmatiques, tant de pédants qui ont l'air de penser si mûrement [...]

Paris présent dans *l'Indigent* comme, chez Camus, dans *la Chute*. Mais il fallait encore approfondir cette distance, poursuivre implacablement la même entreprise; en écrivant à quarante-cinq ans son dernier journal, Marivaux moraliste resserre son étreinte sur l'ensemble de la société des hommes : à la fin du *Cabinet du philosophe*, « l'Histoire du Monde vrai » marque bien dans son œuvre une limite, infranchissable. Voilà tout un monde, le nôtre, figé pour toujours dans ses mensonges, ses mouvements d'araignées. Suprême exploit, étreinte vaine : *le Voyage au monde vrai* est un conte fantastique.

La création romanesque

Français, Allemands, Danois, Prussiens, « du nord » ou du midi, « nouveaux », « nationaux », « hebdomadaires », les

Spectateurs (ou les *Spectatrices*) se sont succédé tout au long du xviiie siècle, et plus tard, alors qu'on avait assez de temps pour être journaliste à tête reposée, la *chronique* a connu une belle carrière; mais Marivaux n'a pas fondé un *genre*. Nous n'y verrons pas le signe d'un échec : il lui fallait inventer des formes et les détruire pour pousser à bout une certaine relation. Comment se contenter de « s'avoisiner » avec autrui? Dramaturge, Marivaux est ce grand Manipulateur que charment les instants où ses créatures pourront lui échapper, ce Dieu qui a besoin des hommes, et de s'émerveiller de leurs dons, et de les susciter. Journaliste, ravi et fasciné par la présence des autres, il aspire toujours plus fortement à régler ses comptes. Mais peut-on en avoir fini avec les hommes? Le *monde vrai* n'est qu'un *voyage :* une création, un témoignage, un dernier exorcisme. L'antiphrase de son théâtre : l'antichambre de son roman.

Car il invente *son* roman en *revenant* au roman et ce n'est sans doute pas par hasard. Il traverse *le Spectateur* et bientôt rêve *la Vie de Marianne;* il écrit *le Voyage au monde vrai*, et ce n'est que le signe, ou le signal, d'une allègre flambée; enfin il va pouvoir lancer dans la vie ses jeunes héros, Marianne, Jacob, l'inflexible Tervire : tracer ou suivre des itinéraires. Être spectateur? Comprendre les autres à force de volonté? Pour être enfin romancier, il lui fallait décidément renoncer à cette double prétention.

> On ne saurait rendre en entier ce que sont les personnes; du moins cela ne me serait pas possible; je connais bien mieux les gens avec qui je vis que je ne les définirais; il y a des choses en eux que je ne saisis point assez pour les dire, et que je n'aperçois que pour moi, et non pas pour les autres; ou si je les disais, je les dirais mal. Ce sont des objets de sentiment si compliqués et d'une netteté si délicate qu'ils se brouillent dès que ma réflexion s'en mêle; je ne sais plus par où les prendre pour les exprimer : de sorte qu'ils sont en moi, et non pas à moi.

Comment les saisir, ces êtres? Ni la réflexion, ni l'examen de conscience ne peuvent y conduire. Marianne le sait d'avance, elle en prévient ici ses lecteurs : elle qui tenait tant à faire le portrait de ses « bienfaitrices » (et Marivaux autant qu'elle; Mme de Miran et Mme Dorsin sont ses amies : Mme de Lambert et Mme de Tencin), décidément elle n'y parviendra pas. Mais la portée de ce texte est infiniment plus large. Dans un roman de Marivaux on ne peut pas évoquer les êtres à sa convenance : il faut qu'ils s'imposent comme des apparitions. Ainsi surgissent, ou reviennent, M. de Climal, Mme Dutour, Mlle Habert, Agathe et sa mère, Mme de Ferval, le Chevalier qui l'enlève à Jacob. Ainsi entrent elles-mêmes et glissent dans *la Vie de Marianne* Mme de Miran et Mme Dorsin. A propos de personnages qu'on aurait pu juger insignifiants, deux aubergistes, l'homme et la femme, l'hôte et l'hôtesse, Marianne ne craint pas d'écrire dès la première partie de son histoire :

> Ce qui est de sûr, c'est que j'ai toujours retenu leurs visages; je les vois encore, je les peindrais, et dans le cours de ma vie, j'ai connu quelques honnêtes gens que je ne pouvais souffrir, à cause que leur physionomie avait quelque air de ces visages-là.

Il n'est, selon Marivaux, qu'un objet digne du roman : écrire *une vie,* et une vie ne s'écrit jamais qu'à la première personne. Voici un être tout jeune encore, livré pour toujours à l'existence, avec ses vicissitudes, ses coups et ses surprises (termes théâtraux), ses événements (mot éminemment romanesque : « Ma vie est sujette à trop d'événements », dit encore Marianne, lorsqu'elle est tentée de céder au désespoir). Quelle ivresse pour la jeune coquette des *Lettres contenant une aventure,* pour la coquette convertie du *Spectateur,* que d'affronter la vie avec toutes leurs armes! Marivaux prête à ses héros ses ressources, l'allant et le cynisme dont il n'avait sans doute nul besoin lui-même au milieu des nécessités quotidiennes. Il leur donne une voix : le roman du *Paysan parvenu* ne serait certainement pas ce qu'il est (une odyssée) si Jacob ne commençait par *se découvrir* en quelques lignes altières. Mais quand on suit la coquette des *Lettres* ou celle du *Spectateur* dans leur éblouissante ou tragique trajectoire, on n'est encore qu'au seuil du roman. L'expérience dont il se nourrit chez Marivaux est plongée dans l'inconnu, recherche perpétuelle d'une ligne de vie.

Un *cours,* on vient de nous le dire, ou bien un parcours, et non pas un bilan. Il n'est pas de pensée plus étrangère à Marianne comtesse ou à Jacob parvenu que de se demander, comme Gil Blas (avec des clins d'yeux pour rendre plus pardonnable sa réussite) : Comment ai-je fait pour en arriver là? La carrière ne compte pas : seule importe, à Marianne, ou Jacob, ou Tervire, la nécessité de se frayer un chemin parmi des êtres dont la figure domine tous les carrefours de leur existence : des garants, des intercesseurs, des « bienfaiteurs » et d'obscurs ennemis (chacun peut jouer tous ces rôles), des revenants, des spectres ou des ombres heureuses. Immobile et fabuleux cortège! Il ne serait sans doute pas vain d'étudier dans leur superposition les moments obligés par où passent Marianne, Jacob et peut-être Tervire : la première formation (la femme du « maître » de Jacob; la sœur du curé); l'initiation au « monde vrai » (Geneviève et M. de Climal); la rencontre décisive (Mlle Habert et Valville); le déplacement dans un nouveau milieu, petit monde protégé, micro-société où le héros disposera d'une sécurité fallacieuse (la maison de Mme d'Alain; le couvent de Marianne); les sorties; le moment du jugement (Marianne chez le Ministre, Jacob chez le Président); l'accident désastreux : le secret trahi (Mme Dutour et Mme de Ferval, spectres bien en chair); la rencontre ambiguë (Mme d'Orville et Mlle Varthon sont pour Jacob et Marianne d'étranges « âmes sœurs »)... Constellations de visages où se repèrent les êtres en cherchant leur étoile.

Dans ses pièces les plus intensément comiques *(l'Ile de la Raison, l'Heureux Stratagème, le Triomphe de l'Amour)* le poète arbore ses fantasmes en organisant d'enfantins triomphes. Il y a dans ses journaux des moments grandioses (l'épisode de la belle au miroir, la treizième feuille du *Spectateur,* les éclats de rire du voyageur du *Monde vrai),* moments de rupture où affleure son « mythe personnel », moments fougueux où un être se crée : « Génie, ô brève impatience! » Ici tous les grands moments, les moments proprement romanesques sont, comme chez Proust, des instants oniriques : plus d'occasions, plus de hasard, un romancier nous entraîne dans son rêve profond.

Jacob, Marianne, Tervire... Un être nous prend dans son jeu, et l'enjeu est simple : se faire reconnaître. En fait, ici le privilège de l'écriture romanesque, c'est qu'elle ne cesse de changer la vie en destin, et le destin à son tour en expérience, en forme constructive. Ce n'est pas la carrière de Jacob, de Marianne ou de Tervire qui assure leur triomphe; ni leurs réflexions (ils peuvent s'en passer); ni la gloire de Jacob, avec toutes ses bouffées conquérantes, ni cette petite mélopée de l'amour-propre qui donne à *la Vie de Marianne* une trame un peu grise, et qui toujours ravaude. Ils n'ont pas besoin de se répéter comme le narrateur de *la Recherche* : c'est moi, c'est toujours moi. Ils n'ont même pas à aller jusqu'au bout de leur histoire : il leur suffit, dans cette vaine recherche d'un havre, animés comme ils sont par la rage de vivre, d'avoir «du mouvement pour aller plus loin ».

Théâtre, journaux et romans correspondent chez Marivaux à trois projets profondément différents. On pourrait considérer l'inspiration romanesque comme sa « maîtresse forme », puisqu'il laisse poindre le rêve d'un roman *sans fin* où toute une existence pourrait tenir dans un seul mouvement d'écriture. Mais, comme la marche, ce roman représente une forme d'équilibre paradoxale : la certitude immédiate des héros n'empêche pas qu'ils ne soient tendus vers un impossible dénouement; l'expérience se rêve comme courbe parfaite, le destin n'est jamais qu'une ligne brisée. Déchirement fécond que finit par remplacer dans l'histoire de Tervire, victime, virtuose et sainte, une espèce de confiance triomphale : c'est à la fois la cause et le signe d'un tarissement. «Réduite à ses grandes lignes, note Frédéric Deloffre, l'histoire de Tervire se résume en deux motifs solidaires et symétriques : la fille abandonnée par sa mère et secourue par des étrangers, la mère abandonnée par le fils qu'elle a exclusivement favorisé, et secourue par la fille qu'elle a sacrifiée. Thème moral et non romanesque, qui fait penser à certaines "moralités" du Moyen-Age. [...] Et l'intervention déjà sensible de la Providence est soulignée lorsque la mère doit précisément à celui de ses enfants qu'elle a délaissé les secours que lui refuse l'autre. C'est cette idée qui, non seulement donne son sens à l'histoire de Tervire, mais en domine la construction ». Revanche d'un moraliste sur un romancier? Mais dans la passion qui le pousse à monnayer en grandes figures l'action insondable de la Providence, on retrouve encore et surtout le Manipulateur suprême qu'est devenu le dramaturge dans les années quarante; enfin la performance d'une héroïne tout entière offerte, *résolue* (comme la princesse Léonide du *Triomphe de l'Amour*) dans de fulgurants moments d'exécution, met un terme au suspens romanesque : l'histoire de Tervire peut s'arrêter, et avec elle *la Vie de Marianne*. Chez Marivaux la vie des formes en éclaire la naissance et la mort.

4

Les jeux théâtraux

Il n'est peut-être pas si vain de reconnaître que Marivaux a
été possédé par le démon du théâtre. Pour lui comme pour
Racine l'écriture dramatique est la plus extraordinaire des
activités constructrices, mais, comme pour certains de ses
héros favoris (voir *le Télémaque travesti* ou *l'Indigent philosophe*), c'est d'abord un moyen de s'en donner « à cœur
joie » en se livrant au public : « faire quelque chose de rien »
(et nous voilà bien loin de la patience tatillonne que tant de
critiques lui ont prêtée); d'une matière insignifiante, inerte
(un argument, une « idée », deux ou trois fantasmes), tirer
soudain « quelque chose » : une comédie, un univers, une
action, sans fin.

René Ehni remarquait dans une interview : « Si je pouvais dire pourquoi j'écris certaines choses pour le théâtre,
[...] je perdrais une espèce de pulsion ou de rage, de rapidité
d'écriture » (ORTF, 12 février 1972). On reconnaît chez
Marivaux cette « rapidité » et cette « rage ». Il trouve dans ses
comédies des solutions qu'il formulera plus tard en termes
discursifs dans ses journaux ou dans ses romans : dans *la
Surprise de l'amour* apparaît le « monstre » sur lequel s'in-
terrogeait vainement quelques semaines plus tôt; son premier contact avec la Cour lui inspire Frédéric et *le Prince
travesti* avant d'animer ses réflexions de « Spectateur ». Le
romancier rêve et hésite longuement; dans la création dramatique le poète s'exprime immédiatement. Il se met d'autant plus profondément dans certaines de ses pièces (*la
Fausse Suivante, l'Ile de la Raison* ou *le Triomphe de
l'Amour*) qu'il les veut brillantes et désinvoltes. A travers

son théâtre il ne cesse de réagir à la société qui l'entoure, fixe sa vérité du moment : 1720, 1724 ou 1737. Il poursuit une quête obscure et, jusque dans ses « petites pièces » d'académicien, demeure fidèle au plus profond de lui-même.

Au commencement est le plaisir, qu'on ne peut pas distinguer d'une certaine humeur vivifiante. Plaisir de faire rendre à de beaux acteurs tout ce qu'ils peuvent, de servir le « charme » de Silvia, la « balourdise » du « petit » Thomassin, la « vivacité » de Mlle Dufresne (dans la « jolie » scène de folie du *Dénouement imprévu*), la « légèreté » de Mlle Dangeville, les dons de mime de Dominique... Plaisir créateur de la lecture, innombrable *amusement...* Racine et Molière (qu'il a lus et relus de près), les poètes antiques (d'Homère à Lucain, dont il goûte beaucoup la « fierté tantôt romaine, et tantôt gasconne »), les dramaturges de la Restauration anglaise, Milton, Le Tasse, Sorel ou Dufresny, de petites comédies insipides de 1725 ou 1733, des feuilles de journaux français ou hollandais : on n'aura jamais fini de recenser les textes dont il a fait des « sources ». « J'ai lu quelque part une assez plaisante idée », écrivait-il dans *le Cabinet du philosophe;* mais un accent, une nuance, tout peut lui être trouvaille. Joie de rendre enfin fécondes les relations humaines. Mettre en contact des êtres et en tirer des étincelles, telle est chez Marivaux la visée du théâtre, expérience et recherche d'un plaisir sans mélange.

Ces remarques toutes simples peuvent nous aider à comprendre les transformations de son système dramatique. Le poète se plaît à *réaliser* sur la scène des miracles que tout son travail consiste à justifier, mais ses créations ne sont pas des actes gratuits : dans son théâtre la variation des formes est étroitement liée à sa position vis-à-vis d'une société qui elle-même évolue. Ce joueur aime à corser le jeu, mais tout se passe comme s'il ne s'attribuait de pleins pouvoirs que pour faire des *actes* de ses comédies.

Rencontres et « Surprises de l'amour »

D'*Arlequin poli par l'amour* au *Prince travesti* les pièces qui ont assuré la réputation de Marivaux sont des féeries. Un hasard, un moment de vacances, et voici l'être inconnu (bergère, petite « bourgeoise de village », « illustre aventurier »), qui permettra d'échapper pour toujours à la grisaille quotidienne. La rencontre est une chance irrésistible :

> Mais qui est-ce qui vient là? Ah, mon Dieu! le beau garçon! (*Arlequin,* scène 5)

> Un jour à la chasse, écarté de ma troupe, je la rencontrai près de sa maison; j'avais soif, elle alla me chercher à boire [...]. (*la Double Inconstance,* I, 2)

> Il vint à moi, s'empressa de me faire revenir, et me parut le plus aimable et le plus galant homme que j'aie encore vu [...]. Il s'éloigna très vite, et avec quelque sorte de douleur. (*le Prince travesti,* I, 2)

Plus tard, ce sera l'échappée radieuse dans le bonheur :

> Je veux qu'on chante, qu'on danse, et puis après nous irons nous faire roi quelque part.

Mais si l'on s'épanouit quand on ne s'y attendait pas, c'est que les êtres peuvent être les uns pour les autres des sourciers de vie : la baguette de la fée, c'est ici l'échange de deux regards.

Arlequin poli par l'amour, la pièce d'où est sorti le théâtre de Marivaux, est une partition pour des comédiens rompus comme les Italiens à toutes les formes d'expression. Charmé par la portée poétique de la théorie cartésienne des « passions », le dramaturge charge Arlequin de vivre dans son corps l'admiration, le désir, l'amour, la tristesse, la joie, l'allégresse... L'amour, disait Descartes, produit une chaleur douce et sereine; la joie est un épanouissement de « toutes les parties du corps », une euphorie communicative; le désir rend « tous les sens plus aigus » : « le corps devient plus agile et plus disposé à se mouvoir ». Aimantés et inspirés l'un par l'autre, Arlequin et Silvia ne sont pas seulement de merveilleux petits animaux cartésiens, mais des êtres actifs et souples, on dirait presque des corps glorieux : voilà bien dépassé le vieux thème suivant lequel l'amour donne de l'esprit. L'amour souffle où il veut, mais il apporte une immense liberté, il éveille à la vie, c'est une seconde naissance.

« L'homme passe infiniment l'homme » : loin d'être défini par une « nature » opaque, il se caractérise par la disponibilité, la plasticité, le don de se transfigurer au contact d'autrui. La naissance de la féerie correspond à une brusque ouverture de l'espace : au jardin de la Fée, prison dorée où s'exercent de tristes enchantements, va s'opposer une prairie lumineuse : Silvia y mène ses moutons! Mais bientôt Arlequin conquiert la baguette magique et dans la prison va fonder un royaume.

Telle idée de l'homme, tel système dramatique. On monte vers les grandes scènes de rencontre dans une progression aussi puissante que chez les poètes tragiques. L'organisation parfaitement symétrique des vingt-deux scènes d'*Arlequin poli par l'amour* n'est qu'une première esquisse de ce système. Trois protagonistes, trois rencontres avec Silvia qui rythment l'action : scène 5, la rencontre de Silvia et d'Arlequin, dont le premier instant détermine un avant et un après (c'est une des définitions possibles du *génie*); scène 11, « leur scène » (comme disait *le Mercure*), à la dernière seconde de laquelle ils sont surpris par la Fée; scène 17, l'entrevue de Silvia et de la Fée qui, possédée par « un sentiment de fureur », multiplie les ordres et les menaces de mort; dès lors on va courir vers le dénouement : la « fureur » est toujours tragiquement vaine, chez Marivaux. Dans *la Surprise de l'amour,* suivant la même symétrie, chaque acte est construit autour d'une scène-pivot : I, 5 : « On m'a dit que la Comtesse est ici et qu'elle veut vous parler... »; II, 4 : Colombine apprend à Lélio qu'il est amoureux; III, 3 : elle fournit à la Comtesse une preuve irréfutable de son amour. Mais un mouvement continu, irrésistible, supérieurement réglé, emporte chacun de ces actes vers les scènes finales : la première bataille d'Arlequin :

Au revoir, nigaud, tu me fuis, mais cela ne durera pas;

la rencontre décisive des jeunes héros :

D'où vient que je suis émue de ce que je viens d'entendre? [...] Non, cela ne signifie rien, et je n'y veux rien comprendre.

> Colombine, *à part* — Oh! notre amour se fait grand! il parlera bientôt bon français;

enfin, la scène de l'aveu :

> *Vivat!* enfin voilà la fin — Je suis contente de vous, Monsieur Lélio — Parguenne, ça me boute la joie au cœur...

Au terme d'un mouvement uniformément accéléré qui se donne, comme les fleuves, des allures nonchalantes, des inflexions sinueuses, le dénouement n'est pas le fait d'un *deus ex machina* plus ou moins heureux, une façon plus ou moins habile de satisfaire intellectuellement les spectateurs, mais un accomplissement, un moment plein. Chaque pièce de Marivaux est bien « un voyage au Monde vrai », car la fiction conçue par le dramaturge finit par s'abolir pour faire place à la réalité. Mais au dénouement la vérité ne se dévoile pas comme peut tomber un couperet, il ne suffit pas de l'énoncer comme le « mot » d'une énigme ou la solution d'un roman policier; c'est une vérité « sensible au cœur », elle se vit ou s'éprouve : on ne peut l'éprouver que si l'on a participé avec les personnages à un grand jeu fou (une *aventure,* comme dit la Silvia du *Jeu*), goûté la pièce dans son mouvement dynamique et sa réalité esthétique. C'est donc encore trop peu de dire, avec Robert Nelson, que les comédies de Marivaux s'expliquent à partir de la convention féconde du dénouement heureux : elles ne visent qu'à faire exister ces moments ultimes, ces temps forts, où héros et spectateurs pourront vivre pleinement.

Mais s'il s'agit d'imposer enfin la Rencontre dans son caractère féerique (le miracle enfin vrai ou familier), le poète ne cesse de la soumettre à la critique, de « se raidir contre », et fait bientôt de sa comédie tout un jeu de contre-forces. Travail de réflexion, dira-t-on, à condition de ne pas réserver à ce mot une portée intellectuelle. Nous avons affaire à un démiurge malicieux qui joue avec le rêve qu'il veut faire exister. Déjà dans *Arlequin poli par l'amour* où les entretiens de la Fée avec Arlequin ont de bouffons résultats, mais beaucoup plus ostensiblement dans *la Double Inconstance*, toute dominée par une esthétique de la surprise, à partir du thème de la rencontre décisive il conçoit toutes sortes de variations et de renversements. Tout commence par un rêve sur un double amour impossible : l'impossible union d'Arlequin et de Silvia, beaux enfants persécutés, l'impossible union du Prince et de Silvia, sa sujette. Il s'agit de ménager des entrevues entre des héros à qui il n'est pas si facile de se rencontrer : entrevues précaires, menacées, dont le rayonnement est d'autant plus intense. En principe tout nous oriente donc vers quelques brèves et sublimes rencontres où deux jeunes êtres tendrement unis ne pourront que se dire cette union, immobiles, vaguement frémissants, dans une aimantation éternelle. Mais combien d'autres rencontres, dérisoires ou actives! Fausse rencontre d'Arlequin avec Lisette dans la scène centrale de l'acte I, rencontres évasives d'Arlequin avec Silvia, rencontres-pièges de Silvia avec le Prince sous la figure de « l'officier », rencontres-surprises d'Arlequin avec Flaminia, exquise parodie des scènes romanesques dont il était question plus haut. Bientôt la jeune femme se présente comme une petite Bérénice : « Arlequin, je vous parle peut-être pour la dernière fois... » Les surprises les mieux réussies sont naturellement les plus subtiles.

Le type de pièce qu'on s'est habitué à associer au nom du poète, la « Surprise de l'amour », n'est qu'une variante de ces pièces de la Rencontre. La construction est la même, mais ici la Rencontre (au plein sens du mot) est longuement retardée, et la surprise presque indéfiniment morcelée, tandis qu'on assiste à une extraordinaire intériorisation des forces dramatiques. Comme on parle du jugement de l'Histoire, on verra dans les « Surprises de l'amour » un jugement poétique : la vérification d'un rêve. Longue et minutieuse épreuve ! Car ici c'est la guerre que « l'inconnu » apporte, et l'on va au devant de lui à son corps défendant.

La matière de ces pièces, c'est donc ce qui n'était ailleurs que simples velléités : les scrupules de Silvia dans *la Double Inconstance,* les atermoiements éphémères d'Hortense, la vaine application avec laquelle la bergère Silvia cherchait à suivre les leçons de sa cousine; la « scène des mains » qui figure parmi les moments les plus « vifs » et les plus malicieux d'*Arlequin poli par l'amour* pourrait même être analysée comme une parodie anticipée des « Surprises de l'amour». Ici l'on se débat avec soi-même et avec autrui : la Comtesse et Lélio, Lucile et Damis, Dorante et Araminte luttent l'un contre l'autre avec plus de conviction que Rodrigue et Chimène. On éprouve de plus en plus fortement, malaisément, la pudeur, l'orgueil, la honte et la peur. Suivant la même optique, Elena Virginia Baletti, l'actrice Flaminia, avait écrit dans ses *Sonnets d'amour* publiés à Venise en 1716 :

> Moi qui, dans ma fierté, croyais encore cacher mon ardeur, je me vois démasquée; et du même coup je vois croître l'arrogance et le rire du cruel amour...

L'amour est fait aussi de tout ce qui entoure l'amour; lorsqu'il évoque la vie des «mouvements» du cœur, Marivaux se fie plus que jamais dans l'art des Comédiens Italiens, approches et reculs infinitésimaux, élans légers, changements de rythme, instants d'immobilité, touchants ou grandioses, cris feutrés et silences : de seconde en seconde, rétractés ou épanouis, ses interprètes comme ses héros devront être, dans leurs corps, des êtres merveilleusement sensitifs. A la féerie immédiate semble se substituer une longue aventure; aux tours de magie, une psychologie qui, dans ses contours arachnéens, fonctionne comme une machine rigoureuse.

Dès lors on admettra que dans toute sa carrière Marivaux n'a jamais écrit que cinq «Surprises de l'amour» : les deux pièces qui portent ce titre (*la Surprise* «italienne» et la *Surprise* «française»); *les Serments indiscrets,* double transposition de Racine dans la comédie et la vie contemporaine; *les Fausses Confidences,* la pièce-somme; et enfin *la Dispute,* chef-d'œuvre de sa dernière manière, pendant subtil d'*Arlequin poli par l'amour.* Il n'est pas indifférent de constater qu'elles s'échelonnent à peu près tous les cinq ans (1722, 1727, 1732, 1737, 1744), en rythmant l'ensemble de sa production dramatique. Il ne se répète pas : il se plaît à reprendre une forme dramatique inventée et consacrée par lui, à devenir son propre rival en exploitant de nouvelles audaces, des acquisitions et des ressources nouvelles.

La naissance des jeux

Les premières pièces parisiennes de Marivaux sont celles sur lesquelles on se fonde d'ordinaire pour étudier son système dramatique. Mais dans leur succession elles se présentent comme des bilans et témoignent d'un malaise grandissant. L'itinéraire qui mène d'*Arlequin poli par l'amour* au *Prince travesti* laisse assez bien deviner les rapports du poète avec la société qui l'entoure : tentatrice, fascinante, mais de plus en plus inquiétante. *La Double Inconstance,* ou la Rencontre imprévue : attendue et nécessaire, préparée par un poète qui a su, paradoxalement, préserver le naturel de ses héros, inespérée pourtant, la rencontre-miracle survient à l'avant-dernière scène; princesse et petite fille de conte de fées, Silvia se fixe enfin, dans un élan :

> Ah, mon cher Prince! j'allais faire un beau serment; si vous avez cherché le plaisir d'être aimé de moi, vous avez bien trouvé ce que vous cherchiez.

Le Prince travesti ou la Rencontre menacée. La pièce est d'une profondeur mélancolique; la Rencontre n'est plus guère vécue au présent comme dans *Arlequin poli par l'amour,* c'est comme une vision venue de très loin, intense et irréelle : il faut, pour qu'on y croie, toute une densité romanesque. A la fin, pour que Lélio et Hortense puissent s'unir, il faudra décidément l'intervention d'un dieu bienveillant qui imperceptiblement sourit : « De si grands événements méritent bien qu'on se hâte de les terminer ». Les êtres qui les entourent figurent assez bien l'emprise multiforme de la société : le raide Frédéric, l'insaisissable Arlequin; enfin la Princesse, dominatrice et familière. Dans *Arlequin poli par l'amour,* il était facile encore de bafouer la belle Fée, mondaine sophistiquée, image de cette nouvelle société de 1720, si « commode ». Mais, quatre ans plus tard, ce grand palais baroque et sombre où se croisent les destins et les êtres, où l'on entre comme dans un moulin, n'est que menace diffuse, figure et présence d'une société où il est impossible de prendre pied. Hortense et Lélio auront tout juste la force de s'en échapper et le jeune premier est devenu lui-même un beau ténébreux.

Dans la production théâtrale de Marivaux, 1724 marque une grande cassure. Dans *la Fausse Suivante,* pièce brillante et pièce grinçante, le travestissement qui ne servait jusque-là qu'à préserver un *incognito,* prend une valeur offensive. L'action dramatique change de sens : dès la fin du premier acte l'héroïne n'a plus à se défendre de noirs complots, elle part à l'attaque avec une belle allégresse. Et voici qu'apparaît l'inquiétant Trivelin, premier venu d'une longue lignée de faux larbins impénétrables (les Frontin, les Lubin, les Dubois) qui relaieront comme premiers rôles dans le monde des valets l'expansif Arlequin, personnage transparent. Aux belles âmes succèdent les virtuoses. Ainsi, inconsciemment encore, Marivaux résout peut-être une crise personnelle (vivre de sa plume, quelle incroyable aventure !). Une fois pour toutes, il se décide à répondre à l'emprise de la société par cette forme d'engagement plus profonde que le rêve : *le jeu.*

Désormais chacune de ses pièces apparaît comme une réaction à une certaine vision de la société qui naturellement évolue, car les espoirs de la Régence s'éloignent de plus en plus et le poète tend à soumettre l'emprise sociale à une analyse toujours plus aiguë. Il ne cesse pourtant de poursuivre le même jeu, ou, si l'on préfère, le même projet vital. Comme dramaturge, il garde une confiance intacte dans les ressources des êtres humains : il est celui qui leur permet d'exercer leurs talents, de prouver leur vertu, dans d'irrésistibles manifestations, alors que dans la vie quotidienne, suivant la formule du *Spectateur,* nous ne sommes qu'« enseignes les uns pour les autres ». De 1724 aux approches de 1740, c'est-à-dire tant que Marivaux n'a pas trouvé une position stable, sa comédie se déploie suivant trois directions avec une joyeuse agressivité : trois façons de voir la société, trois types de réponse, trois formes dramatiques originales.

Dans des pièces comme *la Fausse Suivante* ou *l'Héritier de village,* la société apparaît comme une mascarade universelle : « Farce en haut, farce en bas », dira l'Indigent philosophe. Mais l'on peut tricher avec les tricheurs, se masquer pour démasquer les hypocrites, jouer ce grand jeu d'apparences dans un jeu plus grandiose, et ce seront des comédies de virtuose, de beaux châteaux de cartes : des *jeux de leurre* ou *jeux délurés.* Première réaction d'un poète malebranchien qui, plus que d'autres, avait de bonnes raisons d'être déçu par la « nouvelle société » de la Régence, frappé par « la grande folie de la vingtième année du dix-huitième siècle », lui qui faisait chanter à la fin de *l'Amour et la Vérité :*

> Oh ! l'utile et charmante ruse
> Qui nous unit tous ici-bas;
> Qui de nous croit en pareil cas
> Être la dupe qu'on abuse?

Théâtre d'ombres, lieu du mensonge, des affirmations précaires, la société qui l'entoure jouit pourtant d'une belle stabilité : société d'ordre, société hiérarchisée, régie par des règles strictes et qui se veut immuable. Il y a des règles du jeu... Mais pourquoi le poète ne garderait-il pas le pouvoir d'en éclairer les données aux feux de la rampe? *L'Île des esclaves, la Nouvelle Colonie, le Jeu de l'amour et du hasard* seront ces *jeux sages,* où brusquement éclatent, comme d'intenses fulgurations, des moments de vérité.

Dans ses structures cette société se donne comme un édifice indestructible, mais très vite elle apparaît chez Marivaux comme un milieu contraignant qui façonne et conditionne les individus (parents et enfants, nobles et bourgeois, riches et pauvres, maîtres et valets...). Comment libérer leurs forces vives, autrement que dans des *surprises,* dans ces *jeux fous* que sont *le Dénouement imprévu, l'Île de la Raison* ou *l'Ecole des mères?*

Trois formes de spectacle, suivant les images que le poète avait données des hommes, quelques années plus tôt, dans *le Spectateur français.* Les *jeux de vérité* sont des confrontations révélatrices comme la brève rencontre de cet « honnête » solliciteur avec un grand seigneur qui le rabroue sans se donner la peine de lui parler :

> Quel est [...] l'auteur dont les idées ne soient de pures rêveries en comparaison des sentiments qui vont saisir notre infortuné? [...] Le langage de l'homme en question vous corrigerait, son cœur dans ses gémissements trouverait la clef du vôtre.

Les jeunes êtres sont des « trompeurs exquis »...

> J'allai donc souper chez la personne avec qui j'étais. Nous y trouvâmes son frère avec une jeune dame et un jeune cavalier, de fort bonne façon tous deux. Je vis bien pendant le repas qu'ils avaient envie de se plaire l'un à l'autre; et moi [...], je pris le parti de m'amuser du petit spectacle qu'ils m'allaient donner. A les entendre parler, je commençai d'abord par sentir qu'ils altéraient le son naturel de leur voix pour y couler du gracieux, et qu'en prononçant, il n'y avait jusqu'aux mouvements de leur bouche qu'ils ne voulussent assortir avec leurs tendres idées...

Jeu de leurre, dont le théâtre de Marivaux présentera bientôt des formes d'amplification grandioses. Mais d'une certaine confiance dans les ressources humaines pourront naître ces épiphanies, les *pièces de la surprise :*

> Mon homme s'arrêta là, et je regardais avec étonnement cette physionomie, qui, de pesante que je l'avais vue d'abord, s'était insensiblement dégagée pendant qu'il parlait, et qui redevint épaisse dès qu'il eut achevé. Ah! Ah! dis-je alors en moi-même, en apostrophant son esprit; il ne tiendra pas à moi que tu ne sortes plus d'une fois de ta coquille...

Ce rêveur d'hommes n'aime rien qu'agir sur eux. Les héros des « pièces de la Rencontre » et des « Surprises de l'amour » sont, se croient ou se veulent de beaux indifférents; le poète provoque et guette en eux tendrement la naissance du désir : cet éveil, si naturel, c'est l'aube du monde. Ses « personnages-témoins » sont déjà des meneurs de jeu, ses complices. La plus caractéristique? Colombine dans la première *Surprise de l'amour,* légère, aérienne, sûre d'elle comme un sylphe. Dans ses autres types de pièces, suivant le génie naturaliste de la comédie, Marivaux poursuit le même jeu, mais il lui faut intervenir beaucoup plus ostensiblement. Les *jeux de leurre,* ses pièces les plus joviales et les plus féroces, les plus proches d'être des comédies pures, sont des complots endiablés. Voici cette fois des êtres blasés. Il en est de deux sortes : les volages (telles les coquettes comtesses de *la Fausse Suivante* ou de *l'Heureux Stratagème*), les pharisiens confits depuis longtemps dans leur satisfaction (comme le philosophe Hermocrate et sa vertueuse sœur dans *le Triomphe de l'Amour*). On va les éveiller au désir, puis les laisser frustrés. C'est une performance inoubliable et un jeu dangereux : l'« inconnu », l'être étrange et familier, l'intrus, qui doit les séduire, n'est qu'une frêle jeune fille; pour parvenir jusqu'à eux, elle doit, masquée, braver d'effrayants cerbères, des « démasqueurs » (Trivelin, Dimas...), déjouer triomphalement le fantasme de la mise à nu. Dans les *jeux de vérité,* il faut s'en remettre à un lieu magique : la terre lointaine de *la Nouvelle Colonie,* l'île étrange où échouent les maîtres et leurs esclaves, la demeure de l'« un peu trop bon » M. Orgon. Et le désir ne s'accomplit pas si facilement : ces fausses utopies nous content ses odyssées. Au contraire, dans les pièces qui sont au plein sens du mot des *Surprises,* Marivaux se plaît de plus en plus à placer aux côtés de ses héros des témoins éberlués : c'est la fonction de ces pères et mères qu'il s'amuse à nommer invariablement Monsieur ou Madame Argante. Madame Argante est vraiment ravie de sa fille :

> Gardez ce goût de retraite, de solitude, de modestie, de pudeur qui me charme en vous; ne plaisez qu'à votre mari, et restez dans cette simplicité qui ne vous laisse ignorer que le mal...

Mais en Angélique, Mlle Argante ou Araminte le poète a plus confiance encore! Quelques instants plus tard elles vont *apparaître* — comme un diable jaillit de sa boîte, ou un Polichinelle :

> Queu plaisir! Je varrons la comédie; alle fera le Poulichinelle, queu contentement! Je rirons comme des fous. Il faut extravaguer tretous au moins.

Naturellement, ces variations ne sont pas dues à des décisions conscientes. Il serait assez ridicule de croire que Marivaux ait pu se dire : je vais évoquer les êtres humains sous telle forme, ou réagir de telle façon contre la société! Comme poète comique, son seul moteur, c'est le plaisir, un plaisir intense et sans vergogne; son seul objet, c'est de se donner la comédie, c'est-à-dire d'assurer à ses héros des moments de triomphe, lumineux, enfantins, et de toujours corser le jeu. A l'origine donc, une certaine forme d'assurance et un besoin très fort de renouvellement : ce n'est sans doute pas par hasard qu'il se renouvelle à l'occasion d'une « petite pièce » *(Arlequin poli par l'amour, le Dénouement imprévu, l'Ile des esclaves)* ou d'une comédie parfaitement désinvolte *(la Fausse Suivante)*. En fonction de ce que peut faire tel ou tel acteur (Silvia, Mlle Dufresne ou Dominique), il invente de nouveaux types de scènes : le poète et l'acteur s'entraînent l'un l'autre plus loin. En fonction de ces nouveaux types de scènes (grands moments de triomphe), il construit ses comédies : ainsi dans *la Fausse Suivante* la forme du *jeu de leurre* s'organise à partir de trois thèmes comiques parfaitement originaux : le déchiffrement illusoire, la victoire arrachée trop facilement (d'où naissent des « motifs » : le vol du portrait, ou le baiser dérobé), « l'égarement » exubérant et factice, bien propre à être épié et mimé par de joyeux voyeurs (Trivelin ou Frontin). De « scène » en « scène », de renversement en renversement, la pièce devient un immense jeu de miroir, superbement truqué. De même les comédies de la *Surprise* semblent jaillir à partir d'admirables scènes de « distraction », comme la scène de « folie » de Mlle Argante dans *le Dénouement imprévu* (et déjà la « distraction » d'Arlequin auprès de Flaminia dans *la Double Inconstance*) : comme les « Surprises de l'amour » pouvaient préfigurer l'invention du psychodrame, elles tendent à devenir des happenings.

On l'a deviné, ces divers types de pièces ne sont pas des systèmes dont on expliquerait la transformation en étudiant leurs éléments constitutifs, mais des formes qui s'affirment, se développent et finissent bientôt par se contaminer dans une génération continuelle. Nous nous laisserions entraîner trop loin, si nous cherchions à étudier ici leur filiation, mais il semble possible de donner une idée sommaire de leur originalité ou de leur saveur.

A chacune de ces formes — formes différentes de jeux (*paidia;* jeu réglé ou *agon; ilinx* ou jeu de vertige, suivant la terminologie de Roger Caillois) — tend à correspondre une esthétique dramatique : progression réglée pour les *pièces de la Rencontre* qui se referment sur leur propre épanouissement; mouvement circulaire pour les *jeux de leurre* dont il ne demeure pour finir que l'éblouissante irréalité (ainsi *le*

107

Triomphe de l'amour est enserré tout entier dans un écrin féerique); esthétique du renversement des rôles et de la réintégration dans les *jeux de vérité;* effets de boule de neige, métamorphoses en chaîne dans *les Surprises,* espaces indéfiniment ouverts. Quatre sensations profondes au moment de la reconnaissance : la respiration heureuse (l'allégresse décrite par Descartes); l'enivrement contagieux; l'inhibition vaincue (*le Jeu* commence, lorsqu'au premier instant Silvia et Dorante se découvrent dans une merveilleuse familiarité); enfin l'essor irrésistible. De là d'ailleurs les préférences partagées des acteurs et des metteurs en scène pour tel type de pièce. Il s'agit pour Marivaux de jouir le plus possible de l'enchantement particulier de chaque forme. Ainsi s'explique sans doute le rôle différent qu'y jouent le langage et les masques. Bien entendu, le poète ne se livre pas à des ratiocinations intellectuelles sur le langage et le travestissement, mais le traitement qu'il leur fait subir et les fonctions qu'il leur attribue ne sont pas le résultat de décrets arbitraires.

Vertus du langage

Comme on le voit dans les premières scènes de *la Dispute,* pour les êtres humains naître à la vie, goûter à l'existence comme à une aventure, découvrir le pouvoir de parler, de nommer et d'échanger des mots, c'est une seule et même chose; le langage est le premier signe et la plus troublante manifestation du dynamisme humain :

> Que vois-je? quelle quantité de nouveaux mondes!
> — C'est toujours le même, mais vous n'en connaissez pas toute l'étendue.
> — Que de pays! que d'habitations! il me semble que je ne suis plus rien dans un si grand espace, cela me fait plaisir et peur *(Elle regarde et s'arrête à un ruisseau).* Qu'est-ce que cette eau que je vois et qui roule à terre? Je n'ai rien vu de semblable à cela dans le monde d'où je sors.
> — Vous avez raison, et c'est ce qu'on appelle un ruisseau.

On n'insistera donc jamais trop sur la fonction proprement

poétique du langage chez Marivaux. Dans ses premières pièces parisiennes il frappe par son caractère limpide et frais; chacun des héros a sa voix, et chacun de ses mots le révèle : qu'on se rappelle la netteté, la gaieté des formules d'Arlequin et de Silvia dans *Arlequin poli par l'amour* et *la Double Inconstance.* Mais le langage peut être beaucoup plus qu'une traduction lumineuse : dans une formule, un tour, une simple interjection (« Il m'aime, crac, il m'enlève… »), dans son jaillissement, il nous restitue immédiatement une présence. Nous voilà bien loin de l'esthétique de Boileau; comme le montraient les *Pensées sur différents sujets,* dans un mot, un soupir ou un silence peut affleurer la multitude des idées qu'ils sous-entendent : tout un monde intérieur.

Cependant se manifeste une contradiction bien plus paradoxale : les héros de Marivaux semblent sentir d'instinct que le langage a des vertus moins innocentes; ils se cachent derrière leurs mots et s'en servent pour mentir : or ce sont de bien piètres menteurs. Comme on le voit tout particulièrement dans les « Surprises de l'amour », le langage est un agent double : on s'en méfie profondément, on voudrait se taire (la volubilité apparaît bien en effet comme un signe certain de moindre résistance), et l'on s'y enlise; on croit le jouer, et l'on s'y trahit. Pur et impur, arme commode et milieu résistant, traduction transparente et rayonnante émanation, réalité d'avant et d'après la chute, le langage est donc par excellence le lieu de l'ambiguïté humaine : en découvrant ses qualités contradictoires, Marivaux semble découvrir son théâtre lui-même dans ce qu'il a de plus original.

Avec *la Fausse Suivante* et les joutes amoureuses qui en découlent, ces pièces qu'on dira *rococo,* nous allons pourtant assister à une radicale simplification. Le dramaturge utilise tout un vocabulaire du sentiment (le langage galant des « feux » et des « transports ») qui n'est pas ordinairement le sien : il en tire des formules admirables de brio et d'allant; pour en doter ses personnages il reprend à une brillante société son bien.

C'est Philis qu'on attaque, qui combat, qui se défend mal; c'est un beau bras qu'on saisit; c'est une main qu'on adore et qu'on baise; c'est Philis qui se fâche; on se jette à ses genoux, elle s'attendrit, elle s'apaise; un soupir lui échappe : Ah! Sylvandre... Ah! Philis... Levez-vous, je le veux... Quoi! cruelle! mes transports... Finissez. Je ne puis. Laissez-moi. Des regards, des ardeurs, des douceurs; cela est charmant. Sentez-vous la gaieté, la commodité de ces objets-là?

[...] Je vous aime, je vous le dis; vous m'entendez; mais vos yeux ne me rassurent pas. Un regard achèverait mon bonheur! Un regard. Ah! quel plaisir! Vous me l'accorderez. Chère main que j'idolâtre, recevez mes transports...

Si le langage possède ici une importance privilégiée, c'est à cause de son caractère envahissant : tout est langage, rien n'est que langage, jusqu'aux gestes de l'amour, et chaque scène, chaque situation se conforme à un rite. <u>Nous sommes en plein jeu de société : les amants sont de parfaits escrimeurs qui connaissent et qui apprécient les bottes, les parades et les feintes de l'adversaire.</u> De là toute une première série d'erreurs sur le « marivaudage », que tant de critiques ont confondu avec cette fausse science si glorieuse, si utile pour de galants personnages d'avance complices : « picoteries », « arguties normandes », passes d'armes de salons. Jeu libertin d'avance désamorcé, reflets superbement distordus. Ici tout est pastiche : pastiche grandiose, jeu féroce, lorsqu'avec *le Triomphe de l'amour* c'est son propre langage, le plus admirable langage de l'analyse du cœur, que Marivaux mobilise pour faire naître et grandir cette complicité chez des êtres austères. Dans les pièces du leurre, le langage est décidément d'une extrême commodité : quelle belle arme pour adultes civilisés! Mais *qui parle?* Il n'est pas toujours aisé de le dire dans ces parodies de duos amébées où deux voix ardentes et trompeuses se marient trop bien :

Badin! — Tiède amante! — Petit tyran! — Cœur révolté, vous rendrez-vous?

Le langage lui-même est leur rite, leur imposture et le lieu de leur « égarement ».

La convention sur laquelle reposent les « jeux sages »,

c'est qu'au contraire on y accepte pleinement l'idée qu'il existe des niveaux de langage : on parle selon ce qu'on est, le langage est un miroir qui ne saurait tromper. Il y a donc le langage des maîtres et celui des valets : si «chacun pris dans son air est agréable en soi», les différences de langage constituent des barrières infranchissables.

> — Remarquez-vous, Madame, la clarté du jour?
> — Il fait le plus beau temps du monde; on appelle cela un jour tendre.
> — Un jour tendre? Je ressemble donc au jour, Madame.
> — Comment, vous lui ressemblez?
> — Eh palsambleu! le moyen de n'être pas tendre, quand on se trouve tête à tête avec vos grâces? *(A ce mot il saute de joie).* Oh! oh! oh! oh!
> — Qu'avez-vous donc, vous défigurez notre conversation...

Malgré tous les plus beaux efforts, jamais les valets ne pourront parler comme leurs maîtres, et cette ségrégation culturelle a fort bien pu faire que les aristocrates ont réservé souvent un excellent accueil à ce genre de pièces.

A la réflexion on s'aperçoit pourtant que tout n'est pas si simple, car dans ces comédies le langage est aussi utilisé, avec une portée plus subversive, comme élément de jeu. Quand ils tentent de reprendre pour leur propre usage les mots, les gestes, les attitudes de leurs maîtres, les valets décidément sont bien empruntés! mais ils ne savent pas résister à la tentation de jongler avec les mots, pour le plaisir, comme s'ils étaient intimement persuadés que toutes ces belles distinctions entre langages différents ne reposent que sur une convention, comme si le langage et finalement les clivages sociaux dont il est le reflet n'étaient guère qu'ornementation. S'ils ne savent pas se servir du langage bien efficacement, comme ils savent en jouer! De là toutes les fioritures, les chamarrures, les inventions «précieuses» et boursouflées qui fleurissent à la bouche d'un Bourguignon comme des bulles vides; de là tant de contresens plus ou moins volontaires sur le marivaudage, comme si dans ces formules trop imagées, ces constructions «bizarres», Mari-

111

vaux se livrait, plus ou moins naïvement, à un monstrueux abus de mots.

Les puristes qui lui reprochaient ses attentats contre le français sentaient vaguement le caractère inquiétant de cette présentation du langage comme superbe machine fonctionnant pour rien, ou même, circonstance aggravante, le plaisir d'humoriste et de poète que Marivaux a pris à ces jeux baroques. Plaisir gratuit, ou presque, car les plaisantes « scènes d'amour » que les valets miment avec une si joyeuse ostentation ressemblent bien un peu à des parodies. Les pièces dont la saveur provient de la notion d'écart de langage sont donc aussi celles qui présentent la plus grande distance entre deux conceptions du langage lui-même. Les uns rêvent d'un langage noble, net et sobre — un langage pur — où se reflèteraient l'honnêteté et l'amour : rien de plus, mais rien de moins (et jamais Marivaux n'a prêté à ses héros un vocabulaire plus décanté). Les autres s'y essaient à leur corps défendant, et bientôt, sans trop de peine, ils en éprouvent la parfaite vanité : joyeuse forme d'agression !

Le poète va encore un peu plus loin avec les pièces que nous avons pu appeler « les jeux fous ». Ici le langage se présente d'emblée comme une réalité solide : en parlant, chacun décline sa classe sociale et son éducation; chacun de ces langages est un ensemble cohérent et fort, un système. Comme il apparaît dans *l'Ile de la Raison* où l'on est, suivant son langage, Gascon, courtisan, philosophe, comtesse ou chambrière, ou encore dans *les Fausses Confidences* qui à bien des égards se rattachent à ces jeux fous, la société est alors définie comme le lieu de la confrontation entre divers systèmes de langage dont aucun ne peut exclure les autres.

Or ce langage si rigoureusement codifié, conditionné, en vient ici à exprimer tout autre chose que ce qu'il devrait normalement signifier d'après le code auquel il ne cesse de renvoyer; qu'on songe aux répliques si polies, aux irréprochables révérences d'Angélique dans *l'Ecole des mères* :

Est-ce par modestie, est-ce par dégoût que vous me refusez l'aveu que je demande? — Non, ce n'est pas par modestie — Que me dites-vous là! C'est donc par dégoût?... Vous ne me répondez rien? — C'est que je suis polie;

aux instants où les héros de *l'Île de la Raison* naissent à la vie en reprenant figure humaine, chacun dans son langage particulier; aux effets obtenus dans *le Dénouement imprévu* par Mlle Argante quand elle exerce son bon plaisir au gré des associations de mots les plus logiques, les plus automatiques qui soient :

> Je vous marie, ma fille. A qui donc, mon père? A un honnête magot, un habitant des forêts. Un magot, mon père! Je n'en veux point. Me prenez-vous pour une guenuche? Je chante, j'ai des appas, et je n'aurais qu'un magot, qu'un sauvage! Eh! fi donc! Mais il est gentilhomme. Eh bien! qu'on lui coupe le cou!

Ici c'est le langage lui-même qui vole en éclats. Dans la scène de « distraction » si plaisante qui conduit à l'aveu d'Araminte, Marivaux ira jusqu'à nous proposer de l'Ionesco à l'envers : dans *la Cantatrice chauve* ou *la Leçon* des mots répondent avec entrain à des mots, les stéréotypes s'enchaînent scrupuleusement à d'autres stéréotypes dans un beau concert d'absurdités; des mots parfaitement insignifiants et dérisoires véhiculent ici une émotion toujours plus intense :

> Dorante, *ému*. — Un de vos fermiers est venu tantôt, Madame.
> Araminte, *émue*. — Un de mes fermiers!... cela se peut bien.
> Dorante. — Oui, Madame... il est venu.
> Araminte, *toujours émue*. — Je n'en doute pas.

Admirable façon de chanter pour finir la parfaite nullité du langage!

Chacune des formes dramatiques que Marivaux a conçues peut donc apparaître comme un moyen particulier d'accorder au langage une importance extrême et en même temps de réduire cette importance avec une sorte d'acharnement. Mais à chaque étape la même entreprise est plus paradoxale et plus grandiose, et derrière ce qui semblait d'abord ligne brisée nous pouvons ainsi entrevoir une suite : c'est la persévérance dans un obscur propos qui explique sans doute le mieux l'apparente discontinuité des desseins. Si l'on réfléchit sur cette évolution, peut-être verra-t-on les jeux délurés et les jeux sages comme des pièces de transition : dans ces comédies le langage n'est, somme toute, qu'une matière inerte. Au contraire dans la première et la dernière formes : les pièces de la Rencontre et les jeux fous, le langage a finalement un rôle beaucoup plus considérable, parce qu'il est aventure. Qu'est-ce à dire, sinon qu'ici, à travers de plaisants démêlés ou des prouesses irrésistibles, dans ces rapports difficiles qu'ils entretiennent avec le langage, les êtres humains éprouvent comme une aventure l'existence elle-même? Dans ces conditions on comprend assez bien que, tout au long de la carrière dramatique de Marivaux, cette sorte de réflexion concrète sur le langage ait pu être liée si rigoureusement, d'une étape à l'autre, à une méditation sur le masque et le visage, suivant « l'esprit » de chaque forme.

Masques et visages

Dans chacun de ses types de pièces le poète fait un usage très différent du portrait : c'est un de ces détails qui, suivant la méthode de Leo Spitzer, pourraient nous donner accès à une signification globale. La Fée guette et dépeint la métamorphose d'Arlequin :

> As-tu vu comme il est changé? As-tu remarqué de quel air il me parlait? combien sa physionomie était devenue fine?

Lélio évoque la Femme en frémissant et dans cet hymne connaît déjà la « surprise » de l'amour; le Prince et Arlequin chantent Silvia :

> Ensuite elle me donnait des regards pour des paroles, et puis des paroles qu'elle laissait aller sans y songer, parce que son cœur allait plus vite qu'elle : enfin c'était un charme, aussi j'étais comme un fou. Et voilà ce qui s'appelle une fille...

Extase active! Un être vit et se crée sous nos yeux : ces portraits en action de l'être aimé correspondent au climat des pièces de la Rencontre.

Dans les jeux de leurre apparaissent deux petits instruments magiques, deux institutions essentielles de la galante société du xviiie siècle : le miroir et le portrait. Merveilleuse dégradation! On élabore son visage devant un miroir, on donne son portrait à l'être aimé, ou bien on lui arrache le sien. Dans son miroir on veut trouver un regard efficace. « Je ne vous dis rien là dont tous les jours votre miroir ne vous accuse d'être capable », dit le Chevalier à la Comtesse : alors commence l'action de *la Fausse Suivante*. Dans la seconde *Surprise* on retrouve le procédé de mise en abyme qui caractérisait la seconde scène de la *Surprise* italienne, mais avec une signification profondément différente, et cette comédie peut s'apparenter ainsi aux jeux de leurre; tout est joué dès le moment où la Marquise consent, comme dit sa malicieuse soubrette, à « donner un petit coup d'œil sur la glace » :

> Mais, Lisette, je suis donc bien épouvantable? — Extrêmement changée. — Voyons donc, car il faut bien que je me débarrasse de toi. — Ah! je respire, vous voilà sauvée : allons, courage, Madame — Donne le miroir...

Le portrait, cette petite chose peinte qu'on peut tenir entre les mains, offrir, exhiber, dérober est un autre objet d'illusion :

> Je viens de trouver ce petit garçon qui était dans la posture d'un homme qui écrit : il rêvait, secouait la tête, mirait son ouvrage; et j'ai remarqué qu'il y avait auprès de lui une coquille où il y avait du gris, du vert, du jaune, du blanc, et où il trempait sa plume; [...] je me suis approché pour voir son original de lettre; mais voyez le fripon! ce n'était point des mots ni des paroles, c'était un visage qu'il écrivait; et ce visage-là, c'était vous, Seigneur Hermocrate.

Un être, une main, un portrait, un amour : dans la scène la plus bouffonne et la plus poétique de *l'Heureux Stratagème*, tout va se mélanger, dans une merveilleuse équivalence :

> Mon amour ne sait où se mettre, tant il surabonde dans mes paroles, dans mes sentiments, dans ma pensée; il se répand partout, mon âme en régorge. Et tout en parlant ainsi, tantôt il baisait la main qu'il tenait, et tantôt le portrait. Quand la Comtesse retirait la main, il se jetait sur la peinture; quand elle redemandait la peinture, il reprenait la main...

Pour parachever l'illusion les acteurs de ces jeux délurés, virtuoses narcissiques, n'auront plus, croirait-on, qu'à recourir à cette troisième institution sociale si commode : le masque.

> Ceux que vous travestissez prennent le masque que vous leur donnez pour leur visage,

dit-on quelque part dans *la Réunion des Amours.*

Tout change dans les autres types de pièces. Dans les jeux de vérité les portraits équivalent à une mise à nu : qu'on songe aux séances si vives de *l'Île des esclaves* (Cléanthis fait passer à sa maîtresse un bien mauvais quart d'heure!), à la scène d'ouverture du *Jeu de l'amour et du hasard,* nouveau point de départ dramaturgique :

> Fiez-vous y à cette physionomie si douce, si prévenante, qui disparaît un quart d'heure après pour faire place à un visage sombre, brutal, farouche, qui devient l'effroi de toute une maison. Ergaste s'est marié; sa femme, ses enfants, son domestique ne lui connaissent encore que ce visage-là, pendant qu'il promène partout ailleurs cette physionomie si aimable que nous lui voyons, et qui n'est qu'un masque qu'il prend au sortir de chez lui.

Puis, comme par un nouvel approfondissement, dans les « Surprises », l'effroi devant le masque cède la place à une angoisse plus profonde, la peur de se voir arracher son visage. C'est précisément l'épreuve par où doivent passer les Européens dans *l'Île de la Raison* (le supplice de l'auto-critique n'est encore rien à côté de cet effroi), mais on retrouve la même horreur chez Araminte et déjà chez Lucile :

> Si j'étais mariée, ce ne serait plus mon visage; il serait

à mon mari, qui le laisserait là, à qui il ne plairait pas, et qui lui défendrait de plaire à d'autres; j'aimerais autant n'en point avoir.

L'usage des masques varie suivant la même trajectoire, mais renvoie à une expérience plus profonde. D'instant en instant, les héros des « Surprises de l'amour » portent des masques impondérables, mobiles et charmants. C'est grâce à l'existence de ces masques qu'on peut envisager les êtres humains comme « porteurs de visage ». Le théâtre de Marivaux nourrit ce qu'on pourrait appeler un rêve de l'impossible : on croit entrevoir une authenticité de l'être qui se trouverait au-delà de ses luttes, de toutes ses manifestations successives, senties comme relativement dérisoires; une présence émouvante marque les dérobades les plus subtiles, l'innocence perce à travers les mensonges. La notion magique sous-jacente, c'est qu'il y a une vérité intérieure, un visage de l'être qui affleure au travers de ses masques, et ce théâtre, détecteur ultra-sensible, fonctionne comme une machine à révéler les êtres. Jamais on ne pourra voir une âme « au visage », mais le poète nous fait rêver à ses héros comme à de pures figures, sinon de parfaits modèles; un mythe poétique naît du rêve pastoral : deux êtres se donnent l'un à l'autre dans l'échange de leur regard.

Dans les pièces du leurre, comme il est facile de se masquer! Des virtuoses sans fond caressent leur regard dans un miroir, échangent de petits portraits, illusoires comme le « petit Cupidon ». Mais ce sont des comédies de Marivaux : le masque n'est pas réduit au rôle dérisoire qu'on pouvait être tenté de lui attribuer. Comme l'a bien montré René Pomeau, le masque qu'on choisit ressemble sans doute secrètement à ce qu'on est; mais en se masquant on se découvre des possibilités insoupçonnées : enivrante liberté individuelle! Ici l'être qui se travestit libère enfin l'audacieux qu'il recélait; comme l'Indigent devant la glace :

Il n'y avait pas l'ombre de prudence dans ce visage-là, pas un trait qui fît espérer qu'il y en aurait un jour...,

Il découvre en lui un libertin, un étranger, un fou et saute brusquement hors de tout conditionnement : ainsi apparaît et agit Silvia « aventurière ». Dans ces pièces qui dans le théâtre de Marivaux constituent un cycle rococo, on échappe par là au beau labyrinthe qu'est le jeu rococo.

Dans les jeux sages, au contraire, la scène devient le lieu d'une expérience irréalisable. On ne parvient pas à se masquer, car on ne peut pas changer : on ne fait qu'échanger pour un temps des habits et des robes. Mais cette expérience projette sur ces rôles une lumière crue, suivant la fonction profonde de cette forme de comédie que nous ne dirons « sage » qu'entre guillemets. A l'origine, une idée radicale qui relègue parmi les vieilleries le thème du monde renversé (dans le Théâtre de la Foire il servait tout au plus de prétexte à satire : on nous montrait les petits-maîtres modestes, les procureurs désintéressés, etc.) : l'interversion de la position des maîtres et des valets définis avec une implacable logique, suivant l'esprit de la société du temps, comme des *esclaves;* la possibilité pour les femmes d'accéder à tous les droits dont jouissent les hommes *(la Nouvelle Colonie);* l'idée folle du mariage d'une jeune fille du « monde » avec un laquais *(le Jeu).* Les révolutions ne sont pas pour aujourd'hui, ni peut-être pour demain, le poète le sait parfaitement. On va donc se livrer à une saturnale, comme disait à peu près le marquis d'Argenson. Disons plutôt, en termes actuels, qu'on va réaliser sur la scène un grand jeu : la Révolution, ou bien encore un meeting de femmes. Spectacle comique ! Il serait facile de juger ces pièces profondément conservatrices, puisque nous assistons à une progression en trois temps : 1) les esclaves refusent d'obéir (saisissante décision) et jugent leurs maîtres; 2) les esclaves essaient d'entrer dans le rôle des maîtres (nous dirions aujourd'hui que c'est sans doute leur erreur!), ils n'y parviennent pas; 3) les esclaves et les maîtres se comprennent. Mais qu'on *vive* seulement chacun de ces moments : jusqu'à l'attendrissante réintégration finale, elle-même parfaitement irréelle et sentie par le poète comme telle, il n'en est pas un qui ne puisse nous faire éprouver le frisson de la vérité.

Enfin dans les jeux fous, comme on le voit plus particulièrement dans *l'Ile de la Raison* et dans *les Fausses Confidences,* on assiste en même temps à la destruction du masque et du visage. Avant de se trouver (ou de se choisir)

Araminte doit devenir un être sans visage. Au début nous avions l'impression de bien la connaître et de lire dans son âme. Mais contre cette femme charmante, sereine, exempte de préjugés, *naturelle,* Marivaux organise une agression impitoyable. Bientôt l'intérêt qu'elle éprouve pour Dorante commence à la gêner. Ce qui nous apparaissait comme son visage n'est plus que le masque derrière lequel elle tente de s'abriter. A grands renforts d'attitudes railleuses ou évasives elle durcit ce masque dans une lutte de plus en plus désespérée. Alors se montre ce qu'on pourrait appeler le visage secret d'Araminte. Un visage cruel. Que de traits furtifs où elle n'est plus, serait-on tenté de dire, comme Hermione ou Roxane, qu'un être de proie! Mais cette cruauté n'est rien encore à côté de l'avidité de son cœur, de cette quête forcenée de la satisfaction qui est devenu son mobile profond. On chantait dans le divertissement de *l'Amour et la Vérité :*

> Vous ne connaissez pas son cœur;
> Il prend un masque qui le gêne;
> Son visage, c'est la douceur...

Féroce euphémisme! Dans cette cruauté et cette douceur ne s'exprime plus qu'un certain génie de l'espèce. Dorante se révèle dans le plaisir qu'elle éprouve auprès de lui, et quand il « avoue », c'est un instant d'extase où ils n'ont plus d'identité : expérience du *plaisir partagé* (thème important chez Marivaux, mais souvent méconnu). Plus tard, viendra la Rencontre : ils se regarderont en face et donneront un sens à leur aventure. L'amour s'affirme dans ce moment d'acceptation lucide, dans l'engagement commun qui en naît aussitôt : Araminte se résout à braver cette société hypocrite où elle se sentait si bien, et son courage authentifie enfin le visage que nous étions dès l'abord tentés de lui attribuer. Mais pour se révéler, il lui a fallu vivre dans toute son intensité l'épreuve de la dépersonnalisation. De forme en forme la comédie de Marivaux retrace une recherche toujours plus profonde : c'est toujours l'histoire de la conquête de la liberté. Conquête de plus en plus difficile, coûteuse, mais, par là même, de plus en plus exaltante.

L'hybridation des formes

Ne nous imaginons pas que nous pourrons investir si rapidement les différentes formes dramatiques inventées par Marivaux. Répétons plutôt que chacune a ses caractères et ses vertus. Il serait passionnant de voir par exemple ce que les scènes de *jeu dans le jeu* deviennent dans chaque type de pièce : dans un jeu de vérité comme *l'Ile des esclaves*, un jeu de leurre comme *l'Héritier de village*, enfin dans une Surprise comme *les Acteurs de bonne foi*. Mais les mêmes clivages se retrouvent à d'autres niveaux, et suivant l'esprit de chaque forme, le même fantasme donne lieu à des effets comiques particuliers. Ainsi les jeux de leurre exploitent à fond le motif triomphal des *épousailles insolites* : à la fin du *Triomphe de l'amour*, hantée par un beau jeune homme, Léontine, digne sœur du philosophe Hermocrate, rencontre cet homme austère :

> Pour moi, c'est Phocion que j'épouse. — Phocion! — Oui, Phocion. — Qui donc? Celui qui est venu nous trouver ici, celui pour lequel vous me parliez tantôt? — Je n'en connais point d'autre. — Mais attendez donc, je l'épouse aussi, moi, et nous ne pourrons pas l'épouser tous les deux. — Vous l'épousez, dites-vous? Vous n'y rêvez pas?

Dans les Surprises éclatent irrésistiblement des *révélations incongrues*. Et déjà dans *le Père prudent et équitable*, comédie de collégien : la scène se déroule dans une bonne maison bourgeoise; un prétendant vient contempler une jeune fille très bien élevée, avant d'en prendre possession pour toujours. Mais voici que le doux objet se met à faire l'article de ses charmes :

> Est-il vrai, trouvez-vous que je sois bien aimable? [...]
> En gros je suis parfaite, et charmante en détail. [...]
> Gageons que votre cœur ne tient pas d'un filet?
> Fripon, vous soupirez, avouez-le tout net.

Cet « égarement » croît d'un moment à l'autre, et bientôt elle va se jeter au cou du malheureux prétendant. C'en sera vite assez pour jeter un froid sur la conversation!

Cependant le poète ne craint pas d'hybrider les formes; et c'est une façon comme une autre de corser le jeu. Ainsi *la Dispute* se rattache à la fois à sa première et à sa dernière manière; à divers titres *les Serments indiscrets* pourraient être rangés parmi les jeux fous; la seconde *Surprise* et *les Fausses Confidences* sont à la fois des « Surprises de l'amour », des jeux de leurre (autour d'Araminte se tisse un piège prodigieux : Dubois, Monsieur Remy, Arlequin, Marton, Madame Argante, le Comte, tous lui renvoient l'image de Dorante : « Dans tout ce qui s'est passé chez vous, avouera-t-il, il n'y a rien de vrai que ma passion... »), et pour finir, des Surprises au sens que nous avons donné à ce mot (quand la Marquise et le Chevalier se trompent sur la nature de leurs sentiments, quelle montée de sève, quelle métamorphose!). C'est même un procédé favori de Marivaux que de faire éclater des surprises dans des pièces qui se présentaient d'abord comme des jeux de leurre : témoins *la Réunion des Amours* où Cupidon est bien près de nous révéler la Vertu sous un étrange jour; *les Acteurs de bonne foi* dont on méconnaît certains des aspects les plus hardis quand on y réduit la signification du jeu théâtral au mot fameux de Blaise : « Ils font semblant de faire semblant »; la petite « comédie des erreurs » qu'est *l'École des mères,* cette folie d'une nuit d'été où il était dit que le grave M. Damis serait pris pour Angélique, charmante ingénue, par les deux êtres qui auraient dû le moins s'y tromper : sa mère et son amoureux. C'est en tenant dans le noir la main de M. Damis que celui-ci jure à la jeune fille, par sa « main adorable », « un amour éternel » : belle preuve d'amour, troublantes fioritures. Mais *l'Heureux Stratagème* est le chef-d'œuvre du genre : au premier acte, dans un joyeux jeu de leurre s'ébattent une Comtesse et un merveilleux Chevalier gascon. Mais quelle surprise, bientôt, que le cœur de la Comtesse! Il faut voir et entendre alors le pauvre Chevalier, il en est tout pantois :

> Qué répondre à cé cœur de femme [...] Je démeure muet : jé sens qué jé périclite. Cette femme est plus femme qu'une autre.

En fait, à partir de 1732 la Surprise devient la maîtresse forme de ce théâtre, parce qu'elle est la plus vive, la plus jaillissante, mais sans doute aussi parce qu'elle se prête tout particulièrement à la virtuosité dramatique. Les Surprises tendent à être des *Dénouements imprévus* : la « petite pièce » qui porte ce titre, avec ses effets de boomerang (Mlle Argante se révèle et triomphe en usant et abusant de ses privilèges de « petite fille », puis, comme par un comble de malice, elle s'avise brusquement qu'elle a triomphé pour rien), *l'Ile de la Raison*, pièce-gigogne, avec sa construction en double ou triple détente (la stupeur initiale, la suite des métamorphoses, l'immense surprise qu'est la fête finale), et bientôt *le Triomphe de Plutus,* où l'on assiste à un énorme bluff : le bluff du joueur qui annoncerait tous ses coups (M. Richard ne déçoit jamais personne); la surprise de l'absence de toute surprise. Encore quelques années, et ce seront cette petite comédie pure : *la Méprise* (la bien-aimée se démasque : oh! surprise, elle est... une autre : « Que vois-je? Je ne vous connais point [...] C'est pourtant le même habit à qui j'ai parlé, mais ce n'est point la même tête »); cette étrange machinerie : *la Mère confidente,* où une femme veut être à la fois la mère et l'amie, la confidente de sa fille, c'est-à-dire tenir un double emploi. Généreuse illusion! C'est tantôt à la mère, tantôt à l'amie qu'Angélique aura affaire; sur ces relations équivoques se fonde toute la saveur dramatique de la pièce : comme les héroïnes sont toutes deux très sensibles, elles ne feront que se surprendre de réactions en réactions, chacune pourra voir l'autre comme une girouette. La Surprise perd ainsi sa signification profonde; elle était révélation, elle tend désormais à se réduire à un artifice dramatique : le changement à vue. Sur cette ligne, *l'Épreuve,* fausse Surprise comme *le Triomphe de Plutus,* représentera l'ultime tentation d'un virtuose, mais on n'ira pas jusqu'à dire qu'avec la mentalité d'un propriétaire Lucidor se contente de procéder, en toute sécurité, à une cruelle *vérification.*

Conçu dès 1732, joué enfin et accueilli tumultueusement en novembre 1734, *le Petit-Maître corrigé,* qui s'apparente aux jeux de vérité, ne nous apparaît pas comme une pièce bien hardie : nous n'assistons qu'à la rééducation d'un jeune prétentieux maté par une sage petite provinciale. Mais peut-être devrions-nous penser qu'une bonne partie du public de la Comédie-Française, ce soir-là, ressemblait au « petit-maître ». Pour la dernière fois avant *les Fausses Confidences* où il concentrera toutes ses forces, le dramaturge utilise le théâtre pour tenir une gageure, réaliser et nous faire admettre une expérience qui dans la vie quotidienne serait pratiquement impossible. Désormais, au lieu d'imposer sur la scène un rêve, comique ou ravissant, il accepte tranquillement la société telle qu'elle est, sans se priver, bien entendu, du plaisir de la dépeindre avec acuité : pour un peu ses comédies feraient penser à des « tranches de vie » ! La brutale cassure de 1724 mettait fin à une longue période de dilettantisme et marquait le véritable acte de naissance de Marivaux comme dramaturge. Le second renversement qui a affecté son théâtre s'est produit presque insensiblement entre 1732 et 1736, alors qu'il revenait irrésistiblement au roman : de la part d'un poète chez qui le démon du théâtre s'est si longtemps confondu avec le refus d'accepter « le monde, comme il va », il pourrait être interprété comme un début de renonciation.

Si savoureuse qu'elle soit, la comédie de mœurs témoigne chez Marivaux d'un certain affadissement de l'inspiration dramatique, mais apparaît comme le produit d'une phase de transition. La ligne pure des *Sincères,* le rayonnement cristallin de *la Dispute,* nouvelle « géométrie sentimentale », suffiraient à prouver que le poète n'a rien perdu de sa force créatrice. Il ne renonce pas à agir sur les hommes, mais se contente désormais d'une animation quasi imperceptible, d'une chiquenaude...

Les malices du langage

La manière qu'il inaugure avec *le Legs* est le fruit d'une radicale décantation. Cheminement créateur (dans les « Surprises de l'amour »), parfait miroir (dans les jeux de vérité), instrument totalement maîtrisé (dans les jeux de leurre), ou bien encore dynamite (dans les Surprises), le langage apparaissait en dernière analyse comme le signe même du génie humain, toujours supérieur à ses propres ressources. Or on assiste désormais à ce qu'on pourrait appeler la parodie du marivaudage : ses petites pièces sont des variations malicieuses sur les pouvoirs du langage. On s'y élance (comme dans *les Sincères*) ou bien on s'y empêtre, on s'y embrouille, on s'y compromet. Ainsi *la Joie imprévue* est une surprise inversée où le dramaturge ne cherche qu'à se donner de bons moments aux dépens de ses héros; sans jamais rien comprendre à ce qui leur arrive, ils ne cessent de démontrer la vérité des mots d'oracle qu'on a posés au début : paroles gelées, vraiment gelées! On se prend aux mots, on s'y égare. Pour le pauvre Marquis du *Legs* les mots sont des sables mouvants :

> Parlez, Marquis, parlez, tout ira bien [...]. Je ne suis pas une âme sauvage — Ce serait bien dommage... Vous avez la plus belle santé!

Et la conversation dévie sur l'air de la campagne et l'air de la ville, la pluie et le beau temps. La Comtesse finit par le rappeler à son sujet : « C'est moi que vous aimez... ». Hélas, c'est peine perdue : « Hé bien, oui, quand ce serait vous, il n'est pas nécessaire de se fâcher [...]. Calmez-vous; prenez que je n'aie rien dit... ». Pour que tout s'arrange, il faudra que la bonne Comtesse fasse elle-même les demandes et les réponses : dénouement providentiel! Ici les mots ne sont jamais efficaces qu'à contre-temps : pour rendre compte du *Legs,* comédie du langage, il faudrait les suivre longuement dans leurs folles arabesques. Ailleurs, un mot de trop, et le feu prend. Un mot de trop, et c'en est fini du plus beau meeting du monde, et du mouvement de libération féminine. Quelques potins d'une charmante commère, et de proche en proche c'est la guerre chez les petits-bourgeois : *Pot-Bouille* ou *le Nœud de vipères!* Pièces des malices du langage qui fait des hommes de « petits hommes »; jeux purs, ou presque; théâtre raréfié. Le poète est alors une sorte d'humoriste suprême.

Dira-t-on que le dernier mot de ce théâtre, c'est le nihilisme? Mais avec sa dernière manière Marivaux n'a pas dit encore son dernier mot. Académicien, détaché de tout souci de carrière, il n'a pas pu s'empêcher de revenir à ses formes préférées : ce n'est sans doute pas tout à fait par hasard qu'il nous a laissé un dernier jeu de leurre *(la Provinciale)*, une nouvelle Surprise *(les Acteurs de bonne foi)*, et encore des Rencontres : une rencontre « noble et sentimentale » *(la Femme fidèle)*, une rencontre juvénile, édénique *(la Dispute)*. Mais dans les pièces des malices du langage ne retrouve-t-on pas tout un humanisme au second degré ? on peut vouloir arracher Marivaux à une banale image de marque sans confondre humour et ironie, goûter l'esprit de jeu qui l'anime sans mettre en doute l'unité de sa vision du monde. Trente-six pièces, ou trente-sept, une seule philosophie.

Pièces de la Rencontre	« Surprises de l'amour »	Jeux de leurre ou jeux délurés	Moments de vérité ou jeux sages	Surprises ou jeux fous	Jeux de leurre transformés en surprises	Surprises sophistiquées (fausses surprises)	Malices du langage
Arlequin poli par l'amour (octobre 1720) *la Double Inconstance* (avril 1723) *le Prince travesti* (février 1724)	*la Surprise de l'amour* (mai 1722)			*le Père prudent et équitable* (1712) *l'Amour et la Vérité* (1720)			
		la Fausse Suivante (juillet 1724) *l'Héritier de village* (août 1725)	*l'Île des esclaves* (mars 1725)	*le Dénouement imprévu* (décembre 1724)			
	la Seconde Surprise de l'amour (décembre 1727)			*l'Île de la Raison* (septembre 1727)		*le Triomphe de Plutus* (avril 1728)	
		la Réunion des Amours (novembre 1731) *le Triomphe de l'Amour*	*la Nouvelle Colonie* (juin 1729) *le Jeu de l'amour et du hasard* (janvier 1730)				

				l'École des mères (juillet 1732)	*l'Heureux Stratagème* (juin 1733)	*le Legs* (juin 1736)
			le Petit-Maître corrigé (novembre 1734)	*la Méprise* (août 1734)		*la Joie imprévue* (juillet 1738)
				la Mère confidente (mai 1735)		*les Sincères* (janvier 1739)
						la Commère (1741)
					l'Épreuve (novembre 1740)	
les Serments indiscrets (juin 1732)					*les Fausses Confidences* (mars 1737)	*le Préjugé vaincu* (août 1746)
les Fausses Confidences (mars 1737)						
la Dispute (octobre 1744)		*la Provinciale* (1761)	*la Colonie* (1750) *Félicie* (1757)		*les Acteurs de bonne foi* (1757)	
la Femme fidèle (1755)						

	Rencontres et « Surprises de l'amour »	Jeux de leurre ou jeux délurés	Moments de vérité ou jeux sages	Surprises ou jeux fous
Conception de la société	Emprise grandissante	Grand jeu d'apparences, mascarade universelle	Société d'ordre, régie par des règles strictes	Milieu contraignant qui conditionne les individus
Type de scène privilégiée	La rencontre décisive	L'exercice de traduction	Le renversement des rôles	Le jaillissement incongru
Type de fantaisie triomphale	Épanouissement	Contagion	Inhibition vaincue	Essor irrésistible
Rapports du masque et du visage	Le visage affleure sous le masque	Le masque libère des possibilités insoupçonnées	On ne peut pas réussir à se masquer	Destruction simultanée du masque et du visage
Mise en valeur des contradictions du langage	Le langage comme expression de la personnalité	Le langage comme extrême commodité (belle arme pour adultes civilisés)	Le langage comme miroir (niveaux de langage, expression d'une hiérarchie)	Le langage comme réalité solide : système
	Le langage comme trahison	Le langage comme dissolution (tout devient langage: et qui parle?)	Le langage comme machine qui tourne à vide	Subversion du code, éclatement du système

5

Les acteurs de bonne foi

La réputation de Marivaux s'est établie au XIXe siècle quand on a cru choisir pour toujours parmi ses pièces. Pendant plus de cent ans elle a été marquée par un goût bourgeois. On l'a dépeint comme un psychologue patient et un peu lourd, savant organisateur de mariages, assez bon maquignon de choses humaines : il s'y connaît en marchandages, disait Lanson. Mais peut-on l'aimer aujourd'hui, a-t-on jamais pu le découvrir, sans voir en lui un poète? Aujourd'hui nous sommes libres. Il y a le poète de l'*honnêteté* (disons, pour abréger, l'auteur des *Fausses Confidences*), celui dont Giraudoux a si bien parlé : il serait un peu nigaud de méconnaître ce sens des choses du cœur, cette exactitude de la mise en place, ce tact que certains ont pris pour de la retenue ou de la médiocrité. Il y a l'humoriste, le maître des constructions pirandelliennes, qui crée son œuvre en se jouant et voit les hommes comme de « petits hommes ». Il a le secret des mots ambigus et des scènes inquiétantes : « J'attendrai, Monsieur Merlin; faites vite » (*les Acteurs de bonne foi*, scène 4); « Il ne s'en fallait que d'un mot quand vous m'avez interrompue... » (*l'Île des esclaves*, scène 6). Il y a celui qu'en général on aime d'abord, que des adolescents découvrent à l'âge où tout est encore possible, qu'on se plaît à comparer à Watteau et qu'on dit trop facilement « préromantique » : on pourrait tout aussi bien citer Nerval en évoquant l'atmosphère d'*Arlequin poli par l'amour* ou de *la Double Inconstance*. Il y a encore celui qui justement donne de Watteau des interprétations si cordiales, si joviales, le poète comique du *Triomphe de l'Amour* ou de *l'Heureux Stratagème* : ses contemporains ont su l'aimer. Ce qui est certain, c'est que Marivaux n'est pas le chargé de pouvoir d'une société élégante et futile (Watteau même ne l'est pas), le peintre, naïf ou extasié, d'aristocrates décadents qui se donneraient enfin une existence en tourmentant autrui; pas davantage un moraliste désabusé dont l'activité dramatique ne serait qu'une façon d'accepter « l'écume des jours » : il est poète d'abord, et tout le reste lui est donné par surcroît.

Gravité de l'enjeu

Bien entendu, il faut d'abord écarter les clichés les plus ruineux. On se rapprochera peu à peu de Marivaux en suivant un mot de Claude Roy :

> Ce théâtre qui se donne les apparences de la futilité et du caprice, du badinage élégant et du sourire à fleur d'âme, est en réalité un théâtre grave et souvent cruel.

Dans ces « dissertations tendrement épigrammatiques », l'analyse psychologique serait l'enjeu d'une surenchère infinie; dans ce théâtre « métaphysique », il ne s'agirait que d'amour, et l'on s'y décide toujours si tard à employer le mot! Pourquoi tant de chicanes et de détours et de petits sentiers, ce jeu de cache-cache qui ne trompe personne, ce déchiffrement si pointilleux, pour parvenir toujours au même résultat? Tel est le sens de la fameuse réaction de Voltaire (du Voltaire d'avant l'*Ingénu*) : Marivaux pèse des œufs de mouche dans des balances de toile d'araignée. Décidément Chamfort a plus vite traité le sujet lorsqu'il a défini l'amour comme « le contact de deux épidermes et l'échange de deux fantaisies »! « Allons, taupe, ma mie », droit au fait « et point de verbiage ». Ces héros de salons ont une si bonne mine, des manières si polies, tant de tenue et de temps devant eux! Ils échangent de fines égratignures et d'aimables propos : monde de soie, parade de mots; spectacles pour « femmelettes », selon Jean-Baptiste Say (dans *la Décade,* en 1794) : académie du flirt, théâtre de la conversation. — Mais dans un climat de « fêtes galantes », tout s'anime au souffle léger du jeu.

*Vous comptez donc l'emporter? — Écoutez, je jouerais
à plus beau jeu que vous. (l'Heureux Stratagème)*

L'amour inspire de piquantes initiatives : on utilise toutes
sortes de déguisements, on change de nom, de sexe et
même de condition! On cligne de l'œil, on « lorgne », on
se sourit et l'on gambade. On s'éprend, on se pique, on se
quitte. On virevolte.

> Trompeurs exquis et coquettes charmantes,
> Cœurs tendres, mais affranchis du serment.

On sourit, et l'âme est touchée. A la sortie de la Comédie
Française Marivaux voit les femmes se battre en l'honneur
de leur beauté; un passage du *Spectateur* évoque ces escar-
mouches muettes : « L'âme souffrait ». Dans un certain sourire pourrait tenir l'essence de son théâtre (une sensibilité,
une esthétique et une morale) : l'âme affleure dans un sourire
léger, léger, impondérablement ému. Qu'importe si elle ne
fait qu'apparaître?

Le cœur est un créateur infatigable d'« impressions ».
Le poète cherche à capter son langage : il saisit ses élans
dans ses prétextes, ses provocations et ses dérobades, ces
jeux et ces passes où l'orgueil se mêle à l'ingénuité, la ruse
à la tendresse et la révolte à la docilité. Suivant l'abbé Trublet, il avait lui-même « l'amour-propre en [pointe de] canif »;
l'extrême sensibilité de ses héros donne à ses pièces leur
dynamisme et leur ductilité : dans leurs émois, leurs soupirs
et leurs gestes, ils demeurent disponibles. La matière de ce
théâtre, ce sont ces étonnements, ces curiosités, ces instants
d'hésitation, tous ces états presque imperceptibles d'exal-
tation ou d'exaspération où un être peut se trouver hors de
lui-même, dans une perpétuelle mobilité. Précis et fragile, le
texte n'est qu'une immense allusion, il fonde la création poétique qui pourra suivre : la représentation. Théâtre de l'existence, de la présence. Le « sourire à fleur d'âme » était encore
une apparence. « Celui qui sourit se prête », disait Gide. Le
tort le plus insidieux qu'on puisse faire à Marivaux, ce serait
de l'enfermer dans un certain rythme d'*andante* ou d'*allegro
ma non troppo*, une psychologie des nuances qui ne serait

qu'un art de miniaturiste, bref de le situer quelque part dans ce climat moyen, sur l'un de ces « coteaux modérés », auxquels les critiques d'Action Française prétendaient ramener notre littérature de bonne tradition.

Ses héros peuvent bien d'abord se croire en vacances, et nous avec eux : leurs affres et leurs joies n'ont pas grand'chose à voir avec les soucis ou les menus plaisirs des mondains de l'époque. Ses intrigues, admirablement stylisées, peuvent bien s'épanouir en fêtes : il ne serait pas Marivaux s'il s'était borné à peindre une certaine jeunesse dorée, ou bien à célébrer avec ravissement une éternelle « classe de loisir ». Rappelons ce mot de la Silvia du *Jeu :*

> Je frissonne encore de ce que je lui ai entendu dire; avec quelle impudence les domestiques ne nous traitent-ils pas dans leur esprit! Comme ces gens-là vous dégradent!

Contentons-nous de citer ensuite sans commentaires cette réplique du *Legs,* retranchée dans certaines éditions :

> Cette prudence ne vous rit pas, elle vous répugne; votre belle âme de comtesse s'en scandalise; mais tout le monde n'est pas comtesse; c'est une pensée de soubrette que je rapporte. Il faut excuser la servitude. Se fâche-t-on de ce qu'une fourmi rampe? La médiocrité de l'état fait que les pensées sont médiocres.

Connaît-on beaucoup de sarcasmes plus riches de sens que les variations sur le mot d'« honnête homme » qui courent de *la Double Inconstance* à *l'Héritier de village,* d'analyses plus saisissantes d'une mentalité, dira-t-on raciste?, que le portrait de Mme Argante dans *les Fausses Confidences?* Elle ne fonde pas sur des théories ses répulsions, sa haine et son aveuglement, mais écoutons-la seulement quelques secondes :

> Ceci n'est pas matière à plaisanter, ma fille. Il n'est pas question de votre Monsieur Remy; laissons là ce bonhomme, et traitons la chose un peu plus sérieusement. Vos gens ne vous font pas peindre, vos gens ne se

mettent point à contempler vos portraits, vos gens n'ont point l'air galant, la mine doucereuse.

On parle encore parfois de la futilité de ce théâtre sans se soucier de la gravité des problèmes qu'il soulève : dans ces scènes rêvées la vraie vie est partout présente, et la société du temps avec ses injustices, l'inégalité sociale, les préjugés de classe, le pouvoir magique de l'argent (et, pour ne citer qu'un exemple, on devrait prendre garde à la date du *Triomphe de Plutus* : un an et demi plus tôt, par le bail Carlier, Fleury venait d'assurer la fortune des fermiers généraux), la condition faite à la femme, la perversion des rapports familiaux (de *l'École des mères* à la *Femme fidèle,* quelle galerie de mères abusives!).

On n'a certainement pas mesuré encore toute la portée de ses *Iles.* Ce ne sont pas des « bergeries révolutionnaires » ou de naïves utopies où l'on nous présenterait béatement un nouveau modèle de société; encore moins des apologues conservateurs, comme on l'a cru parfois en se méprenant sur la portée de certains dénouements : qu'on s'efforce seulement d'écouter Cléanthis et Arlequin lorsqu'ils consentent à reprendre leur ancienne condition! Comme comédies ou psychodrames sociaux, ces pièces nous tiennent bien un discours « réactionnaire » (qui d'ailleurs demeure très instructif) : pour notre plus grande joie, les esclaves devenus maîtres commettent l'erreur de vouloir entrer dans ce rôle; le mouvement de libération des femmes échoue piteusement : pendant qu'un représentant du sexe oppresseur, le doux Pèrsinet, vrai héros de Labiche, suit partout sa bien-aimée comme un petit chien fidèle, le beau meeting qui devait consacrer leur unanimité dégénère, gâté par des antagonismes de classe. Mais comme jeux théâtraux ces *Iles* sont d'une extrême hardiesse. Marivaux sait fort bien que ses Révolutions ne sont pas pour demain, il n'est pas assez naïf pour croire qu'il va si facilement convertir son public ou réconcilier dans un spectacle édifiant la société de son temps : il crée de grands moments de théâtre (la mise à nu des maîtres, l'autocritique forcée du Courtisan, ou l'admirable défoulement — la prise de parole — que permet aux femmes leur meeting), moments indépassables dont on

133

oubliera difficilement l'éclair ou le frisson. Enfin les esclaves *se font entendre,* ou des hommes *deviennent* hommes, comme il est dit dans *l'Ile de la Raison :* on appellera donc ces pièces utopiques, si l'on n'entend pas par utopie quelque construction imaginaire, mais une exigence éthique : comment enfin vivre humainement? Bien au-delà des revendications précises ou des projets de réforme qu'on reproche parfois à Marivaux de ne pas avoir formulés, il y a cette revendication fondamentale de dignité qu'on retrouve dans tout son théâtre, cette capacité de percevoir des drames, actuels ou latents, derrière le train-train quotidien d'un ordre social contraignant et accepté, ce besoin de faire entrevoir ce que pourraient être de véritables rapports humains.

Dans les intrigues amoureuses aussi l'enjeu est grave, puisqu'il s'agit de naître à la vie.

> Sans le plaisir d'être charmé
> D'un aimable objet qu'on adore,
> S'apercevrait-on d'être né?

Mais pour naître à la vraie vie, s'ouvrir aux autres et à soi-même, il faut passer par la souffrance. Les héros de Marivaux ne sont pas des êtres évanescents, de beaux indifférents qui n'existeraient que dans l'instant, en se livrant avec délice à l'instant qui vient : ils souffrent parce qu'ils ont une histoire. La souffrance est étroitement liée au rêve personnel de chacun. Elle s'exprime par un silence enfin rompu, dont elle nous permet de juger, ou de sentir, la qualité : il est des silences comme « des repos de toutes les couleurs » (on nous le dit dans *la Fausse Suivante*), et toutes sortes de manifestations de la souffrance, du cri de révolte à la résignation, en passant par la réserve défiante, le silence glacé, l'incertitude vague, toutes sortes d'attitudes évasives (les sourires railleurs d'Araminte, la vaine volubilité d'Hortense ou de Silvia) : pauvres camouflages, œuvres du désarroi, ultimes sursauts de défense au seuil du désespoir. L'amour prélude par un soupir (besoin de respirer, douleur imperceptible), il exige la destruction des barrières de l'amour-propre et se forge dans l'épreuve : la charité du poète comique, c'est de faire souffrir ses personnages pour les faire vivre enfin. Dans *la Surprise de l'amour*, Colombine vend la mèche lorsqu'elle se confie à Lélio :

> Que signifie cela? — Rien, sinon que je vous ai donné la question, et que vous avez jasé dans vos souffrances [...]. Tenez-vous gai, l'homme indifférent, tout ira bien.

Ainsi s'explique dans ce théâtre la fréquence du motif de l'égarement : dans *le Prince travesti*, la seconde *Surprise*, *le Jeu*, *la Mère confidente*, etc., traversée par le regard d'autrui, l'héroïne finit par s'écrier : « Je ne sais où je suis ». C'est la crise décisive de l'amour-propre, ultime réaction de mauvaise foi : on cherche éperdument à se cacher qu'on est profondément atteint, on se prétend donc, on se croit égaré. Il est bien d'autres moments de crise bénéfiques : moment de l'autocritique (*l'Île de la Raison* montre tout ce que peut en tirer le poète), violence salutaire (« Vois l'extrémité où je suis réduite », dit Euphrosine dans *l'Île des esclaves,* et c'est un mot de tragédie grecque), aveux libérateurs (« Tu me donnes la mort, Dorante, dit Rosimond à la fin du *Petit-Maître corrigé*, mais je ne mérite pas de vivre et je te pardonne » : encore un mensonge héroïque? le voilà libéré, selon lui-même). Mais, toute pénétrée d'humanité, la souffrance peut avoir par elle-même des vertus : fascinante mélancolie d'Hortense et de Lélio, du Prince de *la Double Inconstance*, de Dorante dans *la Mère confidente*, souffrance-exorcisme dans *l'Île des esclaves,* ultime moyen de défense dans *la Femme fidèle* (la Marquise échappe à sa solitude et aux entreprises de sa famille en se retrempant dans sa douleur); elle est toute baignée d'humour dans les mots les plus caractéristiques du *Prince travesti* ou de *la Double Inconstance* :

> Nous souffrirons peut-être un peu, voilà tout.

« Le sublime, a écrit Freud, tient évidemment au triomphe du narcissisme, à l'invulnérabilité du moi qui s'affirme victorieusement ». Étrange et rayonnant milieu humain...

Chez tous ces êtres il serait facile de déceler un besoin vital de se reconnaître dans l'acquiescement d'autrui : on a peur de son refus et l'on a peur de se donner, on se défie des sentiments de *l'autre,* et l'on recherche de toutes ses forces une certitude. Il s'agit de pousser à bout son partenaire, de faire tomber ses masques, pour se trouver ou se retrouver soi-même : il arrive donc, comme dans *les Fausses Confidences,* qu'on fouaille l'âme dans ce qu'elle a de plus intime, qu'on la froisse sans ménagement. Acquérir une certitude au détriment d'autrui, ce pourrait être un début de définition de l'érotisme ou du sadisme, mais s'il est certain que le poète se délivre dans ses pièces de ses plus troubles fantasmes, ce n'est pas le plaisir de faire du mal qui règne dans ce théâtre. On a pu parler à juste titre du besoin presque obsessionnel de vérité qui anime les héros de Marivaux : c'est aussi et surtout une vigoureuse et saine exigence. Il y a les personnages qui font trois petits tours et puis s'en vont sans qu'on ait eu le temps de songer qu'ils peuvent souffrir, l'inconscience pirandellienne des obstinés qui s'enferment dans « leur » vérité (Frédéric dans *le Prince travesti,* le Poète et le Philosophe de *l'Île de la Raison);* les amoureux frustrés, victimes d'un « enchantement », d'un « songe », d'une folle illusion : la Comtesse de *la Fausse Suivante,* Hermocrate, Léontine, Dorimène ou la pauvre Marton. Il en est qui restent sur leur souffrance. Mais ce théâtre n'est pas un paradis artificiel, et même ici l'épreuve garde une portée salutaire : à la fin des *Fausses Confidences,* Marton se retrouve; elle est au seuil de la vie, enfin lucide et généreuse, capable de rêver.

Participation esthétique

Il serait temps d'ajouter que Marivaux nous fait entrer dans la compréhension de ses comédies suivant une perspective esthétique. Le dramaturge fait de nous ses complices : d'emblée nous connaissons les projets de ses meneurs de jeu et les mobiles de ses héros. Même s'il s'amuse parfois à tromper notre attente, chacune de ses intrigues apparaît comme une vérification de plus en plus lumineuse. Rigueur inhumaine, théâtre desséché du déterminisme psychologique? Mais quand se déclenchent les réactions que nous pouvions guetter, elles nous donnent des surprises : « la nature prête ». De quelles illusions, de quelle charmante rouerie se colorent ou se parent les mobiles les plus élémentaires! Le poète se soucie peu d'éplucher curieusement les petits ressorts et les menues déterminations; ce qui l'intéresse, c'est de jouer avec des *différences* et de nous faire savourer l'énormité de ces détails et de ces nuances : avec de la psychologie, il fait de la poésie comique. Arlequin se désolait d'être séparé de sa bien-aimée. Voici une amie :

> Ma chère Flaminia, à présent parlons de Silvia à notre aise; quand je ne la vois point, il n'y a qu'avec vous que je m'en passe.
>
> [...] Par la mardi, je voudrais n'être plus affligé, quand ce ne serait que pour l'amour du souci que cela vous donne; mais cela viendra.
>
> [...] Pauvre fille! il est fâcheux que j'aime Silvia, sans cela je vous donnerais de bon cœur la ressemblance de votre amant. C'était donc un joli garçon?
>
> [...] Je n'ai vu personne répondre si doucement que vous, votre amitié se met partout; je n'aurais jamais cru être si joli que vous le dites; mais puisque vous aimiez tant ma copie, il faut bien croire que l'original mérite quelque chose.
>
> [...] Ce pays-ci n'est pas digne de cette fille-là; si par quelque malheur Silvia venait à manquer, dans mon désespoir je crois que je me retirerais avec elle.

Tout ici est immédiatement expressif : on participe à l'explication des êtres qui nourrit ces pièces comme on s'ouvre à une « harmonie », blanche, rose, verte, ou couleur de feu. On pourrait théoriquement juger simpliste et monotone cette « éternelle psychologie de l'amour-propre ». Mais quel rapport entre la psychologie frémissante de *la Double Inconstance* (approches et retraits, douce gravitation, mouvements d'anémones de mer), la psychologie décantée de *l'Heureux Stratagème* (on procède à une expérience de vivisection : tous les mouvements du cœur de la Comtesse sont expliqués suivant ce phénomène biologique élémentaire : l'irritabilité; on en goûte la moindre vibration grâce à un merveilleux amplificateur : le «cœur» du Chevalier gascon), la psychologie de l'avidité dans *les Fausses Confidences* (cette avidité si humaine qui entretient, chez Araminte comme chez Marton, une immense aspiration)?

Nous entrons chaque fois dans un univers. Avec ces livres, cette mappemonde, cet attirail de savant, tout un ameublement confortable, le cabinet d'Ariste joue dans *le Philosophe marié* un rôle très important : on sent combien Destouches a été inspiré par un décor si prestigieux. Mais les comédies de Marivaux ne sont pas des copies magnifiées de la réalité, elles naissent d'une vision plus subtile et plus prenante. Rêves sur les vertus des déguisements *(le Père prudent et équitable, l'Amour et la Vérité),* sur la notion d'espace ouvert (le jardin de la Fée et le pré de Silvia), sur des parcs ou des maisons : le mobilier humain de la seconde *Surprise,* le grouillement de ces figurants qui ne sont pas des fantoches; dans *les Fausses Confidences,* la maison de Mme Argante avec sa galerie, ses va-et-vient, toute cette vie aérée où nous retrouvons le charme des rencontres quotidiennes. C'est ce qui explique la réussite de certaines transpositions contemporaines : les beaux parcs ou les terrasses des représentations télévisées, les grands dessins de Watteau qu'Allio a donnés comme décors à la seconde *Surprise,* l'ameublement sonore et visuel de *l'Île de la Raison* dans la mise en scène de Michel Berto, joyeux matraquage de bruits et de lumières.

Naturel et théâtralité

Il faudrait pouvoir étudier le rôle que Marivaux confère à l'apparition, au groupement et à la sortie de ses personnages, à la présence, continue ou non, d'un personnage sur la scène, au temps théâtral (la perspective dramatique transforme en jeu ce qui dans la réalité quotidienne est maturation, mais les entractes comptent beaucoup). Nous nous contenterons d'évoquer quelques aspects de ce mariage entre le naturel et la théâtralité dans *les Fausses Confidences.* Pour réaliser une idée folle, un impossible exploit : faire aimer

Dorante par Araminte en quelques heures, le poète doit utiliser toutes les ressources du théâtre, et, mieux encore, nous faire entrer dans un univers qui nous paraîtra plus vrai que la vie quotidienne; toute la pièce est une géométrie variable, une machine à persuader, un immense envoûtement. Il s'agit d'obséder cette femme si « raisonnable » : ce qui chez Phèdre était le fruit de la hantise passionnelle aura ici une réalité objective, si l'on peut parler de la réalité des illusions théâtrales. Jusque dans leurs gaffes ou leurs lapsus, comme les valeurs en peinture tous les personnages collaborent à ce chef-d'œuvre : « Ah, ce brun, c'était donc un buisson », disait à peu près Cézanne. Mais surtout le poète joue avec le temps : qu'on songe aux effets d'électrisation qui se produisent à la fin des deux premiers actes et encore au tout début de l'avant-dernière scène, jusqu'à ce qu'enfin Araminte avoue.

En principe on va assister à un jeu : Dorante pourra-t-il rester dans la maison de sa bien-aimée? Sortira? Sortira pas? Marivaux nous fait entrer dans cette maison en adoptant l'optique de ses nouveaux hôtes (Dorante et Dubois déjà en plein complot, M. Remy avec ses fortes idées bourgeoises : Marton sera leur auxiliaire au cœur de la place). On savoure donc d'abord le motif de l'installation que le poète avait déjà utilisé, et de façon si variée, dans *le Jeu*, *le Triomphe de l'Amour* (comment pénétrer dans cette effrayante citadelle?), dans *le Petit-Maître corrigé* (Rosimond et son valet sont les hurluberlus dans la maison). Puis on assiste à un renversement de ce thème : entre Dorante et Araminte les autres ne cesseront pas de s'immiscer; *l'intrusion*, source diffuse d'angoisse, est un excellent catalyseur pour le jaillissement comique. Mais en même temps (comme dans la seconde *Surprise* et beaucoup plus fortement), nous participons à la vie d'une maison ouverte sur le monde : toute une suite de scènes tranquilles va se déployer, dans une large respiration. A la fin du prologue Marton demeure rêveuse, indécise : « Tout ceci a l'air d'un songe ». Elle reste sur son rêve : il ne peut pas y avoir de lien plus subtil avec la séquence suivante : le naturel va lentement s'installer sur la scène. C'est un homme qui s'en va, une silhouette un peu irréelle. Araminte est peinée qu'on ne l'ait pas retenu : ce n'est vraiment pas poli! Bientôt elle va s'écrier : «Qu'il vienne», et l'on ne verra plus Dorante que par ses yeux. La suite de l'acte sera constituée par une séquence encore jamais vue au théâtre : le long entretien entre la jeune femme et son nouvel intendant. Mais cet entretien sera maintes fois coupé : subrepticement, la situation va se dramatiser.

En fait, suivant la rigoureuse géométrie qui caractérise la manière de Marivaux, chaque acte est fait de trois grandes séquences où naturel et théâtralité se marient diversement. Acte I, scènes 1 à 4 : les préludes; scènes 5 à 11 : l'installation (la scène centrale de l'acte évoque une «action de maître» : Dorante donne de l'argent à Arlequin, valet du valet qu'il est, pour aller boire à sa santé — ponctuation éminemment théâtrale); scènes 12 à 17 : dramatisation, de plus en plus poussée jusqu'à ce que Dubois, «comme passant», «comme en fuyant», rencontre Marton; ils se lancent un défi et instaurent un climat de combat. Acte II, scènes 1 à 4 : nouvelles entrées (Monsieur Remy et le Comte, protagonistes extrêmes); scènes 5 à 11 : l'affaire du portrait (au milieu de la scène centrale de l'acte, en l'absence de Dorante, on ouvre enfin la petite boîte où tous les regards sont rivés); scènes 12 à 17 : le piège; c'est Araminte qui le prépare et qui s'y prend. De scène en scène on assiste à une très forte accélération du rythme : «Voici l'affaire dans sa crise», comme dit Dubois. Acte III, scènes 1 à 4 : ultimes préparatifs (Marton est passée dans le camp des ennemis de Dorante); scènes 5 à 8 : le grand affrontement, l'affaire de la lettre (au milieu de cette séquence centrale, c'est-à-dire au début de la scène 7, Dorante fait enfin son entrée; au milieu de la scène, Araminte se compromet définitivement); scènes 9 à 12 : le problème d'Araminte. Une fois l'estocade portée, on la laisse seule avec elle-même pour résoudre son propre cas, avec un peu de temps pour respirer, pour vivre, enfin. Elle demeure libre. Ainsi la théâtralité cède peu à peu la place au naturel : la même métamorphose marquera la scène finale d'explication.

Pour entrer dans les comédies de Shakespeare ou celles de Marivaux, il est sans doute nécessaire d'être doué d'un certain esprit de jeu (ce qui n'est peut-être pas indispensable pour aimer Molière). Vouloir y chercher des tranches de vie, c'est le plus sûr moyen de n'y rien comprendre. Mais cette exigence va très loin, comme on peut le voir dans *les Acteurs de bonne foi*. Où commence le jeu? où finit la réalité? Pour aborder cette grande question suivant l'esprit du poète, il faut tout bonnement goûter sa pièce, et d'abord cette autre question toute simple : Jouera-t-on? Jouera-t-on pas? A deux reprises on décidera de ne pas jouer, mais bien entendu c'est déjà fait. Dans une distribution parfaitement symétrique, la comédie des maîtres répond scène par scène à la comédie des valets : distribution des rôles (scènes 2 et 8), inconstance, volontaire ou forcée (scènes 4 et 10), querelle révélatrice (scènes 5 et 11). Dans la scène 6, on interrompt la répétition; dans la scène 12 les acteurs se révoltent et l'on met fin à la comédie. Or on y avait déjà mis fin dans la scène 7, et dans la scène 13 elle trouve son accomplissement. Imbrication vertigineuse! Colette et Blaise croient jouer et ils ne jouent pas. Eraste, Angélique et Mme Argante jouent sans le savoir. Qui joue? Les « acteurs » ou les « spectateurs »? Quand Merlin et Colette sont sur la scène, les acteurs les plus inspirés (et Dieu sait déjà si Colette est inspirée!), les acteurs suivant le cœur de Marivaux, ne seraient-ils pas ceux qui les interrompent?

> — A merveille, Blaise! Je te demande ce ton de nigaud-là dans la pièce.
> — Fort bien, Lisette! Il y a un aigre-doux dans ce ton-là qu'il faut conserver.

Mais enfin, pourquoi ce « petit divertissement »? Comme dans *l'Épreuve* ou *la Double Inconstance,* on y organise une expérience exquise :

> Ma foi, veux-tu que je te dise? Nous nous régalions nous-mêmes dans ma parade pour jouir de toutes vos tendresses.

Ce projet nous était annoncé dès le début, et nous l'avions bien oublié : Colette « jouait » avec tant de naturel! Si Merlin et Colette ont toujours été conscients de tout ce qu'ils faisaient, c'est encore plus inquiétant. On joue cartes sur table,

141

et la comédie brouille les cartes. Mais quelle accablante lumière! Personne ne peut retirer son épingle du jeu : tant pis pour le « pauvre » Blaise s'il en vient à appeler sa mère, s'il laisse voir que son mariage était un mariage forcé : il méritait au moins cette bonne leçon. Car cette « impertinente histoire » a certainement une portée sociale : dans un monde où l'argent et les accords entre familles jouent un rôle si important, tous les personnages et leur public pourraient être démystifiés. Mais on a surtout joué pour rire (c'est un des refrains de la pièce) et encore, comme on nous le dit expressément, pour jouer un bon tour à Mme Argante. Cette bonne mère qui a tout prévu pour bien caser sa fille et organiser son bonheur, que peut-elle faire contre une fortune de 600 000 francs (6 millions de nos nouveaux francs)? Elle joue son va-tout avec l'énergie du désespoir. Elle s'indignait de la petite pièce montée par Merlin, et c'est elle maintenant qui va prendre la direction de cette bouffonne entreprise; nous allons assister à une étonnante exhibition : ·Mme Argante-metteur en scène. Il faut voir ce que sont chez Marivaux les Mme Argante (celles de *l'Épreuve,* de *la Femme fidèle,* de *l'École des mères,* et même de *la Mère confidente)* pour savourer comme elle le mérite cette éblouissante parabole : il serait beaucoup moins surprenant de voir un P.D.G. se mettre à défendre d'abondance de cœur les plus « affreux » gauchistes. Au nihilisme que ses commentateurs ont cru trouver dans les pièces les plus hardies, Marivaux oppose la santé de l'acte gratuit : il a profondément confiance dans les vertus du jeu.

La réalisation des rêves

En réalité ses comédies sont des actes : il s'agit toujours de donner corps à un rêve. On l'a déjà dit, il serait absurde de vouloir imaginer une suite pour ses pièces d'amour tendre (les « Surprises de l'amour » ou *le Jeu*), car au dénouement il en reste tout juste l'aventure que les héros ont vécue ensemble : comme Silvia le laisse entendre, dans ce presque rien pourra tenir le sens d'une vie. Mais prenons l'exemple le plus simple. Marivaux veut les jeunes filles libres et épanouies : *l'École des mères* va permettre à ce rêve de s'exprimer avec la force d'une révélation. On lui opposera de solides réalités. Mme Argante n'est pas un fantoche, elle a une très haute idée de sa fille Angélique, des devoirs des femmes et de leur vocation; naturellement sages, modestes et raisonnables, elles sont faites pour obéir. Les rôles de domestiques, bien que très courts, sont moins stylisés que dans d'autres pièces. Nous sommes dans une certaine maison de Paris, toute marquée par l'empreinte d'une mère terrible. Cette maison si austère va devenir un lieu enchanté ou une aire de fête. Ce soir-là tout le monde pèche par un peu de fantaisie. Madame Argante — quelle idée! — a prévu un petit bal en l'honneur du mariage de sa fille. Le riche prétendant M. Damis, bel homme de soixante ans, songe — quelle idée! — à demander à sa future ses dispositions; un peu plus tard, comme à un petit jeune homme, il lui vient même l'envie de se déguiser. Pauvre Mme Argante, pauvre M. Damis! A leur intention Marivaux organise toute une guirlande de surprises. Mais ces quiproquos et ces jeux de masque, ces variations malicieuses sur quelques mots clés (« modestie », « épouser »), toutes ces fausses apparitions ne composent encore qu'un accompagnement, car le thème qu'il s'agit de servir, c'est l'apparition d'Angélique : pour se manifester, sans même qu'elle s'en doute, tout lui est bon, jusqu'à la politesse, qui devient entre ses mains une arme splendide. Une chrysalide, engoncée dans son « corps » jusqu'au cou, laisse bientôt jaillir une vraie jeune fille : une « dangereuse petite fille », comme on dira dans *la Vie de Marianne*. C'était tout l'objet de la pièce : dans l'épanouissement léger d'une fantaisie, Marivaux a fait vivre un rêve tendre.

Naturellement dans une pièce plus ambitieuse comme *l'Ile de la Raison*, le jeu est plus corsé : tout le spectacle obéit à une logique onirique. Le monde des Raisonnables n'est pas de ceux où l'on ne peut s'intégrer qu'après un bon lavage de cerveau, c'est un pays très humain où règne une exquise cordialité : plus on va s'éloigner de notre réalité quotidienne, plus l'on se sentira dans un domaine familier. Chacun peut enfin devenir homme selon ses propres ressources : « le feu prend », et c'est l'aube du monde ou du paradis. Chaque pièce assure le triomphe d'un rêve sur une certaine réalité, et, comme nous avons commencé de le voir, il ne s'agit pas d'évasion ou de compensation frileuse. Mais suivant la position du poète dans la société de son temps, sa manière varie : tantôt il se sert de sa pièce pour mettre à l'épreuve ses rêves, tantôt il les conjugue pour mieux parvenir à ses fins. Nous prendrons donc nos exemples aux deux bouts de sa carrière dramatique : *la Double Inconstance* et *les Fausses Confidences.*

Dans *la Double Inconstance* plusieurs rêves s'affrontent : à la fin le plus fort s'impose et triomphe de la réalité *hic et nunc* de 1723. Il y a d'abord un *rêve pastoral :* la vague image du village où Arlequin travaillait avec son père, où Silvia vivait près de sa mère, où ils s'aimaient tous deux, quand Silvia offrit de l'eau au bel officier. C'est le rêve qui jaillit, comme une source inépuisable, quand Arlequin évoque le visage et le comportement de sa bien-aimée, ou bien quand Silvia ou le Prince rappellent leurs rencontres. Rêve à l'état naissant : jamais il n'est si proche que le pré lumineux d'*Arlequin poli par l'amour* ou le fabuleux Pérou des *Lettres d'une Péruvienne,* or et parfum, présence vivante, grand rêve de primitivité. Le sujet de *la Double Inconstance,* ce ne sera pas la transplantation déchirante de deux êtres naturels. Vis-à-vis, il y a la Cour, qui donne lieu à des rêves très différents. C'est d'abord ce palais où l'on séquestre Silvia, où des criminels de haut vol trament une implacable machination en buvant leur chocolat dans des tasses précieuses : lieu maléfique, lieu du complot. La pièce pourrait être un mélodrame comme sera *la Répétition ou l'Amour puni.* Mais ce n'est qu'un rêve fugitif : il s'efface bientôt pour laisser s'épanouir ce qu'on pourrait appeler le *rêve comique.* Toute comédie est naturaliste dans son principe, mais très curieusement nous avons affaire ici à une sorte de naturalisme mondain : lieu de luxe et de confort, la Cour est un pays où vraiment l'on vit bien. Le temps n'y passe pas si lentement qu'on aurait cru : on s'y ébat si allègrement! Comme Silvia et Arlequin s'y sentent à l'aise! Après la Fée d'*Arlequin poli par l'amour,* encore une figuration de la nouvelle société de la Régence, cette société si brillante, si « commode »...

Marivaux aurait pu écrire « une petite comédie gaie »,

comme disait un critique de l'entre-deux-guerres, une parade joviale (comment Silvia devient grande fille, et Arlequin, un gros monsieur) : or toute sa pièce est traversée par un rêve plus subtil et plus pénétrant, un *rêve sibyllin*. La Cour est le lieu du mensonge : *la Double Inconstance* pourrait être étudiée comme une construction superbement sophistiquée, une architecture mobile de mensonges. Flaminia ment, bien entendu; mais sans doute aussi Trivelin quand il laisse entendre qu'il l'aime et quand il parle de son cousin; et Lisette quand elle soutient qu'elle aimait le Prince; et le Seigneur qui vient solliciter Arlequin; et le Prince lui-même, quand il affecte d'avoir peur des réactions de Flaminia. Ce qui est inquiétant, c'est qu'on ne sait jamais tout à fait s'ils mentent ou s'ils ne mentent pas. Quand ces menteurs sont-ils en service commandé? Quand se livrent-ils à des initiatives personnelles? Il y a sur la scène comme une délégation permanente, une théorie, d'êtres mensongers, émanations ornementales du monde de la Cour qu'ils interprètent chacun selon soi-même : le Seigneur avec ses chamarrures; Trivelin, dernier avatar de l'homme aliéné, dans son épaisse satisfaction; Lisette dans sa présence si vive : chacun est déguisé en soi-même et remplit sans le savoir une fonction. De partout, à point nommé affluent les mensonges, et jusqu'au bout l'ambiguïté subsistera : truquage immense ou jeu glacé, ballet d'ombres et de mots. Il est pourtant un dernier rêve qui existe beaucoup plus fortement encore, celui auquel Marivaux nous fait croire pour finir : on pourrait l'appeler le *rêve de vie*. Cernés par les mensonges, Arlequin et Silvia s'ébattent avec délices dans une société dissolvante, mais, jusque dans les manifestations de mauvaise foi les plus amusantes, ils demeurent eux-mêmes, naturels, résistants et sains comme de belles plantes humaines. Mystère en pleine lumière. On pourrait penser à d'autres héros auxquels Marivaux prête quelque chose de son génie (Marianne, Jacob ou Brideron), mais ce rêve illustre certainement l'espèce de confiance élémentaire et profonde que le dramaturge garde en lui-même, face à la société de 1723. Ultime certitude dans une période où il inclinait de plus en plus vers le pessimisme : trois ans plus tôt, pour bafouer la Fée, il suffisait à Arlequin de s'emparer joyeusement de sa baguette.

Quatorze ans plus tard, dans *les Fausses Confidences,* sa position est plus sereine, mais tant soit peu désenchantée. La réalité immédiate de 1737 se présente très simplement : on veut être riche et être honoré. Or pour être honoré, point n'est besoin (comme il est dit dans la *Vie de Marianne*) d'être honorable : l'honneur est un attribut fictif, l'argent est une puissance réelle. Araminte, jeune veuve charmante et riche, est condamnée à faire un mariage honorifique et avantageux. Comment l'arracher à ce destin? C'est tout le sujet de la pièce. Pour désagréger enfin une réalité sociale que Marivaux se garde bien de caricaturer, il faudra que s'allient le rêve de Dorante et celui de Dubois, et que se brise le rêve naïf de la pauvre Marton.

Dorante rêve éveillé : il est trop amoureux pour rien entreprendre par lui-même, il reste passif et extasié, tout absorbé dans la contemplation d'Araminte : il veut la voir, encore et toujours. Alors intervient le fidèle Dubois, acteur, metteur en scène et double ténébreux de Dorante : il va réaliser ce que dans sa sincérité tremblante son maître serait incapable d'accomplir, et vivre par substitution les plaisirs les plus profonds que peut connaître un séducteur. Cent ans plus tard Vautrin fera « vouloir le bon Dieu »...

> Vous vous emparez de son bien, de son cœur, et cette femme ne criera pas?

Tout est justifié dès qu'il s'agit de faire vivre « cette femme », avec ses sens et avec son cœur, de *faire parler* l'amour dans cette société de 1737 :

> Je vous conduis et on vous aimera, toute raisonnable qu'on est; on vous épousera, toute fière qu'on est, et on vous enrichira, tout ruiné que vous êtes, entendez-vous? Fierté, raison et richesse, il faudra que tout se rende. Quand l'amour parle, il est le maître, et il parlera.

Admirables cadences... Comme tous ces virtuoses où Marivaux a tant mis de lui-même (Colombine, Flaminia, Léonide, Merlin), comme à certains moments privilégiés le narrateur de *la Recherche du temps perdu,* Dubois unit à un sang-froid imperturbable l'enthousiasme le plus chaleureux. Omniprésent, il met en scène son assurance et cultive avec tant d'humour son rêve de super-puissance qu'il désamorce ce qu'il pourrait y avoir de déplaisant dans son rôle : cet homme de main est un esthète (dira-t-on aussi : un extraordinaire activiste?), la projection de l'auteur dans sa pièce. Suivant la logique du poète, son intervention était indispensable pour qu'au plein moment de la « comédie larmoyante » le sentiment pût enfin triompher des préjugés dans le cœur d'Araminte.

Dubois est le truchement et le trouble substitut de Dorante, mais, contrairement à ce qu'on a cru parfois, Dorante n'est pas un petit Dubois. Pour qu'Araminte consente à l'aimer, il faut même qu'elle ait congédié ce « méchant valet » comme Phèdre peut congédier Œnone. Dubois était son âme damnée : elle le chasse de sa vie et, l'on peut dire, de son cœur, dans un admirable moment où elle se lave de sa honte et dépasse son désespoir : fureur sacrée, dernière crise de la mauvaise foi. Elle ne veut plus personne entre elle et Dorante, le rêve de Dorante, cette sincérité qui se trahit dans des mots merveilleux (« Elle espère vous guérir par l'habitude de la voir. » — Dorante, *charmé :* « Sincèrement? » : exquise distraction!), cette souffrance dont Dubois vante l'efficacité avec une ironie si tendre :

> Que j'ai souffert dans ce dernier entretien! Puisque tu savais qu'elle voulait me faire déclarer, que ne m'en avertissais-tu par quelques signes? — Cela aurait été joli, ma foi! Elle ne s'en serait point aperçue, n'est-ce pas? Et d'ailleurs votre douleur n'en a paru que plus vraie...

Dorante est un très mauvais élève de Dubois, et Dubois le sait bien! Quand il est en présence d'Araminte, il oublie tous ses beaux projets, mais l'intensité de sa contemplation devient l'action la plus sûre : au moment des aveux (à la fin du second acte, à la fin du troisième), sans plus penser à rien, les deux amants sont tout entiers donnés l'un à l'autre, dans le plaisir qu'ils partagent.

Il fallait que cette expérience fût traversée. Il faut qu'elle soit dépassée : l'amour ne peut pas se réduire à cette ivresse.

Quand Araminte vient d'avouer à son tour, Dorante se trahit encore : au bord du désespoir, follement, il reconnaît sa supercherie. Ils se regardent et retrouvent ensemble un visage. Quelques instants plus tard, les délégués de la « belle société » de 1737 vont revenir sur la scène pour être congédiés à leur tour, relégués très loin, dans un monde irréel. Avec ses réminiscences moliéresques (« Ah ! la belle chute ! ah ! ce maudit intendant », etc.), Mme Argante retombe même dans les oubliettes de la Comédie : elle retourne à l'irréalité des créatures littéraires. Araminte a pris sa décision et rompu pour toujours avec un certain milieu : le monde du mépris. Pour faire triompher l'amour, le dramaturge n'a pas même eu besoin de recourir au sentiment : on sait ce que ce mot pouvait signifier de bourgeoises effusions, au temps de la comédie larmoyante. Marivaux n'est pas le témoin effaré ou le complice d'un aventurier aux dents longues, et l'on ne trouvera pas dans *les Fausses Confidences* le manifeste revendicatif d'une certaine classe. M. Remy est un beau type de bourgeois (comme M. Richard, Mme Dutour ou M. Bono, si inquiétant et si comique dans *le Paysan parvenu*); mais Dorante, son neveu, n'est qu'un de ces hommes « tout nus » dont il était question dans *le Spectateur français,* un de ces êtres qui, dans un milieu social donné, n'existent pas ou ne commencent à compter que quand on se met à en avoir peur. « Magie dramatique », disait Collé : comment nous faire parcourir, dans la maison de Mme Argante, cette impensable trajectoire? La comédie des *Fausses Confidences* est bien un acte, qui nous concerne encore.

Activité d'éveil

Un acte, un projet, non pas un délire sacré. Rien n'est plus étranger à Marivaux qu'une certaine conception du théâtre comme célébration ou cérémonial. Chacune de ses pièces nous fait insensiblement entrer dans un rêve : or, en s'accomplissant, ce rêve s'efface pour laisser place à la réalité et nous permet de la regarder bien en face, car on ne nous demandait pas de participer à un envoûtement, mais à une activité créatrice. Dans *le Cabinet du philosophe* l'écrivain nous a décrit le « monde vrai » : ce serait le monde du calcul intéressé, un monde sans rêves et sans oubli, où rien ne se crée ni ne se perd. Livrés à une impitoyable interprétation, parfaitement déchiffrables, transparents les uns aux autres dans toutes leurs manifestations, regards et gestes, soupirs et sourires, les habitants de « ce pays-là » s'ébattent pour rien. Figures obsédantes, peuple d'araignées, héros dérisoires de la parfaite communication : le moraliste les immobilise dans leurs projets. Le théâtre de Marivaux est l'antiphrase et l'antidote de ce récit fantastique : les ébats des êtres y traduisent leurs rêves, leur génie se manifeste dans une présence vivante et, Dieu merci, ils ne communiquent pas si facilement. Il y a bien au cœur de son inspiration dramatique un certain pouvoir de distanciation radicale :

> Paris est de tous les théâtres du monde celui où il y a la meilleure comédie, ou bien la meilleure farce si vous le voulez, [...] et plût à Dieu que ce fût toujours farce, et que ce ne fût que cela.

Le poète « se donne la comédie » et peut envisager le monde comme un spectacle universel. Tous jouent un rôle, dans un immense système d'aliénation mutuelle. Après Érasme et Montaigne ces thèmes pourraient paraître banals, mais le génie de Marivaux, c'est de les avoir fait fonctionner dans un jeu fécond :

> L'un sert à table, l'autre au barreau, l'autre ailleurs : tous les hommes servent, et peut-être que celui qu'on appelle valet est le moins valet de la bande.

Naturellement il se plie en souriant à la convention suivant laquelle il y a les jeunes premiers, et puis les autres, mais ses personnages sont aussi étroitement liés que ceux de *Huis-clos* ou de *Si l'été revenait*. Ce n'est pas par hasard ou par commodité que ses valets jouent un rôle si important : ils ne sont plus confinés au rang de confidents ou d'auxiliaires utiles, d'heureux fourbes ou de généreux conseillers, mais remplissent auprès des maîtres les fonctions les plus diverses : miroirs grossissants, boucs émissaires, agents provocateurs, valets-modèles jusqu'à la parodie, brusquement vivants, agissants. Comme valets ou comme êtres humains? on ne sait pas toujours; les scènes les plus étonnantes sont peut-être celles (jamais semblables) où un valet affronte un maître en usant et abusant de ses privilèges, valet qui joue à être valet jusqu'au moment où l'on aurait envie de dire : ce n'est pas de jeu, Arlequin en face de Frédéric dans une scène shakespearienne du *Prince travesti* (I, 13), Trivelin avec Lélio dans *la Fausse Suivante* (II, 3), Fontignac auprès de son maître le Courtisan (*l'Île de la Raison*, III, 2); ou ces masques inquiétants : Dimas, Lubin, Lépine... Ici l'on rompt avec toute une tradition où la hiérarchie des personnages, des emplois, des intérêts et des scènes n'est effectivement qu'une seule et même hiérarchie. Pour éprouver la modernité du théâtre de Marivaux, il suffirait de prendre une de ces scènes sans se soucier de son contexte et de s'y intéresser pour elle-même, en la considérant comme une pièce entière. Dans un éclair le dramaturge crée ou détruit une *réciprocité :* entre les êtres s'instaurent des relations inépuisables.

Sans faire appel ici aux notions mathématiques qu'exigerait une étude systématique, remarquons simplement que la *symétrie* favorise, elle aussi, le jaillissement de la réflexion. Nous sommes bien loin de l'étrange égalité, des relations indifférentes qu'établirait entre les êtres l'idée du monde comme spectacle, du nihilisme sur lequel on aurait pu théoriquement déboucher. *La Surprise de l'amour, la Double Inconstance, les Sincères* ou *la Dispute* suffiraient à témoigner des jeux et des conquêtes que la notion de symétrie permet au poète : symétries vraies ou fausses, lumineuses ou truquées, rompues ou rétablies, mais toujours savourées par un spectateur lucide et tendre. En jouant avec des miroirs, ici encore l'on goûte des différences. On n'a jamais affaire à des portraits figés, à des types, mais dans toutes leurs réactions les héros de Marivaux sont eux-mêmes et plus qu'eux-mêmes. Une phrase naît, signée; un mot, une intonation, une certaine qualité de silence, et un être se révèle : Arlequin et Silvia, Lélio et la Comtesse, un valet et un maître, un homme et une femme, les hommes et les femmes... Ainsi naît une pensée.

Invoquons un exemple : c'est à travers ce caractère fragile et lumineux, la féminité, que nous apprenons à connaître la condition des femmes. Les mots les plus simples, les aveux les plus ingénus peuvent donner le branle à la réflexion :

> Merlin. — Que vous me charmez, bel enfant ! Donnez-moi votre jolie main, que je vous en remercie.
> Lisette, *interrompant*. — Je défends les mains.
> Colette. — Faut pourtant que j'en aie.
>
> Monsieur Damis. — Est-ce par modestie, est-ce par dégoût que vous me refusez l'aveu que je demande ?
> Angélique. — Non, ce n'est pas par modestie.
> Monsieur Damis. — Que me dites-vous là ! C'est donc par dégoût... Vous ne me répondez rien ?
> Angélique. — C'est que je suis polie.

Dans ce théâtre les femmes sont plus naturelles que les hommes, et rien n'est plus opposé à la pensée de Marivaux que l'idée de Baudelaire : la femme, être naturel, c'est-à-dire « abominable ». Mais on pourrait dire aussi qu'elles sont plus socialisées : forcées par le regard des autres de s'engager plus fortement dans les relations sociales, elles ont par là même une vie intérieure plus intense et plus riche. Si elles pouvaient se réfléchir elles-mêmes, on les entendrait affirmer comme Mme de Merteuil : « Je puis dire que je suis mon ouvrage », car il est un processus humain de perfectionnement, une dialectique du naturel et de l'art, auxquels conduisent les contraintes elles-mêmes. En 1730 ou en 1750, on « enterre » les femmes, comme on confond dans la médiocrité de leur « état », dans une foule sans nom, les gens du peuple. Le génie féminin, dont on s'amuse ici avec tant d'humour et de sympathie, pourrait être mieux utilisé que dans le seul art de plaire. Mais parce qu'elles sont forcées de compter davantage avec leur visage, avec ces mains dont la jeune Colette revendiquait tout à l'heure la propriété avec tant d'énergie, elles finissent par incarner, plus que les hommes, le génie humain toujours plus complexe et plus menacé. Au moment même où il se livrait à une critique radicale d'une certaine civilisation de pointe, Marivaux faisait l'éloge des Français :

> Nous sommes les hommes du monde qui avons le plus compté avec l'humanité. (Prologue de *l'Ile de la Raison*)

151

En société les hommes deviennent de plus en plus humains, mais au fur et à mesure que se développe leur esprit, les dangers d'aliénation sont plus considérables.

Que de sous-entendus, d'intentions réveillées, de communications établies dans les « petites pièces » de Marivaux, ses caprices de virtuose! Un thème se propage, léger comme une onde de choc. « Le simplisme ne recouvre rien; la simplicité recouvre une complexité. Le compliqué ne fonctionne pas; le complexe fonctionne bien. » Le théâtre, tel que le pratique Marivaux, est une activité d'éveil : en renonçant au vieux préjugé suivant lequel ne serait profond que ce qui est sérieux, peut-être faut-il éviter de céder au mirage du formalisme. Le rêve des êtres s'exprime ici sous forme d'ébats et le spectateur se voit conférer la douce clairvoyance d'un dieu, mais comme poète Marivaux répond au défi du Manipulateur qu'il est. Bien rares sont les personnages qui, comme chez Pirandello, s'enferment dans « leur » vérité : dans *l'Île de la Raison*, le Poète et le Philosophe sont précisément des figures symboliques, celui qui n'a pour fonction que de fournir les hommes de spectacles, celui pour qui le monde n'est vraiment qu'un spectacle. Ici l'on organise des expériences sur des êtres, mais on leur fait confiance, on mise sur leur capacité de riposte, et l'« épreuve » se transforme bientôt en psychodrame. Marivaux fonde l'action de son théâtre sur une réalité paradoxale : la liberté de ses personnages.

La liberté des êtres

Prenons une dernière fois comme exemple *la Double Inconstance,* sa pièce la plus « classique » suivant le goût actuel. L'action progresse en deux grandes courbes inversées. La première nous mène jusqu'à l'entrevue d'Arlequin et de Silvia, charmants amoureux sublimes : nous sommes encore dans le monde de la pastorale. Suivant la seconde courbe, qui naît dans la scène finale du premier acte et s'épanouit tout au long de l'acte II, Arlequin et Silvia vont chacun vers un nouvel amour. Trois cycles d'égale longueur : Silvia sous la coupe de Flaminia (scènes 1-4); Arlequin héros conquis (scènes 5-8); Silvia enfin « grande fille » (scènes 9-12); deux évolutions jumelles; une seule progression, irrésistible. Tout semble joué, et les trois premières scènes de l'acte III confirment cette impression : Flaminia, l'âme du complot, met la dernière main à ses préparatifs; Arlequin rosse Trivelin par « amitié » pour Flaminia; une amitié qui se fait de plus en plus impatiente. Mais avec la séquence centrale, à nouveau, insensiblement tout change. Entre le Seigneur sans nom, devant qui Flaminia s'efface, avec un sourire exquis et ambigu de femme de Cour. C'est sa troisième entrevue avec Arlequin, mais, loin de se répéter, ces trois scènes ponctuent le progrès d'une dialectique ou les étapes d'une évolution. Vers la fin du premier acte, en face de ce fantoche, émissaire ou émanation d'un monde frelaté, Arlequin apparaissait encore comme un héros naturel; vers la fin de l'acte II, c'était un homme fier de son crédit, un Arlequin tant soit peu corrompu, « gros monsieur », qui recevait le Seigneur; maintenant il ne sait plus trop que faire : pour la première fois, il est réellement troublé par le monde de la Cour, et ce trouble léger, léger, qu'il laisse s'installer en lui, c'est en dernière analyse un trouble profond, et peut-être le début d'une distanciation.

On nous présentait deux jeunes êtres persécutés : Arlequin se défendait comme un beau diable et pourfendait allégrement ses ennemis; un héros désinvolte et sa geste, une jeune première capable d'inventer la grève de la faim, deux belles âmes enfin réunies, sans plus penser à rien : les amoureux sont seuls au monde. Triomphe trop facile, liberté vide! A cette atmosphère héroïque et tendre succédait une tonalité humaine, trop humaine. Arlequin et Silvia n'ont aucun pouvoir miraculeux pour échapper à l'attrait de la Cour : dès le moment où ils sont enfin libres de se voir, de se parler, de s'ébattre à l'aise dans le nouveau monde où ils sont plongés, chacun selon soi-même (avec une impétuosité naïve ou une délicieuse mauvaise foi), les voilà bientôt « distraits », aliénés : pour s'égarer, ils sont vraiment doués! Ce devait être toute la pièce, mais voici que naît une tout autre tonalité humaine, celle qui s'attache à l'exercice effectif de la liberté : l'angoisse imperceptible, ou la mélancolie, de la conscience solitaire.

Dans la scène centrale de ce dernier acte, quelques

instants avant que s'épanouisse dans une « surprise » aussi joviale son nouvel amour, Arlequin rencontre le Prince, il garde le droit de parler comme il l'entend, et c'est un grand moment, totalement inattendu. Deux hommes se font face, et personne n'a tout à fait tort, ni tout à fait raison : qui pourra rompre ce trop parfait équilibre?

> Allez, vous êtes mon prince, et je vous aime bien; mais je suis votre sujet, et cela mérite quelque chose.

Dans ce face-à-face s'accomplit enfin, en se décantant, toute une critique sociale. Marivaux ne se contentait pas de dénoncer un certain type de société de consommation, de s'en prendre à l'ambition, aux « honneurs » et d'une manière plus générale aux valeurs de la noblesse, certains aveux de Trivelin ou de Lisette lui permettaient de toucher aux racines du mal : l'arbitraire et le poids de l'argent. Mais sa critique était si brillante et si radicale qu'elle pouvait paraître inauthentique : Arlequin disait leurs quatre vérités aux gens de la Cour avec tant de pertinence, d'impertinence et de détachement qu'on pouvait le prendre purement et simplement pour un humoriste. Position trop commode, ou jeu truqué? Car, pour finir, sa conduite s'accorde bien mal avec ses boutades : dans « ce pays-là », il garde ses coudées franches, il n'est pas perverti comme a voulu croire l'auteur de *la Répétition,* bien au contraire il s'épanouit! Où est la pure nature, et ne vit-on pas avec ardeur dans cette « nouvelle société »?

> Qu'est-ce que ces gens-là? D'où sortent-ils? De quelle pâte sont-ils? — De la pâte des autres hommes, ma chère Silvia.

Mais voici qu'apparaissent ces notions élémentaires de justice et de dignité humaine. Aucun théâtre ne les a fait valoir avec autant de force; on nous les rend sensibles, présentes, en instituant ce face-à-face qui se substitue aux entrevues des princes sur quelque Bidassoa : un homme vaut un homme...

Personne ne peut plus rester isolé. Il faut aller jusqu'au bout de soi-même, et les raisons des uns commencent, si peu que ce soit, à compter pour les autres : pour un peu, on en viendrait à se comprendre. L'aventure amoureuse met en jeu, elle aussi, la responsabilité de chacun. Dans une dernière scène triomphale de « distraction », le cas d'Arlequin sera bientôt résolu, mais Silvia et le Prince demeurent seuls, face à leur décision. Comme on sait, les conduites émotives peuvent très commodément servir de masques : sans le savoir Silvia se complaît dans son indécision et y trouve un alibi. Elle est là, grave et humble comme la princesse Laodice vers la fin de *la Mort d'Annibal*, évasive et frémissante; elle voudrait bien connaître la grande passion qui l'arracherait pour toujours à elle-même : pour Marivaux, c'est une notion mythique. Elle voudrait aussi croire et faire croire qu'elle peut gratuitement porter son amour ici ou là, et, pour oublier sa gêne, elle trouve, bien entendu, des ressources instinctives (qu'on dira, si l'on y tient, « bien féminines »), dans l'énervement et la satisfaction de son amour-propre. Cette Flaminia, avec tout ce qu'elle insinue; ce Prince qu'elle attend et qui ne vient toujours pas; cet officier, « son » officier, qui, avec ses attitudes d'humble chevalier servant, ne peut lui être d'un grand secours. Elle était à peu près résolue à l'aimer, mais elle restait une bonne âme : elle avait un peu peur de faire souffrir Arlequin. Quand elle apprend qu'il se consolera peut-être assez facilement, elle bondit : pour pouvoir se vrer à son nouvel amour, elle avait besoin sans doute de avoir Arlequin inconsolable. « J'avais renoncé à lui, avouera Marianne à son tour, mais je n'entendais pas qu'il renonçât à moi. Quelle bizarrerie de sentiments! » Quelle féroce, quelle norme coquetterie, dira-t-on. Mais c'est aussi et surtout effet d'une quête désespérée : dans ce moment de désarroi, lui fallait absolument trouver une compensation quelconue. Ici encore la coquetterie n'est qu'une issue dérisoire.

Arrive l'officier, et le jeu continue : voici qu'elle lui demande un avis impartial, objectif, et plus pour elle l'enjeu st grave, plus elle éprouve le besoin d'en parler légèrement. écidément son amour-propre veille toujours : sans le savoir, lle tient superbement son rôle, et Marivaux s'amuse visilement. L'officier, lui aussi, joue un rôle, ne serait-ce qu'en e conformant exactement à ce qu'elle pouvait attendre de i. Mais sans le savoir Silvia rayonne la certitude : tous ses mots si drus, sa présence chaleureuse traduisent la confiance qu'elle éprouve envers son amoureux. D'une réplique à l'autre, entre les deux jeunes héros grandit une communion toujours plus étroite : les problèmes s'effacent, ils découvrent ensemble la liberté, tout commence. Silvia s'exprime tout entière dans un mot de petite fille, de princesse de conte de fées : « Ah, mon cher Prince!... ». Simplification merveilleuse! Comme on l'a dit, elle reste fixée dans un élan : c'est le miracle, enfin réalisé.

On reste libre de ne pas croire à cet instant. On dira alors que Silvia a été abusée, que tout s'est joué sans elle et qu'elle se retrouve seule dans une atmosphère de gaieté générale. Tout est allé trop vite. Le cœur humain change trop vite. Silvia se laisse aller à son nouveau bonheur avec une certaine désinvolture, mais elle ne sait pas trop ce qui lui arrive (« Il n'y a plus de raison à moi »). Un grand vide s'est fait en elle. Elle demeure toute étonnée. Ce n'est plus la souffrance avouée du début de la pièce, mais la tristesse du passage à l'état adulte. Pourquoi pas? Toutes ces nuances subsistent même si l'on croit à cet instant : la découverte de la vérité n'est jamais une grâce d'oubli. Arlequin s'introduit dans le cercle de la transparence : « J'ai tout entendu, Silvia », et celle-ci lui répond : « Consolez-vous de vous-même ». Dans le mouvement de la pièce, la cruauté de cette réplique s'efface : en réalité Arlequin ne l'aime plus et tous sortent d'affaire, vainqueurs et vaincus, ils acceptent de bonne grâce le tour que leur amour leur a joué. Les lendemains seront des jours de fête : fêtes galantes commandées par le Prince, fêtes privées entre Arlequin et Flaminia, Silvia et son cher officier. Alors s'accomplit *la Double Inconstance*. Noces joyeuses. Marivaux tient à le souligner à l'aide d'un de ces mots de la fin que par un curieux effet de censure on s'acharne souvent à ne pas comprendre. Féerie qu'on trouvera, si l'on veut, imperceptiblement triste : il faut rêver sans cesse après avoir rêvé. Grand mouvement pour aller plus loin : l'instant de vérité et l'instant du bonheur maintenant se confondent, et tout peut commencer. Pouvoir vivificateur. Théâtre de l'intelligence. Mais dans ce théâtre les êtres humains sont des acteurs de bonne foi.

6

L'aventure romanesque

Je lisais hier *Cassandre;* l'auteur suppose son amant absent, et j'en étais aux agitations qui tourmentaient son cœur pendant la nuit; aussi tu vois bien que je dois savoir l'histoire du tien; car apparemment il n'a pas dérogé, et l'exercice de toutes ces nuits-là est uniforme. Tiens, je te dirais de la tienne le commencement, le milieu et la fin, par ordre alphabétique : gageons que c'est d'abord une réflexion cruelle qui produit un soupir douloureux, ou bien, si tu le veux, c'est le soupir qui précède la réflexion; car les cœurs de ton espèce soupirent souvent d'avance, en attendant de savoir pourquoi.

Il en est là-dessus, comme de ces poètes qui font la rime avant d'avoir trouvé la raison; mais d'ordinaire, c'est la réflexion qui produit le soupir; le soupir à son tour est le père d'une apostrophe à l'amant absent : Cher Pyrame! Quand le ciel permettra-t-il que je te revoie? En voilà l'exorde : après on se parle à soi-même : ô fille ou femme infortunée! etc. ensuite, il y a des pauses, je veux dire qu'on se tait, qu'on parle, qu'on s'agite; une famille de nouveaux soupirs naît ensuite de tout cela; ils ont aussi pour enfants de nouvelles apostrophes à la nuit, au lit où l'on repose, à la chambre où l'on est; car dans cet état le cœur fait inventaire de tout : dis-moi la vérité; voilà la généalogie des actions de ta nuit; voilà du moins comment l'original en est dans *Cassandre.*

Celle qui se moque ainsi des sentiments romanesques, c'est la coquette punie, l'héroïne des *Lettres contenant une aventure.* Indubitablement Marivaux condamne sa sécheresse de cœur, sa volonté de ne goûter dans l'amour que les plaisirs de l'esprit et de la vanité; mais l'âme romanesque elle aussi, n'est-elle pas ridicule? Elle se trompe sur ce qu'elle ressent, ou même elle substitue au sentiment le verbiage et la mimique et n'éprouve réellement que la satisfaction de bien jouer un rôle qu'elle a appris dans les romans : autre vanité. Entre ces deux extrêmes, Marivaux a cherché le chemin véritable du beau sentiment; il aimait les aventures émouvantes qui bouleversent le cœur ou le remplissent d'attendrissement, l'héroïsme de la sensibilité, et il a cherché le lieu, l'action, les circonstances, les types de personnages, les manières de raconter qui lui permettent de satisfaire son goût profond du romanesque sans donner dans l'outrance et la banalité des romans de son enfance, passionnément lus et ridiculement faux. Il voulait que son esprit critique ne fût pas révolté par les aventures qui plaisaient à son imagination ni par les sentiments qui touchaient son cœur. La critique du roman, déjà glissée dans *les Effets surprenants de la sympathie,* explique la structure de *Pharsamon* et de *la Voiture embourbée,* et donne naissance, avec *le Télémaque travesti,* à une forme originale du roman réaliste. Préparé par les récits des Journaux, les romans de la maturité, *la Vie de Marianne, le Paysan parvenu,* ont dépassé cette critique de la fiction romanesque : événements et personnages y sont traités avec le sérieux que tout romancier authentique, désormais et pour plus de deux cents ans, attachera à ses inventions dans le but de leur faire exprimer ce qu'il pense de la vie réelle. D'*Ariane* — roman de Desmarets de Saint-Sorlin, magnifique exemple de roman baroque — à *Marianne,* le romanesque s'est épuré, mais non affaibli. L'intelligence et l'expérience d'un observateur attentif du vrai ont préservé dans les aventures le meilleur de ce qu'elles pouvaient avoir d'émouvant et d'étonnant.

« Les aventures que je vais rapporter... »

Des accidents qui s'entassent dans *les Effets surprenants de la sympathie* aux bonnes fortunes d'un petit paysan à Paris et aux émotions d'une jeune orpheline, tout est aventure dans l'existence d'un héros de roman selon Marivaux.

Mais les aventures vécues par Marianne et Jacob diffèrent par deux traits des aventures racontées dans les premiers romans : d'une part, elles sont plus vraisemblables; d'autre part, elles sont les étapes visibles d'une histoire intérieure, elles contribuent à façonner le caractère du personnage principal.

La notion de vraisemblance n'est pas aussi formelle et privée de références extérieures qu'à notre époque la critique tend à le croire. Pour Marivaux du moins et pour ses contemporains, elle a un sens très positif : ils entendent que leurs lecteurs retrouvent dans l'imaginaire la ressemblance de ce que chacun a pu connaître par expérience; il serait enfantin de mettre en doute la réalité de cette expérience commune, sur laquelle se fondent toutes les relations entre individus d'un même groupe humain à une même époque, depuis les actes les plus simples de la vie quotidienne jusqu'au langage et aux idées. Mais Marivaux ne s'est pas asservi à la vraisemblance : après avoir examiné quel emploi il pourrait faire des aventures les plus extraordinaires (c'est l'objet de ses premiers romans) et s'être décidé à les éliminer, il a gardé certains schémas chargés pour lui de valeur affective et qui lui paraissaient indispensables au romanesque même, et il a modifié dans le sens du vraisemblable les circonstances et l'enchaînement des faits, le comportement des individus et les paroles par lesquelles ils manifestent leurs sentiments. Il n'avait nullement l'intention de faire ce que Sade reprochera à Rétif, de raconter « ce que tout le monde sait », d'écrire le roman du non-romanesque. La vraie vie est une aventure, quand on a assez de cœur et d'esprit; les âmes romanesques seules ont prise sur la vie, et les gens dépourvus d'imagination et de sensibilité, qui semblent passer leur existence à leur fenêtre et regarder stupidement vivre les autres, ne sont bons qu'à servir à ceux-là de repoussoirs. Dans l'univers de la Haute-Romancie, comme disait en 1735 le père Bougeant, et dans celui de la Basse-Romancie, c'est-à-dire dans l'univers des *Effets surprenants* ou des récits insérés de *Pharsamon,* et dans l'univers de Jacob et de Marianne, nous trouvons des types semblables de personnages et de destins, bien que le premier univers soit celui « des aventures surprenantes, des malheurs qui passent l'imagination », tandis que l'autre est celui « d'aventures bien simples, bien communes, d'aventures dont le caractère paraîtrait bas et trivial à beaucoup de lecteurs ».

S'il entendait étonner, le jeune romancier de vingt-deux ou vingt-trois ans voulait aussi émouvoir et instruire : « L'auteur de ces Aventures ne se sert presque de l'esprit que pour peindre le cœur »; mais après tant de violentes péripéties et tant d'épreuves, les personnages ne songent plus qu'à jouir du bonheur d'être tirés d'affaire et d'avoir retrouvé ceux qu'ils croyaient perdus :

> La mort fuit; la joie et les plaisirs s'emparent de ces cœurs où la tristesse et le désespoir faisaient leurs sièges. Ce changement devient l'effet d'un instant, d'une reconnaissance; et ces affreuses situations, où leur vie avait été comme ensevelie, ne sont plus, après cet instant fortuné, que des images présentées à leur esprit pour redoubler la douceur qui succède à leurs maux […]. Après des enchaînements inconcevables d'infortune, les malheurs au moment heureux sont comme des ombres légères qui disparaissent.

Au contraire Marianne et Jacob ont été transformés, ou plutôt formés par leurs aventures; ils invitent le lecteur à réfléchir avec eux sur ce qu'elles signifiaient, leur histoire ayant un sens utile pour tous les hommes :

> On ne veut dans des aventures que les aventures mêmes, et Marianne, en écrivant les siennes, n'a point eu égard à cela. Elle ne s'est refusée aucune des réflexions qui lui sont venues sur les accidents de sa vie,

et surtout ils notent comment chaque accident a été pour eux l'occasion d'une expérience révélatrice, d'une épreuve dont leur personnalité a été à jamais marquée. L'emploi de la première personne permet de donner aux réactions de la subjectivité plus d'importance qu'aux événements.

Passions aussi subites qu'irrésistibles, enlèvements, crimes, quête de la bien-aimée à travers le monde, naufrages, découverte d'îles désertes et de peuples inconnus, esclavage chez les Barbaresques, batailles glorieuses, combats individuels, sacrifices héroïques, déguisements, reconnaissances formaient la trame de l'action dans les romans de l'époque baroque et se retrouvent presque au complet dans *les Effets surprenants de la sympathie.* Le trait commun à ces aventures hors du commun n'est pas d'être surprenantes, car les aventures de Jacob et de Marianne seront des « surprises », elles aussi, et les personnages chers au cœur de Marivaux, quelque riche que soit leur expérience, doivent garder le pouvoir de s'étonner : ce trait commun est dans l'étrangeté des circonstances, dans le spectaculaire qui n'aura plus sa place dans les autres romans de Marivaux (sauf, ouvertement présenté comme fabulation, dans *la Voiture embourbée*), et qui la trouvera précisément au spectacle, dans la féerie d'*Arlequin poli par l'amour,* dans l'exotisme de *la Dispute* et des îles, *Ile de la raison, Ile des esclaves,* dans les déguisements et l'intrigue du *Prince travesti,* du *Triomphe de l'amour,* dans la reconnaissance de *la Femme fidèle,* dans tout le poétique et l'allégorique de l'illusion théâtrale.

Cet élément mis à part, l'aventure romanesque se déroule sur deux plans à la fois : le héros affronte le monde extérieur, se défend contre sa violence, d'une part; il apprend d'autre part à se connaître lui-même, il éprouve ce dont son âme est capable.

Les méchants qui se livrent à la violence en persécutant, séquestrant, menaçant les femmes rebelles à leur amour ont les contradictions et l'espèce de grandeur qu'avaient les héros baroques du mal et font par là de Marivaux, dans la littérature noire, un timide intermédiaire entre Camus et Sade. Parce que Caliste ne veut pas l'épouser, Périandre la tient prisonnière et lui fait souffrir toutes sortes de contraintes :

> Il n'était rien qu'il n'imaginât pour la forcer à consentir à ce qu'il exigeait d'elle. Deux hommes aussi barbares que lui étaient gagés pour veiller à la moindre de ses actions; souvent même à la maison où ils étaient il l'enfermait dans un cabinet fait exprès, et qui ne recevait le jour que par une fente : il l'en retirait après, en lui demandant pardon de sa violence; de sorte qu'il passait successivement des transports les plus violents à la soumission la plus passionnée.

Le vieux corsaire Turcamène qui séquestre Clarice et tente d'empoisonner Clorante, le vaniteux Tormez qui enlève Parménie, le Turc qui fait fouetter et enchaîner les esclaves dans ses mines de vif-argent, le fourbe Fermane qui retient une inconnue dans une grotte et fait déposer Frédelingue dans une île déserte, prouvent combien le bon Marivaux attache d'importance à l'existence du mal, mais combien il sait peu en inventer de nouvelles formes. L'image la plus vigoureuse qu'il en ait donnée se trouve dans *la Voiture embourbée* : les méchants y sont doués de l'immortalité et d'un pouvoir magique à la mesure de leur effréné désir de nuire; Marivaux a connu le rêve, aussi ancien que l'espèce humaine, de la toute-puissance dans le mal et celui, plus subtil et plus pervers, de la corruption insinuée dans la volonté même des victimes :

> Quand Créor se vit dans cette caverne en possession de Bastille et du prince, il enchaîna d'abord le prince, et le suspendit au haut d'un plancher : ce malheureux sophi depuis ce temps est toujours dans la même situation; nous entendons même d'ici les cris affreux qu'il pousse dans de certains moments; quand il eut fait cette action furieuse, il endormit Bastille, pendant le sommeil de laquelle il fit un charme, qui la rendit à son réveil la plus favorable du monde et la plus disposée à écouter son abominable amour; elle oublia le prince pendant quelques jours et ne s'en ressouvenait que pour prier Créor de la conduire dans l'endroit où il était; là, plus furieuse qu'une Bacchante, elle se faisait élever jusqu'au plancher où il était suspendu, et lui perçant le corps de mille coups d'un poignard qu'elle tenait en main, elle joignait à ces coups affreux, mais qui ne finissaient point sa vie, elle joignait, dis-je, tout ce que le mépris, la rage et la cruauté peuvent fournir d'expressions les plus accablantes, pendant que le malheureux prince, pour l'attendrir, lui disait tout ce que la douleur et une tendresse au désespoir peuvent exprimer de plus touchant.

Mais cette histoire, c'est celle que raconte un bel esprit ridicule, pour donner une suite aux extravagances d'une dame dont les romans ont enflammé l'imagination; récit puéril — le style même le prouve — que Marivaux ne prend pas au sérieux. La méchanceté qui l'effraye et l'attriste n'a pas besoin de magie, de cavernes, de châteaux solitaires, de fouets ni de chaînes : elle est la loi d'une société impitoyable pour le pauvre et pour le faible, elle éclate entre les membres d'une même famille dès que les intérêts ou les préjugés les divisent. La violence est plus cruelle chez les contemporains de Marivaux et dans leur vie la plus banale que chez les corsaires de tragi-comédie et dans les aventures les plus extraordinaires. Dans l'*Histoire du Solitaire,* qui fait partie de *Pharsamon,* un peu d'affectation chez le personnage principal et quelques notes mélodramatiques nécessaires au raccord de cette histoire avec le reste de l'œuvre ne doivent pas empêcher de reconnaître la force expressive des situations : un père fait secrètement disparaître l'enfant de son propre fils dont il réprouve le mariage, une femme, pourtant bonne et sensible, séquestre sa fille adoptive parce qu'elle est amoureuse d'un jeune homme trop riche pour elle, cette fille se met à la détester et est heureuse de la quitter quand elle retrouve son père. La mort du jeune homme, abattu d'un coup de fusil par un domestique quand il allait rejoindre celle qu'il aimait, est un de ces hasards dont nul n'est directement responsable et que font nécessairement naître les circonstances, arrivée inopinée de la mère, obligation de monter la garde pour que personne ne puisse communiquer avec la jeune fille, utilité de s'armer à la campagne pour mettre en fuite les animaux dangereux et les voleurs. Clorinne, l'héroïne de cette histoire, est, comme le seront Marianne et Tervire, la victime d'une violence qui réside moins dans les individus que dans les institutions, dans l'inégalité des conditions. Les voies par lesquelles cette violence s'exerce ressemblent encore à celles qu'empruntait la violence dans *les Effets surprenants* et dans les romans d'aventures que Marivaux avait imités : Marianne est enlevée par la famille de Valville, enfermée dans un couvent inconnu, on veut la forcer à épouser un imbécile; Tervire enfant est abandonnée presque seule au monde dans sa petite chambre; jeune fille, elle est victime d'un ignoble chantage et déshonorée dans l'opinion publique pour s'être opposée sans le vouloir à la vanité, à l'ambition et aux amours impures d'un abbé indigne et d'une fausse dévote;

sa mère meurt dans une misérable chambre d'auberge, ruinée, reniée par son propre fils; Jacob même est emprisonné, avant de sauver la vie à un jeune homme qu'un amant jaloux faisait assassiner par des spadassins. Meurtres, séquestrations, contraintes, menaces, c'est à travers ces horreurs et ces périls que le héros du roman moderne, comme celui du roman d'autrefois, mais avec bien plus de souffrance, doit marcher vers son avenir.

Le secours apporté par Jacob au comte d'Orsan est le seul acte d'héroïsme physique qu'on puisse relever dans les deux grands romans de Marivaux. On voyait souvent dans les romans d'aventures le héros se précipiter l'épée à la main pour arracher une jeune fille à ses ravisseurs ou pour aider à se défendre un homme seul attaqué lâchement par plusieurs autres. L'épisode avait des équivalents dans *les Effets surprenants de la sympathie* et même dans *Pharsamon*. En le transposant dans *le Paysan parvenu,* Marivaux montre que par son comportement courageux le roturier est l'égal des aristocrates, mais il fait en même temps la critique de l'héroïsme romanesque : ayant ramassé une épée abandonnée par un assassin, Jacob avait été aussitôt considéré comme l'auteur du meurtre; mais plus tard, prenant assurance d'un habit un peu plus élégant et armé d'une épée bien à lui, il se conduit et se fait admirer comme un vrai gentilhomme, alors que le ton sur lequel il raconte son exploit est d'une ironie dont aucun héros de roman romanesque n'eût été capable, et que les circonstances de l'exploit manquent de grandeur (c'est pour une femme entretenue que le comte d'Orsan s'était attiré cette affaire). Quand Valville court secourir Marianne blessée ou Mlle Varthon évanouie, quand Jacob prête assistance à Mlle Habert défaillante, le personnage du chevalier sauveur est tellement métamorphosé qu'on soupçonne une intention parodique, d'autant plus qu'au moment de son enlèvement, Marianne ne pourra même pas espérer rencontrer Valville sur sa route : dans le monde réel, les jeunes filles enlevées doivent affronter toutes seules leur sort.

L'Iliade travestie et *le Télémaque travesti* faisaient du courage l'effet de la vanité et de la brutalité : l'héroïsme n'est plus dans l'exploit, il est dans la force de caractère, dans le sacrifice, dans le refus de s'avilir, dans le désir de préserver pour soi-même et pour autrui une image honorable du *moi*. Peut-être, pour Marivaux, Jacob est-il plus grand quand il refuse l'emploi de M. d'Orville que quand il sauve la vie du comte d'Orsan; les femmes sont encore plus que les hommes capables de l'héroïsme tel qu'il le conçoit, non pas raidi dans l'orgueil, mais luttant contre l'entraînement de la faiblesse, déchiré, tendre, et même tout près du désespoir. Dans *les Effets surprenants,* Clarice, type traditionnel de rivale généreuse comme on en trouvait déjà dans *Amadis,* sacrifiait sa vie à celui qu'elle aimait et qui lui en préférait une autre; pour renvoyer à Climal le beau linge qu'il lui a donné, pour renoncer à Valville, pour le lui dire, pour garder toute sa dignité et ne pas fondre en larmes, Marianne a besoin d'un courage plus vrai, aux yeux de Marivaux, que celui des héroïnes guerrières dont il avait pu lire l'histoire dans La Calprenède; et la vie de Tervire, somme toute, est une succession de sacrifices héroïques et d'actes de généro-sité.

L'affrontement de l'individu et de la société est repré-senté dans trois scènes intentionnellement parallèles de l'histoire de Jacob, de celle de Marianne et de celle de Tervire : seul devant les membres de la communauté qui refusent de le recevoir parmi eux, l'individu se défend, ou se définit, et revendique le droit d'être lui-même, qu'il finit par obtenir. Chacun procède selon son caractère, et les circons-tances sont à l'image de ce caractère qui les a peut-être déterminées d'avance. Jacob, traduit devant un conseil de famille, allie la modestie, l'ironie, le bon sens et la dignité, sait habilement diviser ses adversaires en flattant les uns et en faisant sourire des autres; sa victoire est complète, mais il n'est accueilli juridiquement qu'au niveau le moins élevé du groupe social qui l'admet : son accès à un niveau supérieur — celui de Mme de Ferval et de Mme de Fécour — se fera par des moyens moins innocents. Marianne n'a pas été convoquée à un jugement; enlevée à ses défenseurs, elle y a été menée de force, et, au mépris de ce qu'elle peut ressentir, on veut la contraindre à choisir entre un mari ridicule et le couvent; sa défense consiste à refuser non seulement ce choix, mais tout choix, à se réfugier dans l'anonymat, dans la nullité qui sont sa garantie inaliénable. Tervire, au contraire des deux autres, n'est pas accusée, mais accusatrice; son énergie vient de ce qu'elle ne présente pas sa propre défense, mais celle de sa mère; c'est le droit de sa mère à exister qu'elle veut faire reconnaître, non le sien : au lieu de réclamer pour elle-même la consécration du groupe social, elle rappelle à ce groupe des devoirs dont l'oubli le dévalorise et le déshonore. On voit que si l'individu a besoin d'une reconnaissance collective, il ne reçoit pas son existence de la collectivité, il peut même modifier par son existence l'esprit ou l'état de la collectivité.

Ces scènes si importantes dans l'action romanesque n'ont rien qui leur corresponde dans les romans que Marivaux écrivait en sa jeunesse, ni même dans la littérature baroque qu'il imitait, bien qu'elles perpétuent le mythe du héros généreux triomphant par sa valeur de tous ses adversaires ensemble. Les aventures traditionnelles sont non seulement modernisées, mais parodiées ou ironiquement refusées : les reconnaissances et les retrouvailles remplissaient les dernières pages des romans baroques, et dans *les Effets surprenants,* dans *Pharsamon* encore, les jeunes gens qui se croyaient orphelins, Parménie, Caliste, Clorante, Clorinne, retrouvaient leur père, pour leur bonheur ou pour leur malheur; Marianne, elle, retrouvera sans doute aussi sa famille, mais nous ne saurons jamais comment. Les jeunes gens que des discussion familiales, des affaires d'argent ou d'honneur, empêchaient de se marier voyaient dans la tradition leur amour finalement couronné; nous ne sommes pas sûrs que Marianne épousera Valville, et de toute façon Valville infidèle est sorti du rôle que la tradition autorisait : « Un héros de roman infidèle! on n'aura jamais rien vu de pareil ».

Mais s'il a fait la critique du romanesque baroque, Marivaux ne s'est pas rallié pour autant à la formule du roman classique, œuvre courte, chargée de peu d'événements, mettant en jeu peu de personnages dans une action où les silences et les malentendus ont le plus grand poids. Il faut à ses personnages des aventures qui se dérouleront dans l'univers familier à ses lecteurs, à l'époque contemporaine, parmi des gens de la bonne et de la moyenne société, et non plus dans des pays éloignés ou inconnus, au temps jadis, entre des rois et des princesses. Leur première aventure est de vivre, ou de survivre, au sens le plus matériel pour Marianne et pour les orphelines et orphelins dont il a raconté le destin, au sens moral pour tous sans exception, puisque, pour un être attentif à lui-même et soucieux de se connaître, tout ce qui lui arrive lui pose une question ou l'oblige à un choix : à chaque instant une vie peut prendre une direction nouvelle, à tout le moins s'enrichir de nouvelles émotions. Dès *les Effets surprenants* Marivaux avait préparé la place, auprès des aventures extraordinaires dans les îles désertes, chez les Barbaresques et chez les tyrans, à l'aventure de la vie même, pour un être pour qui elle est incertaine et menacée, une orpheline arrachée à sa mère adoptive et jetée dans les tempêtes de la société. L'univers de l'aventure est désormais le monde réel, tout proche, pour ceux qui ne seraient rien, dont la conscience serait à peine éveillée, s'ils ne l'affrontaient pas de tout leur appétit et de toute leur inquiétude. On comprend pourquoi une orpheline de naissance inconnue, comme Marianne, un paysan obscur, qui aurait pu ne jamais voir d'autre horizon que celui de ses vignes, sont pour Marivaux des personnages de roman privilégiés. En arrivant à Paris, Marianne trouve, dans « la douce sympathie » qu'elle éprouvait entre son imagination et le spectacle de la ville, « un pronostic de toutes les aventures » qui devaient lui arriver; et Jacob, après la mort de son premier patron, attend l'avenir avec confiance : « Il y a tant d'aventures dans la vie, il peut m'en échoir quelque bonne ». Ni l'un ni l'autre ne sera sur ce point déçu, même si toutes leurs aventures ne sont pas heureuses : il faudra trois jours à Jacob pour rencontrer Mlle Habert, devenir son domestique, son cousin fictif et enfin son mari; quelques heures seulement à Marianne pour devenir amoureuse de Valville, être surprise chez lui par M. de Climal, être surprise avec M. de Climal chez Mme Dutour par Valville, rompre avec M. de Climal, faire connaissance de Mme de Miran; et que Valville soit le fils, Mme de Miran la mère et M. de Climal l'oncle rend ces rencontres encore plus improbables. Le reste des deux romans est à peine moins riche de faits, dont le rythme lent du récit empêche de sentir la rapidité et le nombre. Qu'importe l'invraisemblance matérielle à Marivaux, si la vérité des mœurs et celle des cœurs sont respectées? C'est bien dans la société de son temps qu'il place Marianne et Jacob, les aventures qui l'intéressent et qui font la matière du roman sont les aventures de leur âme.

Les aventures du moi

Les Effets surprenants de la sympathie commencent par un éloge exalté de l'amour :

> L'amour, plus puissant que toutes [les] passions [...] tire les hommes de leur caractère, il leur donne des vertus que la nature leur avait refusées, il les jette dans des crimes qu'ils regardaient avec horreur; il les transforme, pour ainsi dire. Le sexe même le plus sage se porte par l'amour à des extrémités que la faiblesse du tempérament semble lui devoir interdire. L'amour enfin rend capable de tout; sagesse, devoir, reconnaissance, tout est sacrifié quand il s'est rendu maître de nos cœurs.

Il fallait bien mettre en accord les sentiments et les événements peu ordinaires; mais sous l'exagération avec laquelle Marivaux parle ici de l'amour, on ne doit pas méconnaître une certitude : l'expérience du sentiment amoureux est une expérience irremplaçable, dont on ne peut avoir aucune idée si on ne l'a pas vécue, et que l'on ne songe pas à regretter quand on l'a vécue, parce que sans elle on n'aurait pas été soi-même. Le premier narrateur de ce roman ne cesse de le répéter à la dame à qui il le raconte; en refusant d'aimer, elle refuse de se sentir vivre :

> Non, Madame, qui n'a point aimé a vécu sans le sentir, ses jours ne sont qu'un tissu de mouvements indifférents, il ne connaît point tout l'avantage qu'il y a d'être, il ignore la plus noble partie de lui-même; le cœur, ce présent des dieux, est un trésor dont la valeur lui échappe, il est comme au milieu des biens sans en profiter, parce qu'il ne sait pas qu'il les possède, mortel vraiment infortuné, qui meurt sans avoir senti ce qu'il était!

Le sentiment évoqué dans ce style redondant est outré et conventionnel, mais c'est bien le sentiment qui seul, comme le dira Marianne, peut nous donner des nouvelles un peu sûres de nous, et l'histoire de Clarice, celle de Parménie, sont déjà l'histoire d'une âme. Après avoir réglé leur compte aux héros de la mystification de soi, dans *Pharsamon, la Voiture embourbée* et *le Télémaque travesti*, Marivaux, ramené au roman par ses essais de journaliste, fait raconter par Marianne, par Tervire et par Jacob, les expériences successives par lesquelles un individu s'est enrichi et est devenu lui-même. Le héros est animé par ce que l'on ne peut exactement appeler ni une idée, ni une image, ni même une intuition de lui-même, mais un besoin, un désir, qui oriente sa réaction à chaque situation nouvelle, disons une qualité qui supporte mal certaines impuretés et certains mélanges. Elle est innée, peut-être plus naturelle à l'aristocratie qu'à la roture (Marivaux pose la question et ne semble pas y répondre par l'affirmative), déterminée sans doute par le tempérament, par l'heureuse conformation des organes, confirmée et développée par la première éducation : Jacob a appris dans son village qu'on n'épouse pas une jeune fille qui aurait été « femme de chambre d'un monsieur »; Marianne, élevée à la campagne par un vieux curé et par sa sœur, gens « de très bonne famille », n'a jamais oublié les leçons que lui a données en mourant sa première bienfaitrice. Toute rencontre, tout événement qui touche la sensibilité affecte le sentiment que le *moi* a de lui-même et exige une réponse de tout l'être. Une fois dépassé l'état de stupeur où la surprise l'a plongé, l'individu s'interroge sur la modification qu'il vient de subir, enrichissement ou mutilation; il doit l'intégrer à lui-même, devenir autre sans se renier, accueillir tout ce dont il s'est découvert « capable », comme Marianne accueille les mortifications qu'elle éprouve lors de son premier entretien avec Valville :

> Et voyez que de différentes mortifications il avait fallu sentir, peser, essayer sur mon âme, pour en comparer les douleurs, et savoir à laquelle je donnerais la préférence!

Le roman raconte ainsi l'apprentissage qu'un être fait de

lui-même, dans la souffrance ou dans la joie, souffrance et joie reconnues seulement lorsque le temps, si court qu'il soit, a permis à l'esprit de se représenter la situation nouvelle :

> Je ne pleurais pourtant point alors, et je n'en étais pas mieux. Je recueillais de quoi pleurer; mon âme s'instruisait de tout ce qui pouvait l'affliger, elle se mettait au fait de ses malheurs; et ce n'est pas là l'heure des larmes : on n'en verse qu'après que la tristesse est prise, et presque jamais pendant qu'on la prend; aussi pleurerai-je bientôt.

L'arrivée à Paris est pour Marianne l'une de ces révélations d'où commence une nouvelle époque dans l'existence. L'étonnement qu'elle a ressenti d'abord à se trouver comme dans l'« empire de la lune » se dissipe, et la petite provinciale comprend qu'elle est faite pour vivre à Paris :

> Je me retrouvai pourtant dans la longueur du chemin, et alors je jouis de toute ma surprise : je sentis mes mouvements, je fus charmée de me trouver là, je respirai un air qui réjouit mes esprits. Il y avait une douce sympathie entre mon imagination et les objets que je voyais, et je devinais qu'on pouvait tirer de cette multitude de choses différentes je ne sais combien d'agréments que je ne connaissais pas encore; enfin il me semblait que les plaisirs habitaient au milieu de tout cela. Voyez si ce n'était pas là un vrai instinct de femme, et même un pronostic de toutes les aventures qui devaient m'arriver.

Suivre l'histoire de Marianne, c'est passer en revue ses expériences intérieures, qui se pressent dans la première partie : les paroles de sa bienfaitrice agonisante gravent en elle le sentiment de l'honneur; elle découvre ensuite la douleur et la terreur dans l'auberge où elle est laissée seule (« Mon Dieu! combien de douleur peut entrer dans notre âme, jusqu'à quel degré peut-on être sensible! »), la honte devant le père Saint-Vincent et devant Climal, les exigences de sa délicatesse devant la grossièreté de Toinon et de Mme Dutour, la vanité quand elle revêt le linge et la robe achetés par M. de Climal. Au début de la seconde partie se place l'une de ses expériences les plus exaltantes : devenue dans l'église le centre vers lequel convergent tous les regards, elle connaît la gloire d'être admirée, désirée, jalousée, elle remplit un petit univers de son être et lit dans tous les yeux son droit à être contente de ce qu'elle est. Sa situation est plus difficile et plus dangereuse chez Valville : non seulement elle découvre dans l'amour naissant un sentiment qu'elle ignorait et un rapport avec autrui qu'elle ne connaissait que par ouï-dire, mais elle prend vivement conscience de l'interdit dont sa condition sociale frappe ses plus intimes mouvements. Entre ce qu'elle se sent être au fond du cœur et ce qu'elle est pour la société, elle voit une incompatibilité si totale qu'elle fond en larmes. Comprendre, ou plutôt s'avouer les véritables intentions de Climal, trouver en Mme de Miran la mère de Valville, comparaître devant le conseil de famille, se convaincre de l'infidélité de celui qu'elle aime, c'est pour elle à chaque fois avoir à se réévaluer et à prendre une décision digne d'elle. Ses hésitations, ses essais pour se dissimuler la vérité et pour s'éviter un sacrifice, ses déchirements, ses fières résolutions constituent le tissu des « aventures » qu'elle a entrepris de raconter.

Nous avons déjà noté (dans le chapitre sur « l'Épreuve ») deux des expériences de Jacob, celles qui contribuent le plus puissamment à la transformation du petit paysan en jeune homme apte à goûter les plaisirs du monde et digne de les partager. Mme de Ferval était l'agent de ces deux expériences. D'autres sont moins heureuses, mais non moins importantes; l'accueil que Jacob reçoit à Versailles des hauts personnages auxquels il est allé demander un emploi l'a si profondément blessé qu'il s'est fait pour la vie entière un principe inébranlable d'humanité :

> Je n'ai jamais oublié cette scène-là : je suis devenu riche aussi, et pour le moins autant qu'aucun de ces messieurs dont je parle ici; et je suis encore à comprendre qu'il y ait des hommes dont l'âme devienne aussi cavalière que je le dis là, pour celle de quelque homme que ce soit.

Chez la Remy, où un chevalier insolent le surprend dans la compagnie de Mme de Ferval, à la Comédie-Française où il a honte de son habit bourgeois et de son « hétéroclite figure », il essuie des humiliations d'autant plus cruelles qu'un instant plus tôt il était ivre de vanité. Mais il ne se laisse pas ballotter passivement entre les triomphes et les avanies, tout lui sert à mieux se connaître et à mieux assurer la satisfaction de son appétit de bonheur.

Tervire aussi a subi quelques épreuves cruciales qui sont les étapes de sa maturation : l'abandon où elle a été laissée, encore toute petite fille; la « révolution » qu'a causée en elle la confession de son amie la religieuse; le désespoir où elle est tombée après l'attentat de M\ue de Sainte-Hermières et du jeune abbé contre son honneur; l'émotion qui la bouleverse quand elle retrouve sa propre mère dans l'inconnue de l'auberge parisienne, mourante de misère et de maladie.

Les moments intenses ne sont pas seuls à révéler ces êtres à eux-mêmes; tout est aventure, si l'on en croit Marianne, « aventures bien simples, bien communes », mais qui obligent le héros ou l'héroïne à faire un pas de plus dans sa propre exploration, à assumer plus lucidement sa vocation et son caractère.

Personnages

La naissance, le cadre de l'existence et la destinée ont été combinés par Marivaux chez Marianne, Tervire et Jacob de telle façon que les trois personnages sont complémentaires : naissance roturière, vie parisienne, carrière de riche bourgeois chez Jacob; naissance pis que roturière : inconnue, vie parisienne, carrière d'aristocrate chez Marianne; naissance aristocratique, vie provinciale, état monastique chez Tervire. Cette combinaison ternaire n'empêche pas que ces personnages se rangent d'autre part en deux catégories, Marianne et Tervire dans la catégorie des orphelines malheureuses, Jacob dans celle des jeunes paysans. Dans la première catégorie figuraient déjà Caliste, Parménie, Dorine, Clorinne, Célie; dans la seconde Cliton (celui de *Pharsamon*), Pierrot-Timane, Brideron, l'Indigent philosophe et son camarade le comédien, pour nous en tenir aux textes narratifs.

En réunissant les traits qui se complètent chez les diverses orphelines, on peut dessiner le destin-modèle de ce personnage de roman, différent de celui de l'orpheline du théâtre (seule l'Angélique de *l'Épreuve* a de très partielles ressemblances avec les orphelines des romans) : avant sa naissance même, l'enfant est déjà marquée d'un signe néfaste, ses futurs parents s'étant mariés contre la volonté de leur famille, ou leur mariage leur suscitant des ennemis qui vont jusqu'à l'assassinat. Tervire est née d'un mariage secret, les parents de Marianne (si ce sont bien eux...), voyagent *incognito,* ils s'étaient inscrits dans le registre des voyageurs sous un « nom assez étrange [...] et peut-être qu'ils n'avaient pas dit le véritable ». Seule à survivre, ou enlevée, ou abandonnée par le parent qui lui reste, ou séparée de lui, l'enfant s'attache à une mère adoptive, et cet attachement est une source de conflits : il est sentiment électif, il heurte les sentiments — et les intérêts — naturels. Il est source également de douleur, parce que la jeune fille doit perdre sa mère adoptive, soit par la mort de celle-ci (qui est en général une femme âgée), soit parce qu'elle est retrouvée par sa propre famille. La situation d'une jeune fille aimée par une mère adoptive est donc très riche d'un romanesque dont Marivaux a développé diverses modalités : la douleur de la séparation est inscrite dans le destin de Dorine, orpheline adoptée par la paysanne Fétime, et qui regrettera un jour (c'est Clarice qui le lui prédit, dans *les Effets surprenants*) son affection et la campagne où elle vit avec elle; Parménie, retrouvée par son père, quitte avec désespoir celle qui l'avait adoptée :

> Nous versâmes toutes deux un torrent de larmes, et je compris, malgré le plaisir de trouver un père, que la reconnaissance dans les cœurs naturellement généreux fait des liens quelquefois plus étroits que ceux de la nature même.

Le conflit entre les liens de la reconnaissance et ceux de la nature aboutit paradoxalement (mais selon une profonde vérité aux yeux de Marivaux) à faire ressentir à Parménie comme étranger et dénaturant le milieu dans lequel elle va vivre avec son père et auquel sa naissance la destinait :

> Je regrettais ma chère solitude, image de la vie paisible

que j'avais passée longtemps avec ma mère; je regrettai cette mère elle-même; mille autres chagrins dont je ne démêlais point la cause, accablèrent encore mon esprit. Quel changement pour moi, m'écriais-je quelquefois! Hélas! il faudra donc apprendre à devenir flatteuse et politique; il faudra donc étouffer cette sincérité vertueuse que ma mère m'avait inspirée! Comment conformer mon cœur à ce raffinement artificiel et dans les discours et dans les manières? Plus de tranquillité pour moi, plus d'innocents plaisirs; au lieu de cette vertu sage et modeste que j'ai vu briller dans ma mère, je n'en verrai que l'ombre [...]. Hélas, ma mère, où conduit-on votre fille? Que vos maximes sont différentes de celles qu'il faudra que je prenne!

Dans *Pharsamon*, Iphile, mère adoptive de Clorinne, prend parti contre le bonheur de la jeune fille (qu'elle aime pourtant) et en faveur des intérêts familiaux qui s'opposent à son mariage avec un jeune homme riche et bien né : Clorinne en vient à détester sa mère adoptive; elle retrouve elle aussi son père, mais ne s'accoutume pas mieux que Parménie au monde dans lequel elle doit désormais vivre : elle ne se console pas de son bonheur brisé.

Marianne et Tervire étant des personnages beaucoup plus complexes, doués d'une intériorité beaucoup plus exigeante que Dorine, Clorinne ou Parménie, Marivaux a dédoublé pour elles le séjour chez une mère adoptive : la mort de la sœur du curé pour Marianne, de Mme de Tresle pour Tervire, leur cause une douleur dont leur sensibilité est à jamais marquée; mais l'une et l'autre est trop jeune pour comprendre les conflits d'intérêts que l'adoption fait surgir : ils n'éclatent pour elles qu'à l'occasion de leurs rapports avec leur seconde mère adoptive, Mme de Miran et Mme Dursan, quand elles sont capables d'en ressentir l'acuité et d'y apporter elles-mêmes une solution (dont le succès n'est pas le même pour toutes les deux) : leur propre sacrifice. Avec elles, Marivaux est passé d'un romanesque sentimental naissant de circonstances pathétiques à un romanesque intérieur, celui d'une conscience aux prises avec les difficultés de la vie. Il peut donc négliger, dans le cas de Marianne, ou métamorphoser, dans le cas de Tervire, la suite ordinaire du destin de l'orpheline : Marianne ne retrouve pas sa famille, du moins pendant la partie de son existence qui constitue la matière du roman; Tervire retrouve sa mère, mais au lieu d'entrer dans la vie sous sa protection, elle la perd aussitôt après avoir pris courageusement sa défense contre l'ingratitude de son fils et de sa belle-fille. L'histoire de Tervire s'arrête là; celle de Marianne s'arrête quand Marianne, sortie à son honneur du conflit qui l'opposait à la famille de sa mère adoptive, pense avoir trouvé le moyen le plus honorable de faire face à une difficulté inconnue des héroïnes précédentes, qui n'avaient affaire qu'à des méchants et des violents : l'infidélité de celui qu'elle aime.

Marivaux a donc approfondi le caractère de l'orpheline depuis ses premiers romans, ou plutôt Marianne et Tervire ont un caractère, tandis que Parménie, Caliste, Clorinne, Célie n'avaient guère que des aventures. Leur état d'orphelines n'est plus un accident qui donne lieu à des événements romanesques et à des retrouvailles, il conditionne leur prise de conscience et les contraint à se poser sans cesse de façon plus exemplaire que personne la question : « Qu'est-ce que *moi?* »

Marianne n'est rien. Si tout semble prouver qu'elle est noble aux yeux des autres personnages, elle-même ne le dit jamais positivement, toutes les propositions qu'elle formule sur son origine sont dubitatives. Elle ignore qui elle est, et elle est hantée par la peur de se tromper, d'être trompée, en bien ou en mal, sur elle-même. A chaque humiliation, à chaque épreuve, elle est tentée de se réfugier dans le néant; ses cris de désespoir, ses questions angoissées que nous avons cités sont bien loin d'être, comme certains l'ont cru, d'habiles artifices. Si elle ressent une double aspiration, au bonheur et à l'honneur, elle préfère disparaître plutôt que de jouir d'un bonheur impur et d'un honneur usurpé. Son drame est que, malgré les apparences, la force de ses aspirations et leur élan diminuent sous les coups de l'adversité; aveugle un moment, quand elle peut se croire assurée de Valville, elle retrouve sa lucidité et répond à l'infidélité de Valville par la grandeur et la générosité du sacrifice : que par la suite, dans la partie de sa vie qui ne nous est pas racontée, elle ait connu la réussite mondaine, cela n'importe plus à Marivaux. Tout donne à comprendre que cette réussite a été décevante, et de toute façon le roman que Marivaux voulait écrire n'est pas celui qu'écriront Mouhy *(la Paysanne parvenue)* et Gaillard de la Bataille *(Jeannette Seconde ou la nouvelle paysanne parvenue),* celui d'une consécration sociale, mais le roman d'une interrogation avide sur la nature du *moi* et sur le droit au bonheur d'un individu qui n'a l'aide d'aucune référence extérieure pour se connaître.

Tervire est une victime qui s'est donné pour mission de protéger les victimes : privée de tout par l'égoïsme et la négligence de sa mère, élevée par la charité de Mme de Tresle, sa grand'mère, puis par celle du fermier Villot, on dirait qu'elle s'est refusé le droit d'être heureuse tant qu'il y aurait un malheureux qu'elle pourrait aider ou une injustice qu'elle pourrait réparer. Les malheurs qu'elle éprouve elle-même ne sont pas l'effet de sa malchance ou de sa faiblesse, mais de sa volonté et de son choix. L'assistance qu'elle apporte à Marianne, elle l'a prodiguée avec autorité à la religieuse dont l'exemple l'avait d'abord détournée du couvent, à la vieille Mme Dursan, à toute la famille Dursan, à l'inconnue avec laquelle elle fait le voyage de Paris, à sa propre mère qu'elle découvre en cette inconnue. Les problèmes que leur condition pose à Marianne et à Tervire intéressent à la fois leur existence et leur conscience, mais pour Marianne la conscience d'abord, pour Tervire plutôt l'existence; avec la même rigueur celle-ci se demande : Qu'être? et celle-là : Qui être?

Jacob est encore plus éloigné des personnages qui s'apparentent à lui : Colin-Cliton et Pierrot-Timane n'ont qu'un bon sens rustique, trop souvent obscurci par la vanité romanesque; Brideron, plus complexe, est vu de l'extérieur par le romancier ironique; l'Indigent philosophe et le comédien représentent une philosophie de la vie différente de celle de Jacob, une sorte d'anarchisme ennemi des valeurs de luxe et de raffinement auxquelles Jacob est très sensible; ils sont conscients d'eux-mêmes, mais sans calcul, alors que Jacob suppute souvent ce qui peut résulter des situations où il se trouve et se tient prêt à toute éventualité, au risque de passer pour un arriviste. Le type, familier à l'imagination de

Marivaux, du « gros brunet », du garçon de bonne humeur, avide de jouissances concrètes, sans souci et sans préjugés, homme du peuple par sa naissance ou par sa condition, ce type dont les Arlequins des comédies sont aussi des variantes, subit une double transformation avec Jacob : il s'intègre à la société des « honnêtes gens » et est capable de justifier à ses propres yeux cette intégration tout en gardant sa liberté d'esprit. Jacob n'est pas ambitieux, il a le goût du plaisir, l'appétit d'exister et un amour-propre très vif, éveillé à certaines jouissances par la rencontre de Mme de Ferval, mais assez fort pour le faire rougir quand il sent qu'il n'est pas à sa place, et pour lui éviter de s'avilir. Personnage tout autre évidemment que Marianne et que Tervire, son histoire est comme la leur celle d'une conscience qui s'éclaire et qui devient maîtresse d'un destin.

Deux personnages du *Spectateur français* sont à joindre à ces trois personnages principaux de *la Vie de Marianne* et du *Paysan parvenu :* l'Inconnu dont l'histoire occupe les feuilles XXI, XXII, XXIV et XXV, et la vieille dame dont les feuilles XVII, XVIII et XIX font connaître le « Mémoire de ce que j'ai fait et vu pendant ma vie ». Le premier devient sous nos yeux un personnage de Marivaux, c'est-à-dire un personnage du roman de la défense de soi et de l'énergie, alors qu'il était d'abord un personnage de roman sentimental, anéanti par le malheur, enfoncé dans sa tristesse. Il quitte à regret le village où sont morts ses parents et prend la route de Paris, croyant trouver quelque protection dans la capitale. Tandis que, durant sa marche, le paysage change autour de lui, son cœur change également, sa volonté s'affermit, son attention se concentre sur lui-même et l'on devine qu'il pourra affronter la société avec le courage que montreront après lui Marianne et Jacob :

> Je n'étais plus sur la terre qu'un malheureux inconnu ; je n'avais plus que des ennemis dans le monde, car n'y tenir à qui que ce soit, c'est avoir à y combattre tous les hommes, c'est être de trop partout.
>
> Cependant j'avançais ; ma douleur et ma tristesse s'augmentaient à mesure que je m'éloignais davantage ; je me retournais à tout moment ; je craignais d'avancer ;

je ne pouvais renoncer à des objets qui me tuaient, et je mourais de penser que bientôt je ne les verrais plus.

Enfin je m'éloignai tant que je les perdis de vue; il se fit alors un changement en moi; je n'avais été que triste et attendri sur moi-même; je n'avais songé à rien qu'à nourrir ma tristesse de tout ce qui pouvait me la rendre plus sensible; mais quand je me vis hors de la portée de ces objets qui m'étaient si chers, et que l'éloignement où je me trouvais eut rompu, pour ainsi dire, le commerce que mes yeux et mon cœur aimaient à avoir avec eux, je fus à l'instant saisi de je ne sais quel esprit de défiance et de courage qui me rappela tout entier pour moi-même, et me rendit l'objet unique de toutes mes attentions; je regardai les périls que je croyais courir moins pour les craindre, comme j'avais fait auparavant, que pour prendre garde à moi; ma timidité me donna des forces, et je marchai armé d'une précaution soupçonneuse qui veillait à tout, et qui me tenait toujours en défense.

Marivaux n'avait donc pas à opposer son propre romanesque seulement à l'héroïsme vaniteux dont plusieurs de ses romans font la satire, mais aussi à l'attrait de la sensibilité, des larmes qui allaient envahir le roman après lui. Il avait à l'opposer encore à la désillusion, au sentiment de l'échec inévitable et du néant de tout, et il y est moins bien arrivé : le sens final de l'histoire de Tervire, et même de celle de Marianne, autant qu'on peut l'imaginer d'après la structure de l'œuvre, n'est guère optimiste. En tout cas, avant de montrer ces vies en train de se construire, Marivaux a montré dans l'histoire de la vieille dame une vie qui se défaisait, qui perdait toutes ses illusions et aboutissait au renoncement et à la retraite. Or par les succès mondains, par l'esprit et la coquetterie, cette dame semble bien avoir vécu l'existence dont Marianne laisse entrevoir qu'elle a été la sienne après les événements racontés dans ses Mémoires. Il manquait sans doute à la vieille dame ce qui fait la force de Marianne, le sens infaillible de sa dignité, une conscience de soi toujours en éveil; mais peut-être Marivaux a-t-il voulu aussi exposer dans ce récit le destin auquel Marianne sera exposée, et qu'elle conjurera par les moyens intérieurs qui lui sont propres.

Structures

En 1717, dans les *Lettres sur les habitants de Paris,* Marivaux comparait le bel esprit à l'architecte né qui a l'intuition globale d'un édifice et le voit dans toutes ses parties sans avoir besoin d'en calculer laborieusement les proportions. Marivaux venait d'écrire quelques années plus tôt une série de romans curieusement composés, peut-être est-ce la raison pour laquelle il accorde à cette date tant d'importance au plan qui, s'il n'est pas géométriquement établi, assure néanmoins l'unité de l'œuvre et les relations entre ses éléments. Par la suite, il affirme plusieurs fois qu'il ne compose pas, qu'il laisse venir ses idées, qu'il « abandonne son esprit à son geste naturel », que ni Marianne ni Jacob ne sont des auteurs, qu'ils n'écrivent pas un livre... Mais dès l'« Avis au lecteur » des *Effets surprenants* il avait condamné la méthode, la règle, la symétrie, et le narrateur de *Pharsamon* affichait la plus grande désinvolture envers la marche de son propre récit. La référence à l'architecte ne contredit pas cette attitude de libre improvisateur : il faut comprendre que, pour Marivaux, le principe ordonnateur d'un écrit n'est pas une forme posée *a priori,* mais la vérité de la pensée ou du sentiment. L'effort de l'écrivain ne consiste pas à imiter un modèle et à appliquer des règles, mais à éliminer de son texte tout ce qui n'est pas authentiquement dans son esprit et dans son cœur. Ennemi constant de tout formalisme, Marivaux substitue à la conscience artistique une conscience morale et intellectuelle et se fait un devoir d'être vrai : cela ne le conduit nullement au désordre, mais à un ordre informel, où toutes les parties sont liées par le seul fait de leur rapport à une même intention, à une même signification qu'elles développent, ce qui est contradiction ou invention gratuite étant refusé. Ainsi se comprennent les propos que Marivaux fait tenir à un personnage du *Paysan Parvenu,* et qui ne démentent en rien les prétentions répétées à la libre inspiration; ces propos sont adressés à un écrivain en qui l'on reconnaît d'habitude Crébillon fils :

> Je n'ai point vu le dessein de votre livre, je ne sais à quoi il tend, ni quel en est le but. On dirait que vous ne vous

êtes pas donné la peine de chercher des idées, mais que vous avez pris seulement toutes les imaginations qui vous sont venues, ce qui est différent : dans le premier cas, on travaille, on rejette, on choisit; dans le second, on prend ce qui se présente, quelque étrange qu'il soit, et il se présente toujours quelque chose; car je pense que l'esprit fournit toujours, bien ou mal.

Nous devons donc admettre que les écarts de Marianne et le décousu apparent des Journaux sont commandés par un « dessein », par un « but »; mais dans ses premiers romans Marivaux s'est exercé à des recherches d'un caractère plus formel.

Les Effets surprenants de la sympathie sont composés selon un schéma concentrique très répandu quelque quatre-vingts ou cent ans plus tôt dans le roman baroque : le récit principal contient des récits faits par un personnage à un autre, à l'intérieur desquels sont rapportés d'autres récits, et dans ces derniers figurent encore des récits qui eux-mêmes peuvent être truffés de récits. Ainsi Caliste raconte à Clarice l'histoire de Frédelingue; au cours de cette histoire, Frédelingue entend un récit que lui fait Parménie; dans ce récit de Parménie est inséré un récit de Merville qui contient un récit de Misrie, lequel contient le récit d'un Anglais et est suivi d'un récit de Guirlane. C'est la série la plus chargée, mais le récit principal est encore interrompu d'abord par des récits moins importants, puis par le récit de Frédelingue (sous le nom d'Emander) qui comporte deux récits insérés et un récit inséré au second degré, et enfin par le récit du père de Clorante. Le récit principal représente environ trois dixièmes de l'œuvre, tandis que le récit de Caliste (sous le nom d'Isis) en représente presque la moitié et l'ensemble des autres récits un peu plus des deux dixièmes. Marivaux a voulu justi-fier cette longueur disproportionnée d'un des récits insérés :

Au reste, Madame, si le récit d'Isis emporte la plus grande partie des aventures de Clorante, vous ne le trou-verez pas si extraordinaire, quand vous ferez réflexion que dans cette histoire est mêlée celle de Caliste elle-même, et que celle de Frédelingue et de Parménie, qu'elle rapporte, ont un rapport nécessaire avec la sienne; que d'ailleurs l'épisode n'est point étrangère, puisqu'elle est un récit des aventures des principaux personnages, je veux dire de Caliste et d'un autre qu'il n'est point temps que vous connaissiez encore.

Cet « autre » qui est mentionné dans la dernière phrase est Frédelingue lui-même, qui a par hasard rejoint les personnages du récit principal et ne sera d'abord connu que sous le nom d'Emander. Mais Marivaux ne désigne pas explicitement les récits de Merville, de Misrie, de l'Anglais, de Guirlane, et pour cause : il ne pouvait pas prétendre qu'ils eussent « un rapport nécessaire » avec l'histoire de Caliste. Il semble bien avoir voulu jouer la difficulté, en coordonnant dans une même construction les aventures les plus diverses.

La composition de *Pharsamon* est en trompe-l'œil : Pharsamon a l'esprit dérangé pour avoir lu trop de romans et sa rencontre avec Cidalise, la complicité de Cliton et de Fatime, le font vivre dans un monde délirant, qu'il croit héroïque et qui est ridicule. Mais au cours de ses aventures il fait connaissance de personnages qui appartiennent au monde réel, non extravagant, et ces personnages sont presque aussi fous que lui : Clorinne, s'étant déguisée en homme, et ayant fait déguiser aussi sa confidente Elice, est venue entretenir son désespoir d'amour dans une maison au fond des bois; cela ne l'empêche pas de devenir amoureuse du héros; Célie déguisée en paysanne fuyait « le plus cruel de [ses] ennemis » déguisé en berger, quand Pharsamon, à qui le hasard fournissait une occasion de courage chevaleresque encore plus belle que celles dont il rêvait, la délivre de son agresseur. L'histoire très réelle (par opposition aux extravagances de Pharsamon) de cette Célie comporte tous les éléments des histoires les plus romanesques : esclavage en Barbarie, Turc généreux et amoureux, rival félon, île peuplée de sauvages... Et l'histoire de Clorinne, dont nous avons dit la signification sociale, semble réaliser tragiquement les épisodes du roman que Pharsamon s'imagine vivre avec Cidalise : amour interdit, séquestration, tentative de fuite avec l'amant, découverte d'un père noble. L'esprit s'y perd, et Cliton, lié de cordes un jour comme un aliéné, rendu à la liberté le lendemain comme rentré dans son bon sens, n'a pas tort de s'écrier :

> S'il est vrai que j'étais fou hier, assurément, Monsieur, je le suis encore; car il me semble à moi que je n'étais hier pas plus fou que je le suis aujourd'hui.

L'architecture de l'œuvre est donc beaucoup moins solide que celle des *Effets surprenants,* l'intérêt formel résidant dans les glissements qui se font sur divers plans, du château où le héros vit avec son oncle à la campagne où il court les aventures; du comportement des maîtres à celui des domestiques; du récit principal aux récits insérés; du monde réel au monde imaginaire.

La Voiture embourbée a une composition en miroir : les voyageurs qu'un accident de voiture force à passer la nuit dans une auberge trompent leur attente en racontant un « roman impromptu », chacun reprenant le fil du récit où l'autre à court d'imagination l'a laissé. Les diverses inventions reflètent le caractère de leurs auteurs, le narrateur du récit-cadre, qui fournit le tiers du « roman impromptu », fait une peinture satirique des héros extravagants, la dame romanesque invente les épisodes les plus merveilleux, le bel esprit renchérit et décrit les tortures que nous avons déjà citées, la demoiselle simple et sincère dissipe d'un mot les fantasmagories, le financier revient à la satire, le jeune campagnard broche un dénouement grotesque. De plus, la situation fictive des héros, dans le « roman impromptu », est une image ironique de la situation où se trouvent les voyageurs eux-mêmes, honnêtes gens contraints d'accepter dans leur mésaventure une hospitalité villageoise qu'ils trouvent grossière.

Le Télémaque travesti suit phrase à phrase *les Aventures de Télémaque* de Fénelon; il posait à Marivaux des problèmes d'expression et de transposition, non de composition.

Le principe sur lequel sont construits *le Paysan parvenu* et *la Vie de Marianne* est déjà connu : chaque épreuve subie par le personnage principal (Jacob, Marianne ou Tervire) est dominée, l'expérience qu'il en retire est intégrée à son être, une nouvelle épreuve se présente, et le roman avance ainsi vers le moment où instruit, mûri, le personnage n'aura plus à se chercher et à se découvrir à travers ses épreuves, même si le seul fait de continuer à vivre implique encore d'innombrables surprises. Mais ce moment final, aucun des trois narrateurs ne l'atteint : entre l'époque où chacun parle et l'époque où son histoire est interrompue s'ouvre un délai de nombreuses années, la partie la plus longue de sa vie, sur laquelle nous n'avons que quelques lueurs, en ce qui concerne Jacob et Marianne, et dont nous sommes totalement ignorants en ce qui concerne Tervire. Cette béance n'est pas la conséquence de l'inachèvement des récits, elle en est plutôt la cause, elle fait partie du dessein originel qu'a dû avoir l'auteur : faire entendre la voix de quelqu'un qui parle d'un passé dont il est séparé par un vaste et obscur intervalle. Si l'état dans lequel se trouve actuellement le narrateur était l'aboutissement de ce passé et se rattachait à lui sans interruption, Marivaux n'aurait paru raconter que la carrière sociale, heureuse ou malheureuse, d'un individu. Il s'interdit de le faire en séparant irrémédiablement le passé du présent. Jacob est devenu (peut-être) financier, par la protection (peut-être) du comte d'Orsan, mais il nous est impossible de dire comment il est «parvenu», qui il a épousé après Mlle Habert, quelle existence a été la sienne : le continuateur anonyme, auteur des sixième, septième et huitième parties par lesquelles il conduit l'histoire de Jacob jusqu'au moment où sont rédigés les Mémoires, a inventé des platitudes et a fait un bourgeois sentimental de celui dont le visage ironique restait dans l'ombre tandis que brillaient les années de son audacieuse adolescence. Marianne est devenue comtesse, le sous-titre du roman le dit et elle-même fait plusieurs allusions à la période mondaine de sa vie, mais de qui tient-elle sa noblesse, d'un mari? duquel? Valville ou un autre? de sa famille retrouvée? comment, quelle famille? A lire le roman du plus près, on s'aperçoit qu'aucun des détails qui semblent donnés comme indices de l'avenir n'est décisif et que les propositions les plus évidemment en accord avec la logique de cette destinée : Marianne aura épousé Valville, Marianne aura retrouvé sa famille et sa noblesse aura été ainsi confirmée, jamais Marivaux ne les formule ou ne les insinue. Il a laissé d'autres raconter l'histoire d'une pauvre orpheline qui épouse un homme de la noblesse et qui se découvre une haute famille : non seulement il ne voulait pas la raconter lui-même, mais cela n'avait rien à voir avec son sujet. Quant à Tervire, elle s'est faite religieuse. Elle avait pourtant conçu l'horreur du cloître et elle détourne Marianne d'entrer en religion : pourquoi y est-elle entrée elle-même, à la suite de quels événements, par vocation ou par dépit ou par nécessité? Le mystère est impénétrable.

Deux traits caractérisent la structure des romans écrits par Marivaux : les répétitions et l'inachèvement. Dans *les Effets surprenants de la sympathie,* les répétitions viennent peut-être de ce que l'imagination du romancier n'est pas à la hauteur de sa sensibilité. Clorante aime Caliste qui l'aime aussi, est aimé de Clarice qu'il n'aime plus, doit arracher Caliste à son rival Périandre qui la séquestre et la tyrannise; Frédelingue aime Parménie qui l'aime aussi, est aimé de la Princesse qu'il n'aime pas, doit se battre avec un rival, le frère de la Princesse, qui séquestrait Parménie; Merville aime Misrie qui l'aime aussi, est aimé de Guirlane, mère de Misrie et ne l'aime pas, se bat avec un rival qui prétend à la main de Misrie, doit enlever Misrie à son père qui la séquestre. D'autres fois le lien entre les deux jeunes gens n'est pas un amour partagé, l'un aime et l'autre estime ou compatit : Mériante aime Parménie qui a pour lui de l'amitié, il est aimé de la Princesse qu'il n'aime pas et qui encourage contre lui son rival Tormez; Merville est aimé d'Halila dont il a pitié, il est aimé aussi de l'esclave Frosie qu'il repousse et qui le dénonce au mari d'Halila, Méhémet, lequel joue alors le rôle de rival. Enlèvements, séquestrations, évasions, combats entre l'amoureux et le rival sont les épisodes obligés de ces intrigues qui sont comme les variations d'un même thème. Dans *Pharsamon,* la répétition se présente sous deux formes : d'une part les domestiques imitent les maîtres, selon une disposition qui se retrouvera dans les comédies, notamment dans *le Jeu de l'Amour et du Hasard,* et qui sert ici à ridiculiser au second degré la ridicule affectation de Pharsamon et de Cidalise; d'autre part l'histoire insérée de Clorinne est dans le sérieux ce que l'histoire que Pharsamon rêve pour lui-même est dans le comique. On retrouve dans *la Voiture embourbée* aussi bien la correspondance entre le réel et le fictif que l'imitation des maîtres par les domestiques. De plus, les trois premiers romans se font écho les uns aux autres : comme le faisait remarquer Marivaux ou son éditeur, *Pharsamon* est une histoire « dans le même goût » que *la Voiture embourbée*, et ces deux histoires parodient sinon *les Effets surprenants* eux-mêmes, du moins le genre auquel se rattache ce roman. *Le Télémaque travesti* ne comporte pas à proprement parler de répétition, mais il est une répétition par lui-même, puisqu'il décalque le *Télémaque* de Fénelon. Enfin les trois récits du *Paysan parvenu* et de *la Vie de Marianne* sont parallèles, quelles que soient les différences de caractère et de condition entre les trois protagonistes : un individu condamné à l'obscurité par son origine ou l'abandon où il a été laissé apprend à se connaître et à connaître le monde et livre bataille pour avoir le droit d'être lui-même; dans *la Vie de Marianne,* la comparaison entre le destin de Marianne et celui de Tervire est un élément structural, et plusieurs épisodes se répondent d'un récit à l'autre : enfance chez une première mère adoptive, rencontre d'une seconde mère adoptive au moment de l'adolescence, refus d'un statut aliénant — celui de fille entretenue pour Marianne, celui de religieuse sans vocation pour Tervire —, confrontation avec le groupe social. La situation du narrateur par rapport à son récit est la même pour Jacob, pour Marianne et pour Tervire.

L'intérêt du lecteur est éveillé pour l'orpheline Dorine, dans *les Effets surprenants,* mais aucune suite n'est donnée à son histoire, on ne sait si elle retrouvera sa famille, si elle quittera sa mère adoptive Fétime, on ne peut même pas se faire une idée bien claire de son rôle dans les derniers épisodes du roman, l'auteur l'ayant confondue avec une autre servante. L'histoire de Célie, la Solitaire de *Pharsamon,* beaucoup plus développée, n'a pas de conclusion : les événements de l'intrigue principale empêchent Célie d'achever le récit qu'elle avait commencé pour Pharsamon, et l'auteur d'expliquer pourquoi elle était menacée et quel était son agresseur, quand Pharsamon lui avait sauvé la vie. Le conte fantastique du « roman impromptu » tourne court, dans *la Voiture embourbée,* par la malicieuse simplicité d'une des devisantes. Le dénouement du *Télémaque travesti* n'en est pas un, Brideron rejoint l'histoire de son père comme le

Télémaque de Fénelon retournait à l'*Odyssée*, et Phocion est envoyé aux Petites Maisons. Les *Lettres contenant une aventure* sont inachevées, le récit de l'Inconnu dans *le Spectateur français* est inachevé; inachevée, dans *l'Indigent philosophe*, l'histoire du comédien, inachevés enfin les récits de Jacob, de Marianne et de Tervire. Tous ces inachèvements sont volontaires, sans avoir tous le même sens : tantôt une histoire insérée cesse d'être intéressante quand le fil de l'intrigue principale est dénoué; tantôt une situation, un épisode, une expérience d'une grande portée morale ou d'un riche contenu psychologique perdraient trop à s'achever banalement en historiette; tantôt le récit contient assez d'indications anticipées pour qu'une conclusion soit inutile : c'est dans *le Paysan parvenu* et dans *la Vie de Marianne* que l'inachèvement est le plus essentiel et impliqué par le plan des œuvres. Il permet aux narrateurs de s'arrêter dans leur histoire au moment où leur être social allait se figer, il leur permet surtout d'avoir sur l'objet de leur narration le point de vue le plus lucide et le plus conforme à leur vérité.

Registres

Qui raconte, à qui raconte-t-il, quand raconte-t-il, pourquoi raconte-t-il? Ce sont les questions qu'un romancier se pose au moment même où il conçoit le sujet d'un roman. Marivaux, toujours désireux de vraisemblance et de naturel, leur a apporté des réponses très adroites. Il s'agit pour lui de justifier l'existence de l'œuvre qui ne doit pas passer pour l'exercice d'un « auteur », le produit de la convention et de l'artifice : sa destination première n'est pas de fournir une lecture littéraire à un public, elle n'arrive au public que par un accident ou elle ne lui est adressée que pour le faire profiter d'une leçon, jouir d'un plaisir dont il n'était pas le premier destinataire. Le lecteur des *Effets surprenants* n'a pas de contact direct avec l'auteur, qui présente le récit dans un court avant-propos et qui reprend très brièvement la parole à la fin du tome II, de la première partie du tome IV, et dans les dernières lignes du tome V. L'auteur, lui, s'adresse seulement à une lectrice privilégiée, une dame qu'il veut amuser et attendrir. Marivaux n'essaie pas de duper le lecteur par cette affabulation, mais il ne cherche pas non plus à souligner par là la facticité de l'œuvre. Il pense seulement, en séparant cette œuvre du lecteur par plusieurs intermédiaires, empêcher celui-ci de demander : « Qu'est-ce que ces histoires ont à voir avec moi? Pourquoi me les racontez-vous? », comme si l'œuvre existait indépendamment du lecteur.

Elle est fabriquée au contraire en présence du lecteur et avec sa collaboration dans le cas de *Pharsamon*. Le procédé vient des burlesques; Marivaux fait entrer l'élaboration du récit dans le récit même : il affecte de discuter avec son lecteur :

> On me demande sans doute compte de la princesse Cidalise, il paraît même extraordinaire qu'elle ait pu s'éclipser. Par quelle étrange aventure, dira-t-on, est-il possible qu'elle ne soit pas retrouvée? Par une aventure que vous ne savez pas, monsieur le lecteur, mais que vous saurez quand il me plaira; en attendant, voyons lequel des deux est le plus pressé, ou de vous informer de ce que fit Pharsamon, ou de vous apprendre ce qu'est devenue sa princesse. Ma foi je ne sais lequel prendre, il faut pourtant me déterminer, suivons Pharsamon, puisque nous savons où il est, et le hasard nous remontrera Cidalise;

Il superpose le temps de l'action racontée et le temps où il la raconte :

> Auquel des deux irons-nous maintenant? à Clorinne ou à Pharsamon? Disons un mot de Mme Clorinne, et puis nous rejoindrons ce triste chevalier qui ne s'ennuiera pas à nous attendre,

ou bien :

> Pharsamon, après ces mots, commença son histoire. Je ne crois pas devoir la commencer avec lui, puisque nous savons déjà ce qu'il doit dire. [...] Mais j'entends qu'il finit son histoire : j'aperçois Clorinne dans un morne chagrin,

ou encore :

> Tirons son rideau pour la laisser reposer, et revenons un

peu au chevalier Pharsamon, que j'aperçois se prome-
nant à grands pas dans sa chambre,

parce que, comme il le fera dire au Spectateur français, à
l'Indigent philosophe, à Marianne et à Jacob, il n'est pas un
auteur :

> Où en sommes-nous? C'est un grand embarras que de
> répondre à tous les goûts, et que de les contenter tous.
> Mais parbleu, arrive ce qui pourra; si vous me prenez
> pour un auteur, je me divertis, à la bonne heure si je vous
> divertis quelquefois aussi [...], je n'en fais point le fin
> avec vous, je ne suis pas auteur; je passe mon temps à
> vous conter des fagots, cela vaut encore mieux que de le
> passer à ne rien faire.

Le rôle que joue le personnage du narrateur attire l'attention
sur l'acte de raconter; la fiction ne se dérobe plus derrière un
double ou triple écran; le lecteur qui la voit naître, s'il était
tenté de ne plus y croire, serait du moins bien obligé de croire
à la parole qui la produit et qui souvent le prend à partie lui-
même, sans qu'il ignore que ce n'est qu'un jeu. L'intérêt
présenté par le contenu du récit n'en est pas détruit, il en est
même au contraire renforcé, comme si la bonne foi avec
laquelle le lecteur se prête à l'ironie de l'auteur envers ses
inventions lui rendait plus crédible la narration elle-même.
Scarron et Furetière avaient déjà au siècle précédent suivi
cette voie détournée du réalisme. L'œuvre se développe sur
plusieurs plans, celui du dialogue entre l'auteur et le lecteur,
celui des aventures de Pharsamon, celui des aventures de
Clorinne et des aventures de Célie, le premier servant de
support aux autres.

La disposition des plans est un peu différente dans
la Voiture embourbée : par rapport à leur « roman
impromptu », les voyageurs sont dans la situation où est le
narrateur de Pharsamon par rapport à son récit : ils l'élabo-
rent en public et le commentent. Mais ils ne le donnent pas
pour vrai, et eux-mêmes sont vrais seulement en ce qu'ils
appartiennent au même univers que « l'auteur » et que l'ami
de l'auteur auquel est adressée la relation du voyage. Cet
univers est-il vrai, le destinataire, lecteur privilégié, a-t-il un

même existence que n'importe quel lecteur de l'ouvrage, ou bien est-il un être fictif, comme la dame à qui étaient racontés *les Effets surprenants?* La préface, où l'auteur s'adresse au commun des lecteurs, ignore ce destinataire et présente l'ensemble, aussi bien récit de voyage que « roman impromptu », comme une création littéraire. Jouant de l'ambiguïté, Marivaux a entrepris dans ses trois premiers romans, avec une habileté de plus en plus grande, d'établir entre le lecteur et un récitant sérieux ou burlesque une relation qui ne pût être refusée. Dans le récit à la troisième personne, *le Télémaque travesti* est sa réussite la plus forte et la plus simple : laissant à Brideron, personnage principal, et à plusieurs personnages secondaires beaucoup plus souvent et plus longtemps la parole que ne le faisait Fénelon pour les siens, le narrateur a adopté un style coloré et animé à l'image du leur, mais plus sobre, moins truffé de métaphores et d'expressions populaires; pour comprendre le monde dans lequel ils vivent, leur vision est le meilleur révélateur, et par l'intermédiaire du narrateur le lecteur la fait en partie sienne, tout en ridiculisant leurs extravagances et en s'en détachant par l'ironie : le dénouement est une admirable expression de cette connivence amusée de l'auteur et du lecteur aux dépens des personnages.

En s'effaçant derrière les auteurs de ses Journaux, le Spectateur, l'Indigent, le Vieillard philosophe, et surtout derrière leurs correspondants dont il reproduisait les lettres et les mémoires fictifs, Marivaux a appris à faire ce dont il louait en 1719 le bon poète (en l'occurrence Crébillon le tragique, qui n'en méritait pas tant) « quand, par emportement d'imagination, il devient lui-même ce qu'est la personne dont il parle ». La séparation entre l'auteur et le personnage n'est pas complètement résorbée dans *la Vie de Marianne*, puisqu'un éditeur prétendu s'adresse deux fois aux lecteurs, en tête de la première partie et en tête de la seconde; à la lettre, ces Avertissements sont destinés à faire croire que l'œuvre est une autobiographie authentique, et non une « histoire faite exprès pour amuser le public »; en fait ils prouvent le contraire, leur effet, consciemment voulu par Marivaux, est d'inviter les lecteurs à entrer de bonne foi dans la fiction; mais la convention admise, plus rien ne la rappelle, c'est Marianne seule qui se raconte à son amie et nous, lecteurs, ne sommes pas nécessaires à l'existence du récit. Dans *le Paysan parvenu,* Marivaux a fait l'économie de ces deux intermédiaires, le destinataire particulier et l'éditeur; Jacob s'adresse directement au public et a vite fait d'expliquer ses motifs :

> Le récit de mes aventures ne sera pas inutile à ceux qui aiment à s'instruire. Voilà en partie ce qui fait que je les donne; je cherche aussi à m'amuser moi-même.

Ni le désir de satisfaire la curiosité d'une amie, ni celui d'instruire autrui en s'amusant soi-même ne sont vraiment le motif le plus profond. Jacob et Marianne n'existent, en cette situation de retraite où ils sont maintenant, que parce qu'ils se racontent et en se racontant; ils n'ont plus rien à attendre de l'existence, et ils ne sont pas gens à s'absorber dans le regret ou dans le repentir, ni à interroger inlassablement un passé énigmatique dans lequel serait enfoui le sens de leur être; ils savent très bien ce qu'ils ont été et ce qu'ils sont, cette science est leur façon actuelle d'exister, elle alimente la vivacité de leur sensibilité et de leur intelligence, et ils atteignent à la fin de leur vie une plénitude d'être qui se confond avec sa propre expression. Ils diffèrent par là de Tervire, dont le récit — comme toute son existence — est au service d'autrui et qui parle en vertu seulement du rôle qu'elle joue dans l'histoire de Marianne; et sans doute le récit de Marianne lui-même a une destinataire, mais il ne reçoit pas comme celui de Tervire son sens de cette destination.

Il faut dire qu'ils vivent par leur récit, et non pas qu'ils revivent : ils ne cherchent pas à ressusciter le passé dans sa saveur originelle, à prendre au piège de la nostalgie les jets de la mémoire spontanée et à effacer par sa grâce tant d'années écoulées depuis les événements qu'ils racontent; la longue durée qui les sépare de ce passé, le grand trou noir dont Marivaux a voulu que nous ignorions tout et qui a dû contribuer autant que les faits racontés à façonner leur être définitif, obligent leur mémoire à être d'abord et essentiellement intellectuelle : elle est élucidation, mise en place, interprétation, reconnaissance, intégration du passé par le présent; si elle est passionnée, c'est quelquefois par l'effet d'une image trop douloureuse ou trop tendre : Marianne s'anime au souvenir de Mme de Miran, de cette mère adoptive qu'elle ne cessera jamais d'appeler sa mère; une phrase de Tervire se charge de mélancolie à propos de ses jeunes amours avec le fils Dursan; Jacob, plus positif, se rappelle complaisamment un repas chez les sœurs Habert ou son premier habit d'honnête homme. Mais ces bouffées sont rares, mêmes les expériences les plus vives sont expliquées, désignées, situées, elles relèvent désormais de la « science du cœur », et leur description s'accompagne de tout un appareil d'analyse, énumérations, généralisations, classifications, aphorismes, nuances, dosages, qui semble faire de tel détail de comportement ou de psychologie la conséquence inéluctable de lois régissant la composition des caractères et la conduite de tous les humains, ou de toute une catégorie d'humains. Intellectualité illusoire, et aux yeux de Marivaux lui-même, artifice littéraire qui fait croire le lecteur à la vérité, à la cohérence de ces descriptions psychologiques? Ce n'est pas sûr. Mais fût-ce une illusion, le fait que Marivaux ait voulu la produire prouve suffisamment que Marianne et Jacob, dans leur rôle de narrateurs, se servent beaucoup moins de leur cœur que de leur esprit. « C'est une femme qui pense » dit de Marianne l'Avertissement de la seconde partie; et celui de la première partie disait :

> Elle ne s'est refusée aucune des réflexions qui lui sont venues sur les accidents de sa vie; ses réflexions sont quelquefois courtes, quelquefois longues, suivant le goût qu'elle y a pris. Elle écrivait à une amie, qui, apparemment, aimait à penser : et d'ailleurs Marianne était retirée du monde, situation qui rend l'esprit sérieux et philosophe.

Le premier objet de ces romans, sur lequel se greffe l'objet plus apparent qu'est l'histoire d'une adolescence, est le discours narratif lui-même, non les aventures que la mémoire retrace, mais la démarche de l'esprit qui se souvient, et plus encore dans *la Vie de Marianne* que dans *le Paysan parvenu*. Le récit de Tervire, si réelle qu'y soit la distanciation de la narratrice par rapport à son passé et si essentielle que soit la narration à l'être actuel de Tervire, est subordonné au roman de Marianne. Tervire ne se raconterait peut-être pas si elle n'y avait une raison extérieure à elle-même, consoler Marianne et la dissuader d'entrer en religion; aussi le commentaire de soi est-il chez elle plus réduit, les faits qu'elle énonce parlent par eux-mêmes, et son rôle de personnage secondaire impliquait cette attitude plus réservée. Mais la véritable héroïne de *la Vie de Marianne,* avant la jeune orpheline gracieuse, émouvante, inquiétante, qui est venue à Paris et y a rencontré Valville, Mme de Miran, tant d'êtres divers et tant d'épreuves, c'est la dame de plus de cinquante ans dont l'esprit pétille pendant qu'elle écrit ses Mémoires et dont toute la vie est dans cet esprit. La passion chez cette Marianne-là consiste dans l'élan, la lumière, le triomphe et la joie de son intelligence, intelligence de soi puisée dans l'expérience dont elle nous fait le récit. Un discours qui échappe au temps et au hasard en rendant compte de son origine et en fournissant par son seul énoncé sa propre justification, tel est le roman que Marivaux a voulu écrire dans les premières parties de *la Vie de Marianne.* Il y a réussi, pleinement, mais seulement pour quelques centaines de pages. Même avant la sixième partie, où Marianne avoue qu'on l'a trouvée trop « babillarde » et annonce qu'elle se laissera moins entraîner par ses réflexions, les interventions de la narratrice, les « raisonnements » qui l'« écartaient » de son récit se faisaient moins nombreux et moins amples. Le récit de Tervire n'est plus inspiré par le même principe, et celui de Jacob laissait beaucoup plus de place aux aventures, au sens le plus traditionnel d'événements extérieurs. Non pas que l'entreprise du romancier ait été au dessus de ses forces, mais le public n'était pas prêt pour le genre de roman auquel il tendait, et surtout la pesée de la condition sociale se faisait plus lourde : Jacob victorieux s'en évadait par l'ironie, mais Marianne semble bien s'être retirée plus que déçue de la vie mondaine et pour Tervire, la seule réponse possible à l'oppression de la société a été le continuel sacrifice et le couvent. Chacun des trois narrateurs s'est tu avant d'avoir pu conclure. Ce n'est pas le talent qui a manqué au romancier, c'est la réalité sociale qui a manqué à son idéal.

Mouvements du cœur

> C'était comme une image de l'âme, ou de la pensée en général; car j'y vis toutes les façons possibles de penser et de sentir des hommes, avec la subdivision de tous les degrés d'esprit et de sentiment, de vices et de vertus, de courage et de faiblesse, de malice et de bonté, de vanité et de simplicité que nous pouvons avoir.

Tout cela se voyait dans un miroir au front de la déesse Nature et composait, bien qu'on pût y discerner toutes ces modalités de l'esprit et des passions, «un être indéfinissable». La précision minutieuse de l'analyse s'accompagne chez Marivaux de la sensibilité la plus fine à ce qui ne peut être analysé, qui se vit et ne s'étiquette pas, ou dont l'étiquette ne signifie rien à qui n'a pas l'expérience et l'intuition du sentiment. Le paradoxe de la vie intérieure est qu'un psychologue perspicace pourra en apercevoir et en nommer toutes les nuances et que chacun de ses moments est unique et incomparable dans sa complexité :

> Il en est de cela comme des visages; il n'y en a pas un qui n'ait un nez, une bouche et des yeux, mais aussi pas un qui n'ait tout ce que je dis là avec des différences et des singularités qui l'empêchent de ressembler exactement à tout autre visage.

La science du cœur est exaltante, elle procure à Marivaux, à Marianne, au Spectateur français, au Vieillard philosophe, aux personnages «témoins» dans les comédies, de hautes joies intellectuelles, mais elle ne serait rien si elle n'était inspirée par la chaleur et la sympathie, et si elle n'avait pour résultat, mieux encore : pour but, de faire refluer cette fraternelle chaleur sur l'être qu'elle étudie, et de la faire partager par tous ceux à qui l'analyse s'adresse. Les « grands génies » qui ont pénétré le plus loin dans la connaissance de l'homme nous ont moins aidés à nous comprendre qu'à nous estimer et à nous consoler.

> Le portrait le plus frappant qu'on nous ait donné de ce que nous sommes, celui où nous voyons le mieux combien nous sommes grands dans nos vertus, terribles dans nos passions, celui où nous avons l'honneur de démêler nos faiblesses avec la sagacité la plus fine, et par conséquent la plus consolante; celui où nous nous sentons le plus superbement étonnés de l'audace, et du courage, de la fierté, de la sagesse, j'ose dire aussi de la redoutable iniquité dont nous sommes capables (car cette iniquité, même en nous faisant frémir, nous entretient encore de nos forces); enfin le portrait qui nous peint le mieux l'importance et la singularité de cet être qu'on appelle homme, et qui est chacun de nous, c'est à eux à qui nous le devons.

La générosité qui l'anime permettra seule au connaisseur du cœur humain de faire passer dans son analyse le plus possible de cette intensité vécue dont on ne peut avoir de « nouvelles un peu sûres » que par le sentiment. Dans les comédies, le commentaire analytique est le plus souvent inutile, c'est la situation amenée par le développement de l'intrigue qui donne à des mots simples et même insignifiants leur force de suggestion. Si on le détache de son contexte, qui croira que le dialogue déjà cité, entre Dorante et Araminte, dans *les Fausses Confidences,* est un des plus pathétiques que Marivaux ait écrits? Pour le spectateur, ces répliques sont beaucoup plus expressives que la lecture du texte ne le laisse entendre, quoique le contraste entre leur platitude et le sentiment réel doive faire sourire en même temps. L'émotion est aussi forte, cette fois sans aucune ironie de l'auteur, dans un mot de Mme de Miran à Marianne découragée par les difficultés de son mariage avec Valville et décidée à abandonner un projet si malheureux : « Ma fille, me dit à la fin Mme de Miran d'un air consterné, est-ce qu'il ne t'aime plus? » Entre bien d'autres encore, on peut citer une fois de plus celui de Silvia, dans *le Jeu de l'amour et du hasard,* quand Dorante lui découvre qui il est : « Ah! je vois clair dans mon cœur. »

Mais ce dernier mot dit plus que les précédents : à l'intensité qu'il reçoit de la situation s'ajoute une évocation plus précise du sentiment, comparé à une lumière qui aurait soudain éclairé toute l'obscurité de l'âme. C'est un de ces tours très simples et très naturels que Marivaux refusait absolument de considérer comme des traits d'esprit et des figures de style : pour lui, ils expriment une vérité littérale, une sensation intérieure qu'un vocabulaire concret traduit exactement. Si la philosophie de Locke montrait que toute connaissance avait une racine dans la sensation, pour Malebranche lui-même la sensation n'était perçue par l'âme que comme sentiment, et dans le langage cela revenait au même; et surtout Marivaux s'appuyait sur son expérience, sur l'extraordinaire vivacité de ses émotions. Avec Prévost, il est le plus grand peintre du cœur que nous ayons eu au xviiie siècle, par des moyens tout différents : Prévost se sert, pour suggérer le sentiment, du mouvement de la phrase, d'un vocabulaire poétique, vague et affaibli, et d'étranges images qui mettent le lecteur devant le mystère d'une âme comme devant un paysage inconnu. Marivaux se tient au plus près de l'impression à transcrire, il est direct, précis, toujours surprenant par la justesse de ses notations. Depuis les états où l'âme semble engourdie dans le corps jusqu'aux transports de la vertu, il a saisi toutes les métamorphoses de l'être intérieur, tout ce qu'il appelle ses « mouvements ».

Éveil

L'insensibilité est contraire à la nature de l'homme (« on ne demande qu'à vivre, tout y pousse »), et pour Marivaux on ne vit que par le sentiment. La naissance de ce sentiment est tardive chez Arlequin, mais quelle attente fascinante, pour la Fée, que de la guetter dans ses yeux!

> Souvent il me regarde, et tous les jours je touche au moment où il peut me sentir et se sentir.

A la première vue d'une jolie bergère, ce fruste Arlequin découvrira l'amour avec une stupéfaction exprimée par sa mimique, au défaut de son esprit. Les êtres moins simples tremblent à l'approche du sentiment comme devant une menace. Ils ne savent s'ils vont se sauver ou se perdre, ils éprouvent un « chaos de mouvements » où se mêlent « douceur » et « peine », leur cœur effrayé se demande quelle décision prendre quand il a déjà cédé :

> Telle était mon agitation quand, retournant dans une autre allée, je rencontrai tout à coup cet objet confus de mes pensées, ce jeune homme dont j'étais si occupée.
>
> Je demeurai presque immobile à sa vue, je le sentis aimable, je rougis en le sentant, et cependant mon amour alors me parut moins naître que continuer.

La jeune fille dont *le Spectateur français* publie l'appel a été punie de sa faiblesse : son bouleversement aurait dû l'avertir des risques qu'elle courait. Plus fière, plus attentive à se préserver, mais non moins sensible, Marianne a connu quelque chose de semblable dans son premier tête-à-tête avec Valville :

> Je n'ai de ma vie été si agitée. Je ne saurais vous définir ce que je sentais.
>
> C'était un mélange de trouble, de plaisir et de peur; oui, de peur, car une fille qui en est là-dessus à son apprentissage ne sait point où tout cela la mène : ce sont des mouvements inconnus qui l'enveloppent, qui disposent d'elle, qu'elle ne possède point, qui la possèdent; et la nouveauté de cet état l'alarme. Il est vrai qu'elle y trouve du plaisir, mais c'est un plaisir fait comme un danger, sa pudeur même en est effrayée, il y a là quelque chose qui la menace, qui l'étourdit et qui prend déjà sur elle.
>
> On se demande volontiers dans ces instants-là : que vais-je devenir? Car, en vérité, l'amour ne nous trompe point : dès qu'il se montre, il nous dit ce qu'il est, et de quoi il sera question; l'âme, avec lui, sent la présence d'un maître qui la flatte, mais avec une autorité déclarée qui ne la consulte pas, et qui lui laisse hardiment les soupçons de son esclavage futur.

Un cœur si violemment ému n'est pas seulement exposé au malheur, il est rarement capable de constance. Chez les gens destinés à aimer durablement, le sentiment s'insinue avec lenteur :

> Vient-il un objet qu'ils aimeront? ils le distinguent longtemps avant que de l'aimer : il ne fait d'abord sur eux qu'une impression imperceptible; ils se plaisent froidement à le voir, ne le sentent presque pas absent, et peut-être point du tout, quand il l'est; ils se passeraient de le retrouver, le retrouvent pourtant avec plaisir; mais avec un plaisir tranquille; s'en sépareront encore sans aucune peine, mais plus contents de lui. Ensuite ils pourront le chercher; mais sans savoir qu'ils le cherchent : le désir qu'ils ont de le revoir est si caché, si loin d'eux, si reculé de leur propre connaissance, qu'ils les mène sans se montrer à eux, sans qu'ils s'en doutent.
>
> A la fin pourtant ce désir se montre, il parle en eux, ils le sentent, et n'en vont guère plus vite; mais ils vont, et savent qu'ils vont, et c'est beaucoup. La lenteur ne fait rien à l'affaire; le tout dans ces gens-là, c'est d'aller, de chercher l'objet, et de se dire : je le cherche.

C'est de ces gens que prétend être (abusivement) le Lélio de *la Surprise de l'Amour :*

> Notre cœur à nous est un vrai paralytique : nous restons là comme des eaux dormantes, qui attendent qu'on les remue pour remuer.

Du moins sont-ils à l'abri des « surprises » qui jettent les autres dans le désarroi :

> Ah! je ne sais où j'en suis; respirons; d'où vient que je soupire? les larmes me coulent des yeux, je me sens saisie de la tristesse la plus profonde et je ne sais pourquoi,

et

> Je ne sais plus où j'en suis, je ne saurais me démêler, je me meurs! Qu'est-ce que c'est donc que cet état-là?

ou encore :

> Mon esprit est tout en désordre, je ne sais où j'en suis;
> laissez-moi me reconnaître; n'arrachez rien au trouble
> où je me sens.

Ces propos sont si fréquents dans les comédies qu'on a été tenté de voir dans l'égarement l'état primitif et fondamental de l'homme selon Marivaux : sans passé, sans mémoire, sans projet, comme tombé de la lune, l'homme commence à exister par un sentiment qui n'est qu'un saisissement. Il faut pourtant nuancer : Marivaux a rarement peint la toute première apparition du sentiment chez un être humain, et lorsqu'il l'a fait, il n'a pas toujours présenté ce sentiment comme un égarement, mais comme une joie qui éveille l'esprit — c'est le cas pour Arlequin —, ou comme une souffrance; sans doute, tout sentiment est toujours nouveau, soit dans sa qualité, soit par son degré d'intensité, et la surprise, douce ou violente, en est inséparable; on ne sent vraiment que lorsqu'on découvre, l'esthétique moderniste de Marivaux n'aime pas les beautés que le temps a consacrées : « il n'y a point de plaisir qui ne perde à être connu », dit Jacob; et Marianne : « l'âme s'accoutume à tout, sa sensibilité s'use »; rien ne s'oublie, pourtant, et les impressions reçues dès l'enfance constituent une expérience qui aide l'esprit à démêler ce que le cœur éprouve : Marianne n'est pas absolument ignorante, pas plus devant Valville que devant Climal, et Jacob est assez bien informé de son propre caractère quand il arrive de son village à Paris. Autant l'épreuve, au sens où nous l'avons définie, est importante dans la formation d'un individu, autant l'idée d'une « table rase », telle que Locke l'avait énoncée, nous paraît étrangère à la pensée de Marivaux. L'agitation qui étourdit Marianne ne l'empêche pas de comprendre ce qui se passe en elle et ce dont elle est menacée, et, un peu plus tard, de se reprendre après un instant de désordre intérieur; la disparition de cet égarement qui semblait une forme particulièrement intense d'existence est alors ressentie comme un retour à l'existence vraie, à celle où l'on est bien soi :

> Je me retrouvai pourtant; la présence d'esprit me revint,
> et la vapeur de ces mouvements qui me tenaient comme
> enchantée se dissipa.

L'étourdissement de la marquise, dans *la Seconde surprise de l'amour,* celui de Félicie, de presque tous les personnages des comédies que l'irruption d'un sentiment bouleverse, est tout autre chose : il n'est si fort que parce que ces personnages se sont menti à eux-mêmes, ont refusé de reconnaître le penchant qui les entraînait ou de lutter contre lui si leur conscience le leur faisait deviner coupable :

> Je soupire de mon état, et je l'aime; de peur d'en sortir, je ne veux pas le connaître.

Le désarroi n'est alors qu'une dernière ruse pour ne pas s'avouer la vérité, pour se sauver de la honte de l'avouer à autrui; et chez la jeune fille du *Spectateur français,* nous l'avons déjà noté, il y a une certaine complaisance pour son vertige. Dans tous les cas, nous sommes assez loin du saisissement existentiel d'un être à son origine.

Souffrances

De ce saisissement, nous sommes beaucoup plus près avec l'angoisse et le désespoir qu'ont connus Marianne et Tervire à la perte de leur première bienfaitrice : or leur expérience ressemble à celle de la mort, comme si le sentiment fondamental de l'homme n'était pas celui de sa vocation à la vie et au bonheur, mais celui de sa malheureuse et périssable condition. Marianne a été si épouvantée que son goût de la retraite a pris dans cette épreuve sa lointaine origine, et Tervire a ressenti une division d'elle-même analogue à la séparation de l'âme et du corps :

> Cette maison où je croyais ne pouvoir demeurer sans mourir, je ne pus la quitter sans me sentir arracher l'âme; il me sembla que j'y laissais ma vie. J'expirais à chaque pas que je faisais pour m'éloigner d'elle, je ne respirais qu'en soupirant; j'étais cependant bien jeune, mais quatre jours d'une situation comme était la mienne avancent bien le sentiment; ils valent des années.

Le terme auquel conduit le sentiment si vite « avancé » est la certitude de la vanité de tout, qui peut-être a ramené Tervire au couvent malgré l'horreur qu'elle en avait conçue dans son adolescence. « J'ai commencé la mort par de la solitude », dira Hugo en pensant à ses deuils : les personnages de Marivaux trouvent la mort et la solitude dans leur désespoir; leurs semblables leur deviennent étrangers, le monde n'est plus qu'un désert pour eux. C'était l'impression de Marianne :

> Je tombai dans l'égarement; je n'ai de ma vie rien senti de si terrible; il me sembla que tout l'univers était un désert où j'allais rester seule;

c'était aussi celle de Tervire :

> Oui, Marianne, croiriez-vous que je n'y songe encore qu'en frémissant, à cette maison si désolée, où je n'étais plus rien pour qui que ce soit, où je me trouvais seule au milieu de tant de personnes, où je ne voyais plus que des visages la plupart ennemis, quelques-uns indifférents, et tous alors plus étrangers pour moi que si je ne les eusse jamais vus? Car voilà l'impression qu'ils me faisaient,

et celle d'un père abandonné par son propre fils :

> Il n'y a donc plus rien qui tienne à moi dans la nature; tout s'y est donc désuni d'avec moi, je n'y vois plus qu'un désert. J'y suis seul, ignoré de tout l'univers, de mon fils que je regrette, que j'appelle à mon secours, et qui m'ignore comme tout le reste des hommes.

Parmi la foule, le désespéré se sent encore plus seul, coupé de tout ce qui l'aidait à se définir à lui-même :

> Plus je voyais de monde et de mouvement dans cette prodigieuse ville de Paris, plus j'y trouvais de silence et de solitude pour moi : une forêt m'aurait paru moins déserte, je m'y serais sentie moins seule, moins égarée. De cette forêt, j'aurais pu m'en tirer; mais comment sortir du désert où je me trouvais, puisque je ne tenais par aucun lien à personne?

La souffrance est donc mieux que le rire le propre de l'homme, sa découverte est un moment climatérique où l'on passe d'un âge à un autre :

> L'état où je la vis dans ce dernier accident [Mme de Tresle gravement malade] me rendit sérieuse; j'en perdis mon étourderie, ma dissipation ordinaire, et cet esprit de petite fille que j'avais encore. En un mot, je m'inquiétai, je pensai, et ma première pensée fut de la tristesse, ou du chagrin.

Dans ces degrés extrêmes de la douleur l'impression ressentie, quand elle n'est pas celle de l'arrachement et de l'égarement, est aussi celle de l'anéantissement, d'une stupeur qui rend insensible, l'âme étant envahie par un sentiment qui déborde sa « capacité » :

> Dieu est le maître, continua-t-elle tout de suite sans verser une larme, et avec une sorte de tranquillité qui m'effraya, que je trouvai funeste, et qui ne pouvait venir que d'un excès de consternation et de douleur.

Cette sorte d'apathie est chez Marianne, qui n'a « plus rien à cœur », ne « prend plus part » à elle-même, et juge sa tranquillité « plus digne de pitié que le désespoir le plus emporté »; qui une autre fois est « dans un état de faiblesse qui approchait de l'évanouissement », a « le cœur mort », « l'esprit bouleversé », dans un « de ces accablements où l'on est comme imbécile », ou encore « dans une si grande confusion de pensée et de sentiments » qu'elle en était « comme stupide »; chez Tervire, qui éprouve une « de ces tristesses retirées dans le fond de l'âme, qui la flétrissent, et qui la laissent comme morte »; chez la vieille dame du *Spectateur français*, « ensevelie dans la douleur la plus profonde »; chez le vieux père abandonné, que la tristesse « pénètre », dont elle « confond et glace l'âme », qu'elle « anéantit »; chez le jeune Inconnu :

> Je ne savais plus où j'étais, je restai dans un accablement qui me rendait stupide et ma sœur était déjà de retour, m'avait parlé, avait poussé des cris, que je n'étais pas encore revenu à moi-même.

La violence du désespoir a produit chez eux tous, pendant un moment, mais qui laisse en eux des traces profondes, ce qu'une longue expérience a produit chez le Spectateur français; l'indifférence de l'accablement devance l'indifférence de l'âge :

> On se dégoûte de tout, louange et blâme, tout est regardé du même œil; on ne méprise rien, si vous voulez, mais on ne se soucie de rien non plus, et l'on n'en est pas plus philosophe pour cela, car cette indifférence où vous tombez ne vient pas de ce que vous l'avez cherchée, elle vient de la nature des choses que vous avez examinées; elles vous donnent pour elles une tiédeur que vous n'attendiez pas, vous leur sentez un vide que vous n'aviez pas dessein d'y trouver, vous ne prenez pas même la peine de voir s'il y est réellement, et si vous avez raison de le sentir ou non, ce serait autant de fatigue inutile; vous restez comme vous êtes sans plus de curiosité, sans blâmer ceux qui ne sont pas comme vous; et voilà précisément l'état où je me trouve aujourd'hui.

La honte peut faire le même effet que le désespoir, parce qu'elle atteint la racine même de l'être, elle brise l'élan de la joie et de la vie. Surprise chez Valville par M. de Climal qui affecte de ne pas la connaître, craignant d'avoir été mal jugée par son jeune amoureux, Marianne se retire désemparée, incapable de réagir :

> Je partis interdite, sans savoir ce que je pensais moi-même, sans avoir ni joie, ni tristesse, ni peine, ni plaisir. On me menait, et j'allais. Qu'est-ce que tout cela deviendra? Que vient-il de se passer? Voilà tout ce que je me disais dans un étonnement qui ne me laissait nul exercice d'esprit, et pendant lequel je jetai un grand soupir qui échappa plus à mon instinct qu'à ma pensée.

L'armature du *moi* s'est effondrée, l'individu frappé d'impuissance ne sait plus contrôler sa physionomie, ni retenir ses gestes, ses cris ou ses larmes, il n'a pas même la force de rester debout, il est « terrassé », « renversé », « dans un entier abandon de soi-même », « anéanti », « [sa] figure va comme elle peut », ce qui ne manque pas de ridicule quand, comme

Jacob, il était assez satisfait de lui-même quelques moments auparavant.

Malaises

Quand le cœur est meurtri ou menacé dans ce qui lui est le plus cher, le trouble est l'état où il se reconnaît le mieux; il arrive même à s'y plaire plutôt que de consentir à un choix qui le mutilerait. Une phrase de Marianne, alors que Mlle Varthon lui apprend la trahison de Valville, exprime bien ce paradoxe d'une division intime qui est le dernier moyen laissé au *moi* pour se retrouver :

> Tout cruel qu'était ce récit, mon cœur s'y attachait pourtant, et ne pouvait renoncer au déchirement qu'il me causait.

Se rassurer est illusoire; le calme ne pénètre pas l'âme, elle le sait faux, il lui est encore plus pénible que l'inquiétude, parce qu'il résulte d'un travail de déguisement, de dissimulation inconsciente contre lequel elle s'insurge en s'y livrant :

> Tous ces petits repos qu'on se procure sont bien fragiles. L'âme n'en jouit qu'en passant et sait bien qu'elle n'est tranquille que par un tour d'imagination qu'il faudrait qu'elle conservât, mais qui la gêne trop; de façon qu'elle en revient toujours à l'état qui lui est le plus commode, qui est d'être agitée.

Le cœur préfère la vérité, même douloureuse : non par courage, mais par besoin de sécurité, et même par une espèce d'impuissance, les formules de Marianne le donnent assez à entendre, mais surtout par la réaction la plus naturelle et la plus authentique de la sensibilité. Marivaux l'avait dit dès *les Effets surprenants,* à propos de Clarice qui espérait trouver quelque satisfaction à son amour pour Clorante en parlant de lui avec « l'inconnue », sa rivale, et en transformant cet amour en générosité :

> Ces espérances de revoir Clorante, en restant avec l'inconnue, ne la soutenaient plus contre la peine qu'elle

avait à la voir présente; ces idées de douceur qu'elle s'était imaginé de trouver en consolant sa rivale, n'avaient plus pour elle ce charme imposteur qu'un amour excessif leur avait prêté. Il est des moments, quand on aime, où le cœur, oubliant son propre intérêt, aime à tout sacrifier à l'objet aimé : mais quand un mal présent nous accable, ce cœur n'a d'attention qu'à ce qui le touche; et ce serait peut-être un défaut de tendresse que d'être capable de délicatesse en certaines occasions.

Si l'on se rappelle que pour Marivaux la tendresse est la morale de l'amour, on admirera la profondeur de cette dernière phrase : on ne peut aimer autrui avec une parfaite tendresse si l'on ne s'aime pas soi-même assez pour être sensible à la jalousie et à la douleur. La délicatesse n'est alors qu'une stérile subtilité de l'esprit. Au contraire, le malaise de Marianne chez Mme Dutour vient d'une délicatesse de cœur, de l'instinct infaillible de ce que l'on se doit à soi-même, et cette délicatesse de l'amour-propre est au fond la même chose que la tendresse en amour :

> Avec ces gens-ci je n'étais pas contente, je leur trouvais un jargon, un ton brusque qui blessait ma délicatesse. Je me disais que dans le monde, il fallait qu'il y eût quelque chose qui valait mieux que cela; je soupirais après, j'étais triste d'être privée de ce mieux que je ne connaissais pas. Dites-moi d'où cela venait? Où est-ce que j'avais pris mes délicatesses?

L'une des formes les plus évidentes du marivaudage est l'analyse des sentiments qui s'unissent dans un état confus de la conscience. Mais noter cette confusion est encore plus important que de distinguer et de doser les divers sentiments qui s'y mélangent; elle est par elle-même le signe qu'il arrive au *moi* quelque chose d'important, un avertissement, comme dit Tervire, que la conscience entend quelquefois :

> Je ne trouvais pas que mon attendrissement pour [le jeune Dursan] fût si honnête; il se passait, entre lui et moi, je ne sais quoi de trop doux qui m'avertissait d'être moins libre, et qui lui en imposait à lui-même,

ou qu'elle préfère éluder :

> La subite franchise de ce procédé [du jeune Dursan encore] me surprit un peu, me plut, et me fit rougir, je ne sais pourquoi [...]. Je m'arrêtai à le regarder pendant qu'il s'éloignait, et je le regardais en le plaignant, en lui voulant du bien, en aimant à le voir, en ne me croyant que généreuse.

Si l'impression est plus vive, nous retrouvons l'étourdissement que produit un sentiment encore inconnu et qui s'éveille, vertige de peur et de plaisir qu'éprouvait Marianne devant Valville et qu'avait connu même la coquette des *Lettres contenant une aventure* :

> A te dire le vrai, je me sentais étourdie; ses caresses, ses larmes, ses regrets me faisaient trembler de peur et de plaisir.

Malaises encore, l'état de Jacob à la Comédie, au milieu des gens du grand monde :

> C'était une confusion secrète de me trouver là, un certain sentiment de mon indignité qui m'empêchait d'y être hardiment, et que j'aurais bien voulu qu'on ne vît pas dans ma physionomie, et qu'on n'en voyait que mieux, parce que je m'efforçais de le cacher,

ou le mobile qui le pousse à espionner ce qui va se passer entre Mme de Ferval et le chevalier dont l'irruption a troublé leur rendez-vous galant :

> Me voilà là-dessus dans une émotion que je ne puis exprimer; me voilà remué par je ne sais quelle curiosité inquiète, jalouse, un peu libertine, si vous voulez; enfin, très difficile à expliquer.

Les larmes sont souvent l'issue de ces agitations insupportables et insurmontables, ou une explosion de colère :

> Je sentais tant de mouvements, tant de confusion, tant de dépit, que je ne savais par où commencer pour parler; c'était d'ailleurs une situation bien neuve pour moi que la

mêlée où je me trouvais. Je n'en avais jamais tant vu. A la fin, quand mes mouvements furent un peu éclaircis, la colère se déclara la plus forte,

à moins qu'on n'aggrave le malaise en voulant le dominer :

> Puis-je rien démêler dans mon cœur? Je veux me chercher, et je me perds. Comment, avec tant d'amour, puis-je savoir si je me repens d'aimer? Je renonce à vous et je vous regrette. Je veux vous ôter toute espérance, et j'ai peur que vous croyiez que je ne vous aime point; enfin, de quelque côté que je me tourne, tout est péril pour moi; et la confusion où je suis de ma faiblesse, et les efforts que je fais pour la combattre, et la résolution de ne plus vous voir, tout est empoisonné, tout devient amour dès que j'y songe.

Transports

Les sentiments agréables s'emparent de l'âme avec autant de puissance, et quelquefois autant de violence, quoique celui qui les a éprouvés en évoque souvent le souvenir avec une légère ironie : comme si la vanité était leur source commune et que le contentement de soi, sauf dans ses formes les plus élevées, impliquât toujours quelque illusion. Jacob, qui part à la conquête de l'existence avec appétit et optimisme, les a goûtés et décrits dans leur intensité : de sa première entrevue avec Mme de Ferval il revient « pénétré de joie, bouffi de gloire, et plein de [ses] folles exagérations sur le mérite de la dame », et de la seconde « dans un tourbillon de vanité », « perdu de vanité »; quand le comte d'Orsan lui offre de l'emmener dans son carrosse à la Comédie française, il est « ébloui », il se sent « étourdi d'une vapeur de joie, de gloire, de mondanité », il ne peut plus se posséder, il se perd de vue; et un peu auparavant, quand il vient de sauver la vie au comte et qu'il est debout, l'épée à la main, au milieu d'un groupe de curieux parmi lesquels est Mme d'Orville :

> Oh! c'est ici que je me sentis un peu glorieux, un peu superbe, et où mon cœur s'enfla du courage que je

venais de montrer et de la noble posture où je me trouvais. Tout distrait que je devais être par ce qui se passait encore, je ne laissai pas que d'avoir quelques moments de recueillement où je me considérais avec cette épée à la main, et avec mon chapeau enfoncé en mauvais garçon; car je devinais l'air que j'avais, et cela se sent; on se voit dans son amour-propre, pour ainsi dire.

Il se voit dans cette circonstance, il se perd de vue dans l'autre : il n'y a pas contradiction, mais progrès. « On se voit dans son amour-propre » signifie non pas que l'amour-propre est lucide, mais que le tumulte extérieur ne l'empêche pas de fonctionner, de fournir au *moi* une image flatteuse de lui-même; quand les motifs de vanité sont encore plus forts, l'image n'est même plus flatteuse, elle est fabuleuse, étourdissante, inconcevable, et Jacob ne se souvient plus de ce qu'il est en réalité.

Non seulement on se voit dans son amour-propre, mais on se voit regardé, admiré, comme Marianne à l'église :

> La place que j'avais prise me mettait au milieu du monde dont je vous parle. Quelle fête! C'était la première fois que j'allais jouir un peu du mérite de ma petite figure. J'étais toute émue de plaisir de penser à ce qui allait en arriver, j'en perdais presque haleine; car j'étais sûre du succès et ma vanité voyait venir d'avance les regards qu'on allait jeter sur moi.

La « complaisance » avec laquelle elle peut regarder sa « belle âme », les « petites vanités » qui l'« amusent » et la « distraient », le « sentiment doux et flatteur » dont elle est intérieurement remuée lui rendent les sacrifices plus que supportables : exaltants. C'est pour satisfaire à ce besoin de vanité qu'elle les accomplit, et sa satisfaction lui fait trouver du plaisir même aux larmes :

> Toutes ces idées-là ont bien de la douceur; elles en avaient tant pour moi que je pleurais moins par chagrin, je pense, que par mignardise.

L'ironie avec laquelle Marianne parle de cette satisfaction ne doit pas laisser croire que sa vanité soit ridicule : sa lucidité lui permet de marquer discrètement ce que ses sacrifices comportent de compensations intérieures, et elle a trop d'élégance morale pour insister sur le bien qu'elle peut dire d'elle. Mais le sentiment de sa propre valeur est la condition de sa générosité, c'est par leurs qualités les plus élevées que les âmes se comprennent. Si Marianne n'avait pas « un peu de noblesse de cœur », elle n'aurait pas compris la délicatesse que Mme de Miran mettait dans sa bonté, et elle ne lui en aurait pas témoigné sa reconnaissance :

> Je me jetai avec transport, quoique avec respect, sur la main de cette dame, que je baisai longtemps, et que je mouillai des plus tendres et des plus délicieuses larmes que j'aie versées de ma vie. C'est que notre âme est haute, et que tout ce qui a un air de respect pour sa dignité la pénètre et l'enchante; ainsi notre orgueil ne fut-il jamais ingrat.

Marianne ici doit à autrui le sentiment délicieux et enchanteur de sa dignité; mais il était inscrit en elle et elle ne l'ignorait pas : « Tout homme vraiment supérieur a le sentiment de sa supériorité. Il a les yeux bons; il voit incontestablement ce qu'il est ». Il faut seulement ne pas accabler ceux que l'on dépasse, et ne pas s'enivrer de sa propre perfection, comme si l'on était Dieu. Marianne s'est demandé ce que pouvait penser d'elle-même, au fond de son cœur, une personne aussi admirable que Mme Dorsin :

> Une âme qui ne vous demande rien pour les services qu'elle vous a rendus, sinon que vous en preniez droit d'en exiger d'autres, qui ne veut rien que le plaisir de vous voir abuser de la coutume qu'elle a de vous obliger, en vérité, une âme de ce caractère a bien de la dignité.
> Peut-être l'élévation de pareils sentiments est-elle trop délicieuse; peut-être Dieu défend-il qu'on s'y complaise; mais moralement parlant, elle est bien respectable aux yeux des hommes.

Le risque de trop se complaire à soi-même n'existe pas quand le sentiment qui envahit l'âme la met en communion avec celle d'autrui, quand il est ce que Marivaux appelle un « transport » ou un « attendrissement ». Comme toute émotion forte, ce sentiment réduit à l'impuissance celui qui l'éprouve et qui n'est plus capable que de soupirs et de pleurs :

> Je ne savais où j'étais pendant que ma mère nous parlait ainsi; le ravissement où je la voyais, ses caresses, celles de mon père, avaient mis mon cœur dans une situation qu'on ne peut exprimer, je me rappelle seulement que dans tout le cours de ma vie je n'ai jamais senti de mouvements dont mon âme ait été aussi tendrement pénétrée qu'elle le fut en ce moment.

C'est un jeune garçon, l'Inconnu du *Spectateur français,* qui a éprouvé ces émotions, mais Marianne a connu le même état :

> Ce discours redoublait mon attendrissement, et par conséquent mes larmes. Je n'avais pas la force de parler; mais je donnais mille baisers sur sa main que je tenais toujours et que je pressais entre les miennes en signe de reconnaissance,

et même un état encore plus violent qui ressemblait à un accès de délire :

> Je pleurai d'aise, je criai de joie, je tombai dans des transports de tendresse, de reconnaissance; en un mot, je ne me possédai plus, je ne savais plus ce que je disais.

Le cœur plein de son trouble le communique, qu'il le veuille ou non, il déborde, il s'épanche; mais l'instinct qui le pousse à se confier est si sûr, le pouvoir contagieux de l'émotion si fort qu'au lieu de rencontrer l'indifférence, il émeut à son tour et n'a rien à craindre si, comme Mᵐᵉ de Miran à l'abbesse, il révèle ce qu'il aurait dû tenir secret :

> Et voyez que d'amour! Jugez-en par la franchise avec laquelle elle parlait; elle disait tout, elle ne cachait plus rien; et elle qui avait exigé de nous tant de circonspection, tant de discrétion et tant de prudence, la voilà qui à force de tendresse et de sensibilité pour moi, oublie elle-même de se taire, et est la première à révéler notre

secret; tout lui échappe dans le trouble de son cœur.
O trouble aimable, que tout mon amour pour elle, quelque prodigieux qu'il ait été, n'a jamais pu payer.

Les formules que Marianne emploie pour caractériser
l'épanchement de cœur de Mme de Miran étaient déjà celles
de Jacob à propos de Mlle Habert, quand il racontait une de
ses premières conversations avec elle et une dispute déjà
amoureuse :

> Rien n'attendrit tant de part et d'autre que ces scènes-là,
> surtout dans un commencement de passion : cela fait
> faire à l'amour un progrès infini, il n'y a plus dans le cœur
> de discrétion qui tienne; il dit en un quart d'heure ce que,
> suivant la bienséance, il n'aurait osé dire qu'en un mois,
> et le dit sans paraître aller trop vite; c'est que tout lui
> échappe.

Un sentiment sincère et pressant est au-dessus de la bien-
séance et de la prudence. Ce qui était dans le roman baroque
le privilège des âmes héroïques est devenu — la transformation est commencée chez Marivaux dès *les Effets surprenants de la sympathie* — le privilège des âmes tendres :
Caliste confiait son salut à Clorante « avec une hardiesse que
des âmes communes désapprouveront peut-être, mais que ne
condamneront point ceux à qui une noblesse de cœur et une
raison supérieure inspirent d'autres maximes ». L'élan
d'Angélique est plus naturel dans *l'École des Mères,* quand
elle avoue son amour à Eraste :

> Mettez-vous à ma place; j'ai tant souffert de contrainte,
> ma mère m'a rendu la vie si triste! J'ai eu si peu de satis-
> faction, elle a tant mortifié mes sentiments! Je suis si
> lasse de les cacher que, lorsque je suis contente, et que je
> le puis dire, je l'ai déjà dit avant de savoir que j'ai parlé;
> c'est comme quelqu'un qui respire, et imaginez-vous à
> présent ce que c'est qu'une fille qui a toujours été gênée,
> qui est avec vous, que vous aimez, qui ne vous hait pas,
> qui vous aime, qui est franche, qui ne pensera jamais
> rien de si touchant, et voyez si je puis résister à tout cela.

L'aveu n'est pas nécessaire. Au dénouement des comédies,

un sentiment intense se déclare en quelques mots sans éclat; l'amour de Silvia pour le Prince se révèle dans ses refus mêmes :

> Ici, c'est le cœur tout pur qui me parle; comme ses sentiments viennent, il les montre; sa naïveté en fait tout l'art, et sa pudeur toute la décence.

Un regard, un silence suffit entre Valville et Marianne :

> Et comme les cœurs s'entendent, apparemment qu'il sentit tout ce qui se passait dans le mien,

et entre deux jeunes gens du *Spectateur français,* presque épouvantés de la découverte :

> Son embarras me frappa, le mien l'intimida, parce qu'il le comprit; une intelligence mutuelle nous donna la clef de nos cœurs; nous nous dîmes que nous nous aimions, avant que d'avoir parlé, et nous en fûmes tous deux si étonnés, que nous nous hâtâmes de nous quitter pour nous remettre.

Dans l'histoire de Marianne et dans l'histoire de Tervire, Marivaux a fait jaillir après une longue et obscure préparation cette illumination soudaine qui fait comprendre à l'héroïne une vérité attendue ou redoutée et dont son inconscient avait déjà senti la présence. Pour Marianne, ce moment se place après sa maladie, quand elle s'inquiète de la santé de Valville et interroge à son sujet Mlle Varthon, qui ne lui répond pas :

> Alors, impatientée de son silence, je l'arrêtai par le bras et me mis vis-à-vis d'elle pour l'obliger à me parler.
> Mais jugez de mon étonnement quand, pour toute réponse, je n'entendis que des soupirs, et que je ne vis qu'un visage baigné de pleurs.
> Ah! Seigneur! m'écriai-je en pâlissant moi-même; vous pleurez, mademoiselle, qu'est-ce que cela signifie? Et je lui demandais ce que mon cœur devinait déjà; oui, j'en eus tout d'un coup le pressentiment. J'ouvris les

yeux; tout ce qui s'était passé pendant son évanouissement [1] me revint dans l'esprit, et m'éclaira.

Pour Tervire, c'est quand elle vient de retrouver en une inconnue, malade dans une chambre d'auberge dont elle ne peut même pas payer le loyer, une dame dont elle avait fait connaissance dans le carrosse venant à Paris et à qui elle avait rendu service. Tervire vient de raconter à cette dame son enfance, et comment elle est à la recherche de sa mère qui l'a abandonnée depuis de longues années :

> Quand j'eus cessé de parler, elle continua d'être comme je dis là, elle ne me répondait point, elle se taisait, interdite. L'air de son visage étonné me frappa; j'en fus émue moi-même, il me communiqua le trouble que j'y voyais peint, et nous nous considérâmes assez longtemps, dans un silence dont la raison me remuait d'avance, sans que je la susse, lorsqu'elle le rompit d'une voix mal assurée pour me faire encore une question.

Au bout de quelques mots, Tervire comprend que cette dame est sa mère et pousse un cri effrayant.

Les scènes d'attendrissement contagieux sont nombreuses, au couvent quand Valville est désespéré de devoir renoncer à Marianne :

> Ses pleurs coulèrent après ce peu de mots; il ne les retint plus : ils attendrirent Mme de Miran, qui pleura comme lui et qui ne sut que dire; nous nous taisions tous trois, on n'entendait que des soupirs,

au chevet de M. de Climal agonisant, chez le ministre après les paroles de Marianne qui bouleversent toute l'assistance, dans le parc où Tervire accepte de venir en aide à la famille Dursan, au chevet du fils Dursan qui vient de se faire reconnaître par sa mère...

Mais Marivaux n'est qu'en apparence le précurseur de ce qui sera vingt ou trente ans plus tard la littérature sensi-

---

1. Au moment de se séparer de sa mère et de prendre pension dans le couvent où était Marianne, Mlle Varthon s'était évanouie, et Valville s'était dépensé en soins empressés pour la faire revenir à elle.

ble : si grand que soit l'égarement créé par l'émotion, si impuissant que soit le cœur à résister au transport qui s'empare de lui, le trouble ne dure qu'un instant, l'esprit se retrouve, se reprend et transforme le sentiment en connaissance. Il se produit alors un état de bonheur pur où se fondent la lucidité et le ravissement. C'est ce qui décrit Marianne :

> Que de douceurs contenues dans ce que je vous dis là, madame! L'amour peut en avoir de plus folles; peut-être n'en a-t-il pas de plus touchantes, ni qui aillent si droit et si nettement au cœur, ni dont ce cœur jouisse avec moins de distraction, avec tant de connaissance et de lumières, ni qu'il partage moins avec le trouble des sens; il les voit, il les compte, il en démêle distinctement tout le charme.

Marianne continue aussitôt : « Et cependant je les sacrifiais. » Sacrifice dicté par la vanité, ou plutôt par une exigence de dignité : l'admirable est que l'intelligence ayant mesuré toute la qualité du bonheur puisse lui préférer ce qui est aperçu comme un devoir plus grand envers soi-même. Bien ou mal, à tort ou à raison, l'individu se choisit, il ne subit pas ses penchants ni ses plaisirs comme une fatalité.

Quand le choix est bien fait, l'accord entre le cœur et l'esprit met le bonheur à l'abri de tout accident et de tout malentendu : « Que la raison est délicieuse! » s'écrie la Comtesse de *l'Ile de la raison*. Et la vertu l'est encore plus que la raison :

> Oui! voluptés, c'est le nom que je donne aux témoignages flatteurs qu'on se rend à soi-même après une action vertueuse; voluptés bien différentes des plaisirs que fournit le vice. De celles-ci, jamais l'âme n'en a satiété; elle se trouve en les goûtant dans la façon d'être la plus délicieuse et la plus superbe; ce ne sont point des plaisirs qui la dérobent à elle-même; elle n'en jouit pas dans les ténèbres; une douce lumière les accompagne, qui la pénètre et lui présente le spectacle de son excellence.

Nous voyons donc notre excellence dans cette douce lumière,

mais l'origine profonde de cette excellence, nous pouvons seulement la pressentir : elle est dans notre participation indéfinissable au divin :

> Le vertueux a plus de dignité dans l'âme, il porte plus haut le sentiment de son excellence que nous avons tous. [...] Ce sentiment nous est naturel, et celui qui le consulte le plus peut en apprendre bien des choses inconnues à celui qui le néglige; il peut en tirer bien des pressentiments d'une haute destinée. Ces pressentiments, il est vrai, c'est tout âme, cela n'a point d'expression, et l'esprit alors aperçoit ce qu'il ne saurait dire, il ne l'aperçoit que pour lui; mais aussi ne serions-nous pas plus divins dans ce que nous voyons comme cela, que dans ce que nous pouvons exprimer et que nous faisons nous-mêmes?

Enfin il est un degré encore plus haut de connaissance où l'esprit peut s'élever par le transport du cœur; y atteignent « ceux qui connaissent Dieu parce qu'ils l'aiment » :

> Il n'y a point de langue qui exprime ces connaissances-là; elles sont la récompense de l'amour, et n'éclairent que celui qui aime; et quand même il pourrait les rapporter, le monde n'y comprendrait rien; elles sont à une hauteur à laquelle l'esprit humain ne saurait atteindre que sur les ailes de l'amour. Cet esprit humain est à terre, et il faut voler pour aller là.
> Ceux qui aiment Dieu communiquent pourtant ce qu'ils en savent à ceux qui leur ressemblent; ce sont des oiseaux qui se rencontrent dans les airs.

Cet envol et cette communication manquaient à Mme Dorsin, et c'est pourquoi ses sentiments élevés, si respectables qu'ils fussent aux yeux des hommes, n'étaient peut-être pas d'une innocence parfaite au regard de Dieu, selon Marianne.

Les sensations du cœur

Les mouvements de la vie intérieure sont ressentis comme des impressions que seul le vocabulaire de la sensibilité physique peut traduire : non par métaphore, mais littéralement; ce sont des sentiments, on les éprouve et on les dit tels qu'on les éprouve, si l'on ne laisse pas s'interposer entre le vécu et l'exprimé les habitudes sclérosées du langage et les élégances académiques du style. Presque toutes les citations que nous avons faites apportent des exemples de ce réalisme qu'on aurait tort de prendre pour de la préciosité, et il serait facile d'en allonger la liste. Et, pour commencer par la sensation même du mouvement, c'est un *trouble,* un *désordre,* un *bouleversement,* l'âme est *émue, la tête tourne,* le cœur est *remué,* il *prend sa secousse,* il ressent *des secousses de joie,* il *tressaille,* il *se retire,* ou la tristesse *se retire au fond du cœur,* la joie *trotte dans le cœur,* la vanité est *un tourbillon,* l'esprit *vole sur les ailes de l'amour,* l'on est *égaré comme dans un désert,* on s'*égare dans un chaos de mouvements dont on ne peut se démêler.* Heureux celui dont l'âme *se repose tout entière!* D'autre fois on est *abattu,* on *languit,* on est *étourdi, accablé, éperdu de joie, terrassé par la douleur, anéanti, enseveli, laissé comme mort* par la tristesse, le cœur est *mort.* Ou au contraire un sentiment *pénètre* l'âme, la *saisit,* s'en empare *tendrement* ou *avec douceur;* le cœur est *content, bien aise,* il *s'attache* à ce qu'il éprouve, il *s'épanouit,* il *s'enfle,* on est *bouffi de gloire,* on *pétille;* mais si le bonheur est trop intense, on est *enchanté, étourdi d'une vapeur,* on *suffoque;* la *lumière* qui l'accompagne peut être *douce,* ou l'on peut en être *ébloui.* En revanche de nombreuses impressions sont désagréables, on devient *tiède* pour quelque chose, *glacé* pour quelqu'un, le cœur *se soulève* de dégoût, il est *nettoyé* d'une inclination, *déchiré, percé,* la délicatesse est *blessée,* l'âme est *flétrie,* on se sent *arracher l'âme.* Des sentiments différents, orgueil, joie, honte, douleur, peuvent produire des effets très voisins, car les sentiments se ressemblent par leurs degrés d'intensité et par leur emprise. Et si par hasard Marivaux recourt à une comparaison, ce n'est pas ornement poétique ni équivalent approximatif, c'est un moyen de faire accepter par le lecteur la nouveauté de son vocabulaire, et le style figuré cède vite la place à l'expression directe, comme quand il explique que certaines vérités ne peuvent entrer dans l'esprit qu'en passant d'abord par le cœur :

Imaginez-vous un fruit qui se mûrit, ou bien une fleur

qui s'épanouit à l'ardeur du soleil : c'est là l'image de ce que ces vérités deviennent dans le cœur qui s'en échauffe, et qui peut-être alors communique à l'esprit même une chaleur qui l'ouvre, qui l'étend, qui le déploie, et lui ôte une certaine roideur qui lui bornait sa capacité, et empêchait que ces vérités ne le pénétrassent.

Imaginez-vous un fruit qui se mûrit ou bien une fleur

8

Couleurs du temps

L'univers fictif ou représenté n'est pas toujours le même dans les œuvres de Marivaux, chaque genre littéraire recourant à un cadre spatial et temporel qui lui est propre et que déterminent des traditions, des conventions, des emplois spécifiques. L'île des Esclaves, où se déroule une comédie à qui elle a donné son nom, ne ressemble pas à l'île où fut déporté Frédelingue, dans *les Effets surprenants de la sympathie*, ni à celle où Célie a été conduite par un corsaire, dans *Pharsamon;* les va-et-vient de Marianne et de Tervire à travers Paris seraient impossibles à des personnages de théâtre; la nature de l'imaginaire change aussi, soit avec les œuvres, soit avec l'évolution de l'auteur : le monde des *Effets surprenants,* en principe le monde réel, est sans localisations précises, sans repères historiques, fertile en étrangetés : un monde plus rêvé qu'observé, où surgissent les aventures; dans le monde de *Pharsamon,* plus précis, plus prosaïque, où l'on rencontre paysans, cuisiniers, gentilshommes chasseurs, s'insinue un monde fabuleux, comme suscité par le délire de Pharsamon, mais ce monde fabuleux n'est plus que pure fiction amenée par des circonstances réalistes dans *la Voiture embourbée.* La campagne française avec ses laboureurs, ses seigneurs, sa vie de tous les jours, ses travaux, ses fêtes et ses misères, qui est le monde du *Télémaque travesti,* est vue à travers les phantasmes de Brideron; Marivaux n'a pas cru pouvoir la montrer dans sa vérité sans souligner ses aspects comiques ou pittoresques, la parodie faisant passer le réalisme, la rusticité étant ouvertement employée à un usage littéraire, ce qui prouve qu'elle est étrangère à Marivaux autant qu'à ses lecteurs. Le cadre de *la Vie de Marianne* et du *Paysan parvenu* est au contraire pris au sérieux, les intonations ironiques — quand il s'agit de la bourgeoisie, des couvents, des subalternes comme le Villot qui figure dans l'histoire de Marianne — traduisent une délicatesse du goût et une indépendance d'esprit dont nous avons analysé les rapports. Chaque comédie repose sur l'intuition globale d'un petit monde, plus ou moins fantaisiste, féerique, légendaire ou imité du réel, qui combine d'une façon extrêmement subtile des éléments disparates et autorise à faire souffler un vent de folie sur de bonnes familles aristocratiques ou bourgeoises.

Choses et autres

Ni les parfums, ni les sons ou la musique (sauf sous forme de chansons), ni même les couleurs n'apparaissent dans l'univers de Marivaux. On y voit seulement quelques jeux de lumière, clairs de lune, ténèbres de la nuit, obscurité d'une chambre. Le plaisir procuré par la nourriture y occupe au contraire une grande place, Arlequin et les personnages de sa lignée comme Cliton, Brideron et Jacob aimant boire et manger, et le passage de ce plaisir à celui d'aimer n'étant pas difficile; c'était une plaisanterie habituelle à la scène italienne, où Marivaux l'a empruntée :

> Arlequin. — [...] Oh les jolis petits doigts! *(il lui baise la main et dit :)* Je n'ai jamais eu de bonbon si bon que cela,

mais la gourmandise devient chez Jacob le signe de son avidité à vivre :

> Quel friand petit pied vous avez-là, madame. [...] Il n'y a rien de si friand que ce joli corset-là,

et l'ivresse est une des sensations morales qu'il note le plus fréquemment. La vue est pourtant pour Marivaux le sens privilégié, parce que par elle on pénètre le sentiment : la physionomie, l'air, que Marivaux note soigneusement jusque dans les indications scéniques de ses comédies, le regard d'autrui que l'on rencontre sont révélateurs du caractère. Le moraliste de Marivaux est un « spectateur ». Mais bien que la vue livre une totalité intérieure, elle ne saisit souvent qu'un objet limité et fugitif, le geste de Climal tirant son bréviaire de sa poche, les yeux fermés et les bras de Mlle Varthon évanouie, le cure-dent que tient à la main M. Bono, et plus souvent encore l'impression produite est seule communiquée. Du physique des personnages, qui n'est jamais décrit en détail, Marivaux signale, s'il le juge utile, la forme générale du visage, la grandeur ou la petitesse des yeux, la couleur des cheveux, le teint; quand il en vient à la taille, à l'embonpoint, à la physionomie, le concret disparaît, seul le sentiment reste.

Devant le réel, Marivaux n'a pas l'attitude des romanciers de la grande époque baroque, qui voulaient flatter un public aristocratique, ni de plusieurs de ses contemporains bourgeois, naïfs admirateurs du luxe : les uns et les autres décrivent en détail les cérémonies, les édifices, les beaux habits, les beaux bijoux. Marivaux change d'attitude selon l'objet; il s'est intéressé aux réalités familières, « basses » comme on disait alors :

> Une pomme n'est rien; des moineaux ne sont que des moineaux; mais chaque chose dans la petitesse de son sujet est susceptible de beautés, d'agréments : il n'y a plus que l'espèce de différence, et il est faux de dire qu'une paysanne, de quelques traits qu'elle soit pourvue, n'est point belle et capable de plaire parce qu'elle n'est pas environnée du faste qui suit une belle et grande princesse.

Plus encore que *Pharsamon, le Télémaque travesti* abonde en détails vigoureux, en scènes prises sur le vif; mais dans *le Télémaque travesti* comme dans *Pharsamon* cette peinture est ironique. Marivaux, qui a une expérience personnelle de la réalité paysanne et bourgeoise, a besoin pour en fournir une expression littéraire d'en parler en plaisantant. Le passage cité en dernier lieu de *Pharsamon* précise que « la manière de raconter est toujours l'unique cause du plaisir ou de l'ennui qu'un récit inspire », et que cette manière doit être « proportionnée aux objets qu'on expose ». Sensible à la valeur humaine de la réalité « basse », Marivaux croit devoir la défendre en styliste, comme si elle posait uniquement des problèmes d'expression et qu'elle ne pût être acceptée que par référence à un goût reconnu, comme allusion, parodie ou contraste. Cette attitude est d'autant plus remarquable que Marivaux n'a rien de maniériste ou d'académique et que la base de son esthétique est la priorité du contenu, la fidélité au réel. A l'intérieur des limites qu'il s'impose, ou que son temps lui impose, il est allé très loin dans le réalisme. *Le Paysan parvenu* parvient presque à caractériser la beauté du réel familier comme elle sera caractérisée chez Diderot et surtout chez Balzac. Mais une intonation satirique, un sourire à peine marqué suffisent à faire prendre au narrateur sa distance par rapport à ce qu'il évoque. Le cœur de Marivaux n'est pas dupe « des distinctions que l'orgueil a mis dans les choses de ce monde » et son esprit sait reconnaître « ce que c'est que l'homme dans un cocher, et ce que c'est que la femme dans une petite marchande ». Son goût même est très ouvert au naturel du peuple, à son langage expressif, à sa sagesse et à ses rires. Ce qu'il reste en lui de réserve tient à la définition de son être social; il est vain de déplorer qu'il n'ait pu s'en défaire, il vaut mieux admirer qu'il ait été, de tous les écrivains de sa génération, le moins prisonnier de ses préjugés.

Devant les réalités aristocratiques, son attitude est différente. Ces réalités ne se décrivent pas, et ce seul fait prouverait combien Marivaux est proche de l'aristocratie, car Challes, Mouhy, Mauvillon, l'abbé Lambert, Gaillard de la Bataille, qui ont traité des sujets assez voisins de ceux de Marivaux, font voir les signes extérieurs de la richesse. L'intérieur des sœurs Habert, vieilles filles dévotes appartenant à la bourgeoisie, est montré avec malice :

> On eût dit que chaque chambre était un oratoire, l'envie d'y faire oraison y prenait en y entrant; tout y était modeste et luisant, tout y invitait l'âme à y goûter la douceur d'un saint recueillement,

leur repas est décrit et nous savons ce qu'elles se font servir; mais rien n'apparaît de l'appartement où Valville reçoit Marianne, on ne nous dit pas ce qu'on mange et comment on mange aux repas priés de Mme Dorsin. L'habit bourgeois que Mme de la Vallée achète à Jacob est « d'un bel et bon drap bien fin, tout uni, doublé de soie rouge »; mais nous ignorons comment sont faits les « habits magnifiques » des seigneurs auprès desquels Jacob, à la Comédie, est confus de sa « petite propreté bourgeoise ». Mieux encore, Marianne qui est si émue quand elle se pare des vêtements offerts par M. de Climal :

> il me prenait des palpitations en songeant combien j'allais être jolie : la main m'en tremblait à chaque épingle que j'attachais,

nous laisse imaginer à notre guise le beau linge et la belle robe, sans donner la moindre précision qui nous aide à nous en faire une idée. C'est que l'objet « bas » est une curiosité dont on s'amuse, avec sympathie ou moqueusement, il appartient à un monde dont le lecteur ne fait pas partie et qu'on lui donne à connaître; l'objet noble au contraire n'est mentionné que lorsqu'il est lié à quelque circonstance de la vie intérieure d'un personnage, lorsqu'il se charge de signification morale ou sentimentale; il est noble par sa fonction, il n'a pas de noblesse intrinsèque et peut être matériellement très ordinaire : l'œuvre littéraire ne se propose plus de faire voir de l'extérieur une réalité mise à distance, mais de faire comprendre et finalement partager les expériences et les émotions des héros. Le Jacob narrateur, s'il ne renie rien de son origine roturière, est parvenu assez haut pour ironiser sur les choses et les gens qui constituaient son univers dans le début de sa carrière et Marivaux n'a pas voulu, pour raconter ses aventures et celles de Marianne, se faire la mentalité d'un bourgeois qui s'est avancé dans le monde ou d'un paysan parvenu, comme le feront certains de ses imitateurs. L'objet noble est donc seulement nommé, il apparaît par l'effet qu'il a produit, comme le coffre de Marianne (on ne sait même pas si c'est un coffre ou une cassette : « lequel des deux il vous plaira ») apporté d'un couvent à l'autre et qui inspire à l'héroïne tant de sombres réflexions. Il a alors le même rôle dans les romans que dans les comédies, où le « bel habit » que le Prince de *la Double inconstance* fait faire à Silvia n'est pas plus caractérisé que l'appartement destiné par Araminte à Dorante dans *les Fausses confidences.*

Espaces

L'imagination de Marivaux conçoit d'abord l'espace sur le modèle de l'espace aristocratique où se déroulait l'action des romans baroques, espace de l'aventure et du loisir. Les personnages des récits insérés dans *les Effets surprenants de la sympathie,* ceux de l'*Histoire de Tarmiane,* insérée dans *Pharsamon,* voyagent dans les pays étrangers, traversent les mers, sont prisonniers des Barbaresques, échouent dans des îles inconnues. La quête est depuis le Moyen Age le devoir et la vocation du héros qui fait confiance au hasard, sûr de rencontrer sur sa route le méchant à châtier, le tort à redresser. L'aventure surgit au détour du chemin, l'horizon est plein de promesse. Misrie ayant été enlevée sous les yeux de Merville, embarquée de force et emmenée il ne sait où, Merville cherche un bateau, s'embarque à son tour : « Puisque celle qui emporte mon cœur est à présent sur la mer, un hasard peut me la rendre : cet élément en fait naître de prodigieux ». Fuites, poursuites, enlèvements, retrouvailles, découvertes, tout est possible dans cet espace immense et vague : il n'est presque jamais décrit dans ses perspectives visibles, il n'existe que comme ce qui fait sans cesse renaître les déplacements. L'espace de l'action principale, aussi vague, est plus réduit : Clorante, dont *les Effets surprenants* racontent les aventures (le premier titre du roman est : *les Aventures de* ***), veut aller à Londres venger son père, mais il ne fait guère que quelques lieues, particulièrement fertiles en péripéties; Pharsamon parcourt un étroit canton de province; dans *la Voiture embourbée* les aventures lointaines ne sont plus qu'un jeu d'imagination. L'espace de la quête et de l'aventure est encore évoqué ou utilisé au théâtre par Marivaux, au début de sa carrière dans *le Prince travesti* (1724), à la fin dans *la Femme fidèle* (1755).

Trois lieux circonscrits, pris dans l'espace romanesque, ont un rôle particulier : l'île, la prison, le jardin ou le parc. Par son éloignement et sa situation et par les circonstances dans lesquelles habituellement on y aborde, l'île est un lieu d'étrangeté poétique; une fois qu'elle a été explorée et que ses habitants, si elle n'est pas déserte, ont lié connaissance avec le naufragé, elle devient un terrain abstrait sur lequel un essai d'utopie peut être tenté : Frédelingue enseigne à ses sauvages les premiers principes civils et religieux, Célie devient pour les siens une déesse tutélaire. Mais, comme tous les lieux d'utopie, l'île est un pays d'exil d'où l'on ne cesse de vouloir s'évader, et ne pouvant goûter lui-même le bonheur qu'il a apporté aux autres le nouveau législateur guette sur l'infini environnant l'apparition du navire que le hasard aura conduit et qui le délivrera. Ce thème odysséen n'est pas développé par Marivaux, mais il ne l'a pas ignoré. On retrouve dans les îles du théâtre, *Ile des esclaves, Ile de la raison,* île où se sont sauvés les personnages de *la Colonie,* ces caractères transposés : exotisme (des usages et des mœurs, mais le metteur en scène est libre de le rendre visible dans les décors et les costumes), utopie (mais ce sont les insulaires ici qui enseignent la sagesse), désir finalement satisfait de retour au monde « normal ». La prison présente dans les romans différentes formes : prison véritable du père de Clorante, châteaux où sont séquestrés Caliste, Clarice, Parménie, avec le droit de se promener dans le jardin, grotte où Fermane retient une malheureuse inconnue, chambre sombre où est enfermée Clorinne, chambres basses où sont suppliciés chez les Barbaresques les esclaves rebelles, cavernes où sont gardés ceux que le fouet a rendus impotents, caverne encore où Créor le magicien rassemble les femmes qu'il réserve à ses plaisirs, cabinet infect où vont mourir celles dont il ne veut plus, antre où il fait subir à ses ennemis « tout ce que les affreux tourments ont de plus épouvantable ». Malsains, obscurs, souvent souterrains, ces lieux sont conformes au mythe carcéral; leur trait commun est qu'ils sont mal clos : la prison n'a d'intérêt, dans le roman d'aventures, que si l'on peut s'en échapper grâce à l'aide réclamée ou inattendue d'un sauveteur. Les plaintes et les soupirs de celui qui est enfermé s'entendent à travers une cloison : ainsi Oriante retrouve Clorinne; une porte a été laissée ouverte par mégarde; l'entrée d'un souterrain apparaît soudain devant un cavalier : l'espace clos est celui de l'évasion ou de l'effraction. Il subsiste encore au théâtre, mais profondément transformé, si l'on peut considérer comme des prisons le palais où l'Arlequin et la Silvia de *la Double Inconstance* ont été amenés, la maison et les jardins d'Hermocrate où Agis réside loin du monde depuis dix ans, dans *le Triomphe de l'amour*, et le territoire enclos de murs d'une « hauteur prodigieuse » où sont élevés les enfants de *la Dispute* depuis leur naissance. Enfin le jardin ou le parc sont des espaces cloisonnés, traversés de chemins sinueux, où l'on peut se promener, rêver, se reposer sous un arbre, sur une pelouse; Marivaux y a placé plusieurs épisodes des *Effets surprenants* et de *Pharsamon,* sans cacher, dans ce dernier roman, son ironie envers un poncif de la littérature romanesque; ayant conduit le héros dans le « jardin magnifique » de Félonde, il décrit le jet d'eau, le dieu marin qui lui sert de support, le parterre, les diverses statues et il continue :

> Plus loin, on voyait un petit bois touffu, partagé en routes sombres et étroites, lieux enchantés pour des cœurs unis par une mutuelle tendresse. Près de ce bois, était un espace de terre assez grand, où naissait le gazon, siège le plus aimable et le plus doux pour ceux qui ne respirent que cette agréable simplicité, dont se pare la nature. On y voyait encore... Mais on ne voyait plus rien; car en voilà bien assez de quoi satisfaire un homme du caractère de Pharsamon !

Les gens « du caractère de Pharsamon » n'étant plus que des ridicules pour Marivaux, le cadre qui était en harmonie avec leur sensibilité a perdu sa qualité poétique, il n'est plus qu'un décor qu'on « voit » et qu'on décrit pour le décrire : aussi dans *la Vie de Marianne,* où la psychologie est toute différente, les parcs et les jardins ne sont-ils pas décrits, ils ne servent pas de cadre à des scènes de noble galanterie, ils remplissent une fonction en rapport étroit avec l'intrigue, les personnages et leur condition : chez Mme de Fare, dans « le bois de la maison », Marianne et Mlle de Fare s'amusent à fuir Valville et à lui jeter des feuilles : avec leur gaieté doit entrer en contraste la mauvaise surprise et le désespoir que va causer quelques instants plus tard l'arrivée de Mme Dutour; chez Mme Dorsin, une allée de jardin et un cabinet de verdure vont permettre à Marianne d'avoir avec Valville non une tendre conversation, mais une explication déchirante; chez Mme Dursan, le parc est une propriété que les gardes défendent contre un intrus qui voulait y chasser, et l'abri qui protège, loin des yeux de Mme Dursan, les négociations entre Tervire et le reste de la famille. Mais au théâtre le jardin garde quelque chose de la poésie qu'il ne pouvait plus avoir dans les romans : de nombreuses pièces ont lieu « à la campagne », l'espace du loisir aristocratique est naturellement celui où la Fée observe les jeux d'un jeune sauvage qu'elle a enlevé *(Arlequin poli par l'amour),* celui où des amoureux déçus promènent leur mélancolie *(la Surprise de l'amour),* où Dorante et Angélique se retrouvent, se séparent selon leur humeur du moment *(la Mère confidente).* La comédie qui fait le mieux apparaître la fonction dramatique du jardin est *la Méprise,* dont toute l'action consiste dans les promenades et les rencontres de deux jeunes filles et d'un jeune homme. Dans tous ces textes le parc ou le jardin est une des données significatives de la situation, il sert à l'intrigue, il n'est pas représenté dans le dialogue, ou à peine : imagination d'un mouvement et d'un sentiment, non imagination d'une forme.

L'espace des romans romanesques, devenu objet dérisoire de description, devait disparaître en même temps que leurs héros ridiculisés. Il est remplacé progressivement, dans *Pharsamon* et dans *la Voiture embourbée,* puis complètement, dans *le Télémaque travesti,* par un espace « réaliste » qui remplit une double fonction : espace spectaculaire d'une part, espace utilitaire de l'autre. Marivaux, nous l'avons dit, appartient à la classe consommatrice, non à la classe productrice : il ne peut se reconnaître dans ceux qui « chipotent leur pauvre vie », qui la « labourent », comme disait Dufresny, par leur lutte continuelle avec la matière, bien qu'il considère leur travail avec une pénétrante sympathie. L'espace où les travailleurs sont disposés comme pour un spectacle se divise en grands panneaux selon ses diverses destinations ou autour du spectateur. Le premier apparaît dans l'épisode rustique des *Effets surprenants,* chez Fétime; le paysage est vu d'une fenêtre :

les bergers alors ramenaient les troupeaux des champs :

on entendait des cornemuses, dont les pâtres amusaient les bergères en revenant à la maison; les bœufs rentraient dans les étables. Clarice voyait la campagne couverte de troupeaux.

La musique, comme dans les tableaux de Louis le Nain, ou plutôt le son que portent les airs, donne leur profondeur à ces tableaux; les voyageurs de *la Voiture embourbée* veulent gagner à travers champs

> un petit village composé de quatre ou cinq chaumières dont on entend les cloches percer modestement les airs;

des fenêtres de leur chambre chez Mélicerte, Phocion et Brideron aperçoivent diverses scènes dont l'une est pareille à celle que voyait Clarice de sa chambre chez Fétime :

> En jetant les yeux autour d'eux, ils aperçoivent l'humble et petite retraite d'une fermière qui, entourée de trois ou quatre enfants, leur distribuait à chacun une écuellée de lait et de pain [...].
> D'un autre côté, l'on voyait les écuries et les étables, où les bœufs et les vaches fatigués se rendaient d'un air lent. Le berger et la bergère, hâlés par les ardents rayons du soleil, suivaient les troupeaux en folâtrant ensemble. [...] Ils interrompaient de temps en temps leur badinage d'un cri rustique, adressé au troupeau pour le rassembler.
> Plus bas était une grange, d'où l'on entendait le bruit des batteurs [...].

Les détails, plus fouillés que dans aucun autre roman de Marivaux, tiennent encore de la bambochade, mais Marivaux se sert moins du burlesque pour ridiculiser que pour mieux caractériser. La division de l'espace vient plusieurs fois, comme dans le texte ci-dessus, de la disposition des fenêtres, elle peut venir aussi d'un fleuve qui traverse le paysage et sur lequel navigue Brideron, ou des perspectives ouvertes par les rues d'une ville. La description des Champs-Elysées, celle du bouclier de Brideron, où le compartimentage est structural, font comprendre les dangers de cette représentation de l'espace : « Vois-tu bien?... Vois-tu aussi...? », demande Brideron le bisaïeul à son descendant; « on remarquait... on voyait aussi... on remarquait... », dit la description du bouclier. Morcellement de la vision, étroitesse du champ, insignifiance du spectacle pour un témoin qui est seulement curieux, telles sont les limites du réalisme non seulement pour Marivaux, mais pour ses contemporains, y compris Lesage, qu'une distance sociale insurmontable sépare de ce qu'ils veulent montrer. Quand l'action des personnes se fait dans cet espace, sa fonction d'abord burlesque (les voyageurs de *la Voiture embourbée* doivent patauger dans la boue pour arriver au village) se rapproche de la fonction utilitaire qu'il a pour les travailleurs : routes où déambule Brideron, fleuve où il navigue et dont les bateliers connaissent tous les repères topographiques, campagne où se déroule la guerre contre les Camisards et que sillonnent les messagers, les convois de combattants ou de vivres. Dans le cas d'un espace clos, le parti pris burlesque est plus difficile à éviter : portes, escaliers, dénivellations (chez Mélicerte, « d'une chambre on passait par trois degrés en descendant dans une autre ») accusent la division normale en appartements et sont propices à des incidents grotesques, chutes, poursuites d'étage en étage, etc. Les épisodes de *Pharsamon* situés dans la maison de campagne de Cidalise et dans la maison des noces, ceux de *la Voiture embourbée* qui ont lieu chez le curé et chez les paysans illustrent ce lien entre une action comique et un espace en quelque façon disloqué. Bien que d'un comique aussi vif, *le Télémaque travesti* ne comporte pas d'épisodes du même style : son fond est plus riche et même plus sérieux. Si on cherche ce qui correspond à cet espace dans les comédies, on le trouverait, compte tenu de transformations profondes, dans les scènes de cache-cache que jouent les personnages de *l'Ecole des mères* ou de *la Joie imprévue.*

Dans *la Vie de Marianne* et dans *le Paysan parvenu* l'espace n'est plus ce qui présente un spectacle ni ce qui permet un travail, mais ce qui suscite une expérience : quitter un lieu, arriver dans un autre, se déplacer et voir l'espace se transformer autour de soi, c'est modifier ses sentiments en même temps que sa situation. Nous avons vu comment l'orphelin du *Spectateur français,* désespéré au départ de son village, devenait maître de lui et prenait courage à mesure qu'il s'éloignait. Pour Jacob et Marianne, l'arrivée à Paris n'est pas seulement la découverte d'une grande ville, mais celle de leurs propres possibilités de bonheur. Mais quelques jours plus tard, pour Marianne angoissée, Paris est une forêt effrayante. C'est en effet l'espace urbain qui est, pour ces héros de l'aventure intérieure, ce qu'étaient les pays lointains et la mer pour les héros de l'aventure extraordinaire. Marivaux est avant Balzac le premier grand romancier à avoir fait de Paris le lieu et l'instrument d'un destin individuel, qui prend forme dans ses rues, dans les carrosses qui le parcourent, dans ses allées privées, ses cours intérieures, ses hôtels particuliers, ses églises. La structure de l'espace urbain donne leur tonalité et leur signification à quelques-uns des épisodes les plus importants : l'accident de Marianne, son arrêt dans une église où elle se réfugie pour échapper aux embarras de voitures, son transport d'un couvent à un autre, puis du second couvent chez le ministre; la rencontre de Jacob et de Mlle Habert sur le Pont-Neuf, la marche jusqu'au domicile de la dévote, la marche de ce domicile jusque chez Mme d'Alain, l'arrestation de Jacob, le triomphe de Jacob dans la cour sur laquelle donnent les fenêtres de Mme d'Orville; les allées et venues de Tervire à travers Paris, qui sont les étapes d'une expérience aboutissant à sa révolte ouverte contre l'égoïsme et l'orgueil de la haute société.

La structure de l'espace clos, celui des maisons, n'a pas moins d'importance dans ces deux romans : chez le premier patron de Jacob, l'escalier est presque ce qu'est dans la tragédie classique l'indifférente « salle du palais » où l'action se noue, se développe et se dénoue : de l'escalier on guette, on écoute, on attend, dans l'escalier on se rencontre; il a le même rôle chez les sœurs Habert. Toute la partie de sa vie que Marianne passe au couvent a lieu dans la chambre où Marianne rêve, pleure, se pare, dans le parloir où se déroulent des scènes capitales pour son destin, et dans l'escalier qui conduit de l'une à l'autre. Cette disposition des lieux sert encore mieux le pathétique dans l'histoire de Tervire : elle découvre ce que c'est que la douleur dans sa petite chambre chez Mme de Tresle; l'isolement de sa chambre chez Mme de Sainte-Hermières et l'existence d'un escalier dérobé rendent non seulement possible une criminelle imposture, mais

lui donnent un caractère dramatique particulièrement douloureux; la réconciliation de Mme Dursan et de son fils exige
que Tervire convainque la vieille dame impotente, pour qui
tout déplacement est pénible, de descendre de sa chambre
au rez-de-chaussée où l'on a transporté l'agonisant; et la
pauvre chambre d'auberge, « au premier, sur le derrière », le
petit escalier à monter, la porte restée ouverte sont des
circonstances essentielles à la reconnaissance entre Tervire
et sa mère. L'espace scénique constitue un second aspect
de l'espace clos : par rapport à un personnage ou à un groupe
central les autres personnages sont placés ou se meuvent de
façon expressive, l'assistance à l'église autour de Marianne,
le conseil de famille autour de Marianne ou de Jacob, les
invités autour de Tervire et de sa belle-sœur qui s'affrontent,
les parents et le prêtre autour de Climal agonisant, de Dursan
agonisant; Marivaux a sans doute vu ces scènes comme des
tableaux et préparé le travail de son dessinateur, mais son
imagination a pu s'inspirer de la pratique du Nouveau
Théâtre Italien, où les acteurs se tournaient les uns vers les
autres au lieu de se ranger face au public comme ceux de la
Comédie-Française.

Temps

Il faut nettement distinguer le temps actuel, vécu, et le temps
conçu, remémoré. Le premier est commun au lecteur (ou au
spectateur) et aux personnages; il n'est pas objet de connaissance, sauf dans des cas particuliers; il se confond avec
l'allure du discours : absent des deux premiers romans, il est
sensible dans les récits personnels de Brideron *(le Télémaque
travesti),* dans les propos de la coquette des *Lettres contenant une aventure,* dans quelques lettres envoyées au *Spectateur français* et dans les bavardages écrits de *l'Indigent
philosophe;* c'est naturellement le temps du théâtre, et celui
pendant lequel Jacob et Marianne rédigent leurs Mémoires.
Ce temps est un présent constamment renouvelé, que vit
par exemple le spectateur d'une tragédie de la Motte, si l'on
en croit Marivaux :

Ici chaque situation principale est toujours présente à

vos yeux, elle ne finit point, elle vous frappe partout sous des images passagères qui la rappellent sans la répéter; vous la revoyez dans mille autres petites situations momentanées qui naissent du dialogue des personnages, et qui en naissent si naturellement que vous ne les soupçonnez point d'être la cause de l'effet qu'elles produisent, de façon que dans tout ce qui se passe actuellement d'intéressant réside encore, comme à votre insu, tout ce qui s'est passé : de là vient que vous êtes remué d'un intérêt si vif et si soutenu, et qui est d'autant plus infaillible, que, hors les endroits extrêmement marqués, vous ne distinguez plus les instants où il vous gagne, ni les ressorts qui le contiennent.

Une telle analyse n'est possible qu'après coup, au critique qui raisonne sur ce qu'il a observé ou éprouvé; le texte fait bien comprendre que le spectateur, pendant l'action, en serait incapable, il est dans le temps où sont les personnages, il le sent mais ne le connaît pas. Les moments qui composent ce temps ne sont pas distincts, leur continuité vient de ce que chacun répond à une attente créée par les moments qui le précèdent. Marivaux note ici la présence des moments antérieurs dans le moment actuel; il a noté ailleurs la présence du moment ultérieur, le pressentiment de ce qui va suivre : Marianne demande à M\ue Varthon « ce que [son] cœur devinait déjà », la cause de ses larmes, qui était de découvrir en elle sa rivale auprès de Valville; Tervire est d'avance troublée par la raison qu'elle ne connaît pas encore du silence pendant lequel la dame inconnue la considère d'un air interdit. Le temps vécu a donc une tension, une direction, mais il la doit à la passion de celui qui le vit : à l'auteur de savoir prêter cette passion aux personnages et la communiquer au lecteur. En dehors d'elle, le temps vécu est surgissement : chaque instant est une surprise, chaque être humain à chaque instant recommence à naître, c'est ce que Marivaux appelle « les endroits extrêmement marqués » dans une pièce de théâtre, ce sont les situations révélatrices, les épreuves que connaissent Marianne et Jacob. Et si la révélation apportée est finalement dérisoire, si tout est vanité, le surgissement équivaut à une évanescence, comme pour la vieille dame du *Spectateur français* :

Il y a donc bien longtemps que je vis. Bien longtemps? Hélas! je me trompe, à proprement parler je vis seulement dans cet instant-ci qui passe; il en revient un autre qui n'est déjà plus, où j'ai vécu, il est vrai, mais où je ne suis plus, et c'est comme si je n'avais pas été. Ainsi ne pourrais-je pas dire que ma vie ne dure pas, qu'elle commence toujours? ainsi, jeunes et vieux, nous serions tous du même âge. Un enfant naît en ce moment où j'écris, et dans mon sens, toute vieille que je suis, il est déjà aussi ancien que moi : voilà ce qui m'en semble, et sur ce pied-là, qu'est-ce que la vie? un rêve perpétuel.

En l'absence d'un projet, l'être humain est livré à ce que G. Poulet appelle la « successivité pure », il assiste passivement à un défilé d'images disparues aussitôt qu'apparues et de modifications sans suite. Mais cette ancienne coquette que le repentir a fait passer de la frivolité à la piété n'avait pas durant sa vie mondaine assez d'énergie, assez d'exigence envers elle-même, pour tirer tout le parti possible de ses surprises, sauf de la dernière, survenue quand elle se jetait au cou de son amie et découvrait qu'elle embrassait une morte. Vivre n'est pas regarder se succéder les instants et tourner comme une girouette au vent des circonstances, c'est assumer les changements et se composer un *moi* qui les intègre, comme le jeune inconnu du même Journal qui, sentant son être intérieur se modifier à mesure qu'il s'éloigne de son pays, s'appuie sur ce changement et s'arme de courage pour affronter l'avenir. On ne peut identifier le *moi* à ses sensations existentielles : le principe de son être est dans la force avec laquelle il se veut et se choisit.

Tant que l'intelligence n'en a pas fait l'auxiliaire dont l'homme se sert selon ses besoins, le temps est subi; le spectateur ou le lecteur le subit aussi bien que les personnages, sans s'apercevoir de son écoulement. Marivaux le concentre ou le dilate à sa guise : il suffit de quelques jours pour toute l'action du *Paysan parvenu*, de quelques heures pour tous les événements qui occupent la deuxième et la troisième partie de *la Vie de Marianne*, de quelques moments pour que le petit-maître soit corrigé, les fous ramenés à la raison, le fourbe puni, pour que Silvia et Arlequin cessent de s'aimer, pour qu'Araminte s'éprenne de Dorante et décide de l'épouser malgré l'opposition familiale et la différence des fortunes. En revanche, l'analyse des sentiments peut donner à de très courts instants une importance dans la narration sans rapport avec leur durée : entre deux phrases coordonnées de Mme de Miran, Marianne intercale le tableau de ce qu'elle a senti et pensé; le lecteur ne remarquerait même pas que le temps s'est arrêté, si la narratrice ne l'en avertissait pas : « Mais achevons d'écouter Mme de Miran, qui continue [...] ». Quatorze pages sont employées à peindre l'agitation de Marianne pendant les quelques minutes qui séparent, quand elle est chez Valville, la sortie du chirurgien de l'arrivée de M. de Climal. Ces accélérations et ces ralentissements rythment le temps vécu en commun par la narratrice et par le lecteur, temps tout à fait comparable à celui que vit le spectateur suspendu aux paroles des personnages dans une pièce de théâtre. Le récit de Marianne est dramatisé par le dialogue avec la destinataire : « Attendez... », « Le croirez-vous? », « Et puis, me direz-vous... »; les Mémoires naissent et se développent devant nous, la présence animée du narrateur place la rédaction de l'œuvre dans un temps vécu et partagé par le lecteur : c'est là l'une des nouveautés les plus importantes apportées par Marivaux dans le roman à la première personne. Au théâtre, le spectateur auquel l'exposition fait connaître la situation de départ et que les personnages instigateurs (Dubois dans *les Fausses Confidences,* Flaminia dans *la Double Inconstance,* Hortense dans *le Petit-maître corrigé,* Lucidor dans *l'Épreuve*) renseignent sur leurs desseins observe avec un intérêt passionné les à-coups et la progression de l'intrigue : le temps de l'action est véritablement le sien. La prise de conscience de ce temps vécu ne se fait pas pendant la représentation d'une pièce, mais — quelquefois — au lever de rideau après un entracte : le cœur des personnages a bougé, ils sont un peu moins loin qu'avant de l'état où le dénouement les laissera. Dans les romans, c'est aussi pendant les silences du récit que le lecteur peut se rendre compte du temps qui passe, et seulement dans *la Vie de Marianne,* parce que Marivaux a transformé en élément dramatique, incorporé au mouvement de l'énoncé, le retard que chacune des parties prenait sur la précédente : les accidents par lesquels l'auteur a été empêché de faire avancer régulièrement son œuvre sont devenus les accidents mêmes que Marianne a rencontrés dans la rédaction de ses souvenirs, l'histoire extérieure du roman a fourni au roman une nouvelle matière. Une durée plus intérieure, plus obscure est celle qui sépare les événements racontés du moment où Marianne ou Jacob les raconte : cet intervalle donne au récit sa résonance unique; sans lui *la Vie de Marianne* et *le Paysan parvenu* seraient pareils à n'importe quels Mémoires fictifs; le lecteur en a la conscience confuse, il sent par lui qu'une épaisseur d'expérience et d'action, de silence et de méditation a préparé et rendu nécessaire la parole qui se fait entendre.

Le temps passé, dont la mémoire dispose, est au contraire clairement conçu par l'esprit : il est très rare que la mélancolie ou le regret fasse renaître dans son intensité un moment d'autrefois; ce n'est qu'un accent fugitif, chez Jacob songeant au plaisir dans sa fleur, chez Marianne parlant de sa mère adoptive, chez Tervire se rappelant le jeune Dursan :

> Il a fallu les oublier, ces expressions, ces transports, ces regards, cette physionomie si touchante qu'il avait avec moi, et que je vois encore, il a fallu n'y plus songer, et malgré l'état que j'ai embrassé, je n'ai pas eu trop de quinze ans pour en perdre la mémoire,

et le fait que l'oubli soit affirmé, que l'événement soit situé dans le passé à une date assez précise, prouve combien l'esprit domine même quand le souvenir est pressant. Il n'y a pas de mémoire spontanée, de « temps retrouvé » chez Marivaux, mais une reconstruction ou plutôt une construction perpétuelle de l'image que l'individu se donne de lui-même. Le temps est le cadre dans lequel prennent place les expériences successives, il permet à l'esprit de les comparer, d'identifier ce que le cœur a senti; sans lui, sans le travail que grâce à lui l'esprit peut effectuer sur les données de la sensibilité, il n'y aurait pas de sentiment et encore moins d'être sentant et conscient de sentir, il y aurait seulement le chaos, l'étourdissement, tous ces états où les personnages de Marivaux sont « anéantis »; la surprise même, qui semble par excellence devoir enlever à l'esprit tout son pouvoir, n'est ressentie comme telle que parce que le temps remet l'esprit en possession de la reconnaître. Marianne est perdue quand elle arrive à Paris :

> Je n'étais plus à moi, je ne me ressouvenais plus de rien [...] Je me retrouvai pourtant dans la longueur du chemin, et alors je jouis de toute ma surprise : je sentis mes mouvements, je fus charmée de me trouver là.

Les larmes aussi sont un effet du temps et de la réflexion, et non de l'émotion immédiate.

Le signe le plus net du caractère intellectuel que Marivaux attribue au temps remémoré est le soin avec lequel il établit la chronologie dans ses romans, dès ceux de sa jeunesse. Les hésitations et les erreurs, très peu nombreuses, sont sans doute volontaires, elles dissimulent au lecteur les quelques atteintes que Marivaux donne à la vraisemblance en faveur du romanesque. Les délais entre les actions, les moments où elles s'accomplissent sont toujours indiqués; l'âge des personnages à chacune de leurs épreuves cruciales est noté avec naturel par des formules variées. Pour Marivaux comme auteur de ses personnages, pour les personnages comme auteurs d'eux-mêmes, pour le lecteur qui en suit la genèse, ces existences sont intelligibles dans leur pleine signification, par leurs échecs comme par leurs réussites, par leurs ombres comme par leurs lumières. La joie de Marianne à s'expliquer pour sa correspondante est celle de l'esprit humain qui des hasards dans lesquels l'unité et l'identité d'un être auraient pu s'abîmer a su faire une expérience globale, une ressource intérieure assurant la renaissance-permanence du *moi*. Le théâtre et le roman se rejoignent ici : les Mémoires de Jacob et ceux de Tervire si l'on y voit la volonté triompher du malheur et le transformer en sacrifice, prolongent en un discours durable les accents de ferveur et de raison qui s'élèvent à la comédie dans le bonheur de la dernière scène.

9

Avatars

Il n'y a sans doute plus beaucoup de salons, mais on en retrouve des échos dans des réactions de ce genre : « Marivaux... ah! : Watteau », avec cette variante modernisée : « Le rococo... les roués... » (les bourgeois de Labiche ont dit de belles choses sur « les orgies de la Régence »!); « Mais *ils* ne vont rien y comprendre » (« Ils » désignera à volonté élèves, lecteurs ou spectateurs); « Ah, ah... » (d'un air entendu, et sur deux tons, de plus en plus guillerets). Ou sur le mode didactique : « Mais, voyons... cet auteur léger, léger... libertin » (Lucien Jeunesse, *Jeux des mille francs*, France-Inter, 15 janvier 1972). N'insistons pas. En 1969 une scie, confiée à Sheila, chantait « Molière, Racine et Marivaux » : quel signe de gloire! Aurait-on pu, il y a dix ans, associer ces trois noms? Hélas, Marivaux demeure trahi par une maladroite publicité : vendu en livres de poche, admis parmi nos auteurs de télévision (et l'un des tout premiers), il demeure peut-être moins célèbre qu'une étiquette « bien française » (comme le champagne, la « grogne » ou « le système D ») : « marivaudage ».

« Marivaudage »

Qui dira les connotations que ce mot peut traîner après lui? Il garde une trace légère de son origine champêtre ou pastorale (« Val », « vaux », « par monts et par vaux »; Marivaux, villages de l'Aisne, de l'Oise), mais en se déployant si longuement il parle d'élégance et de temps perdu... A l'origine, une activité : Fréron, qui n'a sans doute pas inventé ce verbe, accusait dès 1745 la Sorbonne de « marivauder ». On pouvait donc marivauder, comme on venait de se mettre à « persifler », comme on pouvait « badiner » ou « trigauder » (Restif a superbement illustré le dérivé : « trigaudage ») : « Je marivaude, Mariveau sans le savoir, et moi le sachant », comme Diderot l'écrivait à Sophie Volland en 1760. Une activité un peu refroidie : par la grâce d'un suffixe qui sent son XVIIIe siècle, la fin de la vieille France (« babillage », « commérage », « crébillonnage »), peut alors naître le « marivaudage »... Qu'on lise les variations du sage Vinet saisi par le délire sémantique :

> Ce qui lui a nui, ce qui l'a perdu comme écrivain, c'est le goût d'une observation minutieuse qui n'est pas sans rapport avec l'espionnage. Il est l'espion et le délateur du genre humain, il en a les allures, il a sans cesse l'oreille appliquée à la serrure, et ses délations ou ses indiscrétions sont une sorte de parfilage, qui peut sembler quelquefois puéril, mais qui enlève bien des fils d'or et de soie.
>
> Depuis Marivaux cela s'appelle *marivauder;* c'est un plus joli mot que *ravauder,* mais c'est à peu près la même chose. C'est ramasser, c'est mettre à part des grains de poussière... (1846).

Quelle connaissance de Marivaux (du Marivaux proustien), mais quel rétrécissement au fil des rimes! Espionnage... parfilage... marivaudage... ravaudage...

Sous ce mot vit encore une image : le « marivaudage », ce serait une activité de loisir, un flirt d'un certain genre, un manège infini, qu'on s'imaginera plus ou moins plaisant (plus ou moins hardi et gracieux) suivant l'âge qu'on prêtera aux protagonistes : un cérémonial, un jeu convenu, une certaine façon de « faire l'amour » et de filer la vie (seuls importent des gestes préréglés, des poses et des mots) :

> plus ou moins badinage à froid, espièglerie compassée et prolongée, pétillement redoublé et prétentieux, enfin une sorte de pédantisme sémillant et joli (Sainte-Beuve).

Pour « comprendre » Marivaux, il suffit peut-être de soupçonner qu'il pourrait bien avoir été jeune et fougueux, d'entrevoir que le « marivaudage » n'est pas un passe-temps pour désœuvrés ou « une occupation de vieux ». On risquerait de paraître candide, grossier, si l'on osait rappeler tout bonnement les réactions de ce qu'on appelait naguère d'un mot trop équivoque (mot de désespoir ou de mépris) le « non-public » : les éclats de rire qui réchauffaient le petit bistrot « sordide » où, à la télévision, la troupe du T.N.P. présentait *le Triomphe de l'Amour;* l'ardeur des « collégiens » de ce C.E.T. de province qui, prenant le poète pour un auteur vivant, disaient en sortant de *l'Ile des esclaves :* « Ah, celui-là, il se défend un peu ! ». « Tu me connaîtras si rien qu'un seul instant tu m'aimes »... On se permettra du moins de rappeler avec Jean Fabre qu'il n'est peut-être « rien de plus essentiel à la définition de l'homme et à sa dignité » que ce qui motive et mobilise les héros de Marivaux : « la prétention de faire de son engagement un choix ».

Comment s'expliquer que Marivaux soit lisible aujourd'hui, alors qu'il ne l'était plus guère au temps de Sainte-Beuve ? Vérité littérale : Duviquet, son seul éditeur au xIXe siècle, a cru bon de récrire dix mille phrases, « scabreuses », « mal écrites » ou « inintelligibles ». Comment comprendre que depuis trente ans toute la critique se soit appliquée à fonder ces deux formules extrêmes : « Marivaux sans marivaudage » / « le sens du marivaudage » ? C'est qu'auprès d'un certain public « cultivé » (inconsciente victime d'une tradition séculaire) l'écrivain reste prisonnier d'un stéréotype; et l'histoire de ce stéréotype, c'est une histoire culturelle, sociale et politique (Duviquet jugeait terriblement « dangereux » le « mauvais goût » de Marivaux). Le lire aujourd'hui, c'est opposer notre Marivaux aux lectures toutes faites que nous ont léguées d'autres générations.

Du « marivaudage », ou d'un certain glissement de sens. Quand « marivaudait » l'austère Sorbonne de 1745, elle jouait sur les mots et maniait des sophismes avec un peu trop d'aisance. Quand Diderot « marivaudait » dans ses lettres à Sophie Volland (et non pas auprès d'elle), il pensait mettre au service d'une recherche morale une certaine finesse d'analyse, quitte à se livrer à de longues dissertations, peut-être un peu trop subtiles : « Eh bien! chère amie, ne trouvez-vous pas que depuis la Fée Taupe de Crébillon jus-

qu'à ce jour, personne n'a mieux su marivauder que moi ? »
Dans l'*Écumoire,* conte libertin de Claude Crébillon (1734),
la fée Moustache, *alias* la taupe Jonquille, image parodique
de Marivaux, était une intarissable bavarde, une aveugle
fatigante, fée dérisoire de l'analyse morale. Sa devise : « Je
me devine »...

> Oh ! le beau marivaudage que voilà ! Si je voulais suivre
> mes idées, on aurait plutôt fait le tour du monde à
> cloche-pied que je n'en aurais vu le bout. Cependant le
> monde a environ neuf mille lieues de tour et... Et que
> neuf mille diables emportent Marivaux et tous ses
> insipides imitateurs tels que moi !

« Le Spectateur français » pouvait bien sembler inactuel, en
1760 et même en 1765 il demeurait pour Diderot un écrivain vivant; qu'on se rappelle la boutade du *Neveu de
Rameau :* « Personne n'a autant d'humeur, pas même une
jolie femme qui se lève avec un bouton sur le nez, qu'un
auteur menacé de survivre à sa réputation; témoins Marivaux
et Crébillon le fils ». Mais dès la même période, sous des
plumes infiniment plus malveillantes, le marivaudage commence à passer pour une manière d'être; voici comment
Palissot et Sivry présentent Silvia dans le *Nécrologe des
hommes célèbres* (1764) :

> Personne n'entendait mieux que cette actrice l'art des
> grâces bourgeoises, et ne rendait mieux qu'elle le
> *tatillonnage,* les *mièvreries,* le *marivaudage,* tous mots
> qui ne signifiaient rien avant M. de Marivaux et auxquels
> son style seul a donné naissance.

Un style d'écrivain, une certaine façon de jouer la comédie,
et bientôt un triste style de vie...

« Jamais on n'a mis autant d'apprêt à vouloir paraître
simple », disait La Harpe en 1799; et Cailhava, l'année précédente :

> Par un vieux respect pour Molière, nous le regardions
> assez communément comme un poète moraliste, et
> Marivaux passait pour un simple bel esprit. Le croi-
> rait-on ? Le dernier se trouve aujourd'hui le comique par

excellence; et les comédiens n'osent risquer quelques représentations du premier, qu'en prenant le parti sage et commode de le *marivauder.*

Encore un demi-siècle de critique académique et, sous le Second Empire, les élucubrations mondaines d'Arsène Houssaye pourront fixer « pour toujours » un certain visage de Marivaux, un certain sens du mot « marivaudage » :

> Il ébauchait chaque jour un nouveau sentiment; il n'allait jamais assez loin pour signer l'œuvre; ainsi, à peine épris de Mlle Lecouvreur, il devenait amoureux de Mlle Sylvia, qu'il oubliait le lendemain pour Mlle Sallé [...]. Marivaux n'a jamais trouvé le secret d'être heureux dans sa mauvaise habitude d'étudier à la loupe les atomes de la passion...

En deux siècles la réputation de l'écrivain a décrit une parabole, parfaitement symétrique : une lente descente au Léthé de 1740 à 1850, une patiente reconquête de 1850 à 1970, et ce n'est certainement pas par hasard si l'image qui lui nuit encore a fini de se former au plus bas de cette courbe.

Marivaux en son temps

Parmi ses contemporains, Marivaux a eu un destin tout à fait particulier. En tant qu'homme, il a fait très peu de bruit, incomparablement moins que Voltaire, que Fontenelle, que Prévost, que Jean-Baptiste Rousseau, La Motte et bien d'autres. « Le fameux Don Prévost est encore ici..., écrivait le 18 février 1735 le rédacteur des *Nouvelles de la Cour et de la Ville.* On se bat à qui l'aura, et je suis sûr qu'il ferait fortune à se montrer à la foire ». Lui, jamais on ne s'est battu pour « l'avoir »; sauf, sur le tard, en Angleterre et peut-être à Berlin, on n'aurait pas songé à l'appeler « le fameux Marivaux ». Comme auteur, malgré le silence qui a entouré certaines de ses œuvres les plus originales (comme *l'Indigent philosophe*), il a été extraordinairement controversé. Il avait écrit de longs romans, des parodies, mais, dans un petit cercle d'avant-garde, c'est comme un penseur délicat et profond qu'on l'estime d'abord : en 1718 le *Mercure* parlait de sa « manière neuve et fine de penser »; au printemps de 1722, dans un journal éphémère, les *Mémoires sur divers genres de littérature,* un vieux dilettante, Adrien Martel, le place au-dessus des illustres auteurs du *Spectator :*

> Il paraît depuis quatre mois une feuille intitulée *le Spectateur français, ad instar* du *Spectateur anglais;* mais on peut dire que le Français pense plus profondément, et plus délicatement que l'Anglais; l'auteur ne veut point être connu, mais à la beauté de son style, tout le monde croit y connaître M. de Marivaux.

Bientôt les mondains l'apprécieront au théâtre comme un savant connaisseur du cœur humain : il pourra dédier *la Double Inconstance* à Mme de Prie, la seconde *Surprise* à la duchesse du Maine. Ces deux pièces firent sa réputation, comme en témoignent les comptes rendus de l'aimable et bien-pensant *Mercure* qui n'avait été que pour fort peu de temps le journal des « Modernes ».

> Avril 1723 *(la Double Inconstance) :* « Ce qu'on appelle métaphysique du cœur y règne peut-être un peu trop; et peut-être n'est-il pas à la portée de tout le monde; mais les connaisseurs y ont trouvé de quoi nourrir l'esprit ».

> Janvier 1728 : « On ne parle ici que d'après les fins connaisseurs [...]. Toutes les voix se réunissent à dire que la dernière *Surprise de l'amour* est une pièce parfaitement bien écrite, pleine d'esprit et de sentiments; que c'est une métaphysique du cœur très délicate, et dans laquelle on est forcé de se reconnaître, quelque prévention qu'on apporte contre le genre. Le sujet est trop simple, dit-on. Soit; mais c'est de cette même simplicité que l'auteur doit tirer une nouvelle gloire, telle que celle que la tragédie de *Bérénice* a acquise à M. Racine ».

A quoi répondait, la même semaine, le rédacteur du *Spectateur littéraire,* l'abbé Mangenot :

> Je craignais [...] que certains traits n'échappassent à la plupart des spectateurs, mais j'ai remarqué avec plaisir que j'avais eu trop de défiance du goût naturel qui se

trouve dans la plupart des hommes, et qu'ils sont toujours solidement frappés de ce qui est solidement beau.

Pendant tout ce temps Marivaux n'avait guère cessé de subir les assauts des partisans des « Anciens », ou plutôt des représentants de ces « savants » qui constituaient une caste intellectuelle et se recrutaient dans une certaine couche sociale : présidents ou conseillers de parlements, chanoines de province, face au monde extérieur, ils levaient volontiers leur « pont-levis » pour s'enfermer à loisir dans leur cabinet, lire des anecdotes historiques ou des journaux, disserter et compiler, examiner leurs collections de médailles ou correspondre avec leurs confrères. On achetait très peu de livres sous la Régence : ils en achetaient, eux, et il n'était pas mal avisé de leur complaire. Dans la grande coalition des « érudits » (mot tout nouveau, qu'un fougueux « Moderne », l'abbé de Pons, venait d'inventer), les ennemis n'ont pas manqué à Marivaux : des poètes faméliques (comme l'était en 1718 le petit Boissy, lorsqu'il s'en prenait à « l'insipide Carlet » dans l'Élève de Terpsichore; en 1723, « le Secrétaire du Parnasse », le vieux Gacon); des lauréats d'Académies de province; et, bien entendu, surtout des journalistes : en Hollande, Bruzen de la Martinière (Mémoires historiques et critiques), en France deux redoutables polémistes, Jean-Jacques Bel et l'abbé Desfontaines, obscurément associés sous la Régence dans une longue campagne dont le monument le plus illustre fut le Dictionnaire néologique. Ce sont eux qui ont fixé, pour les délices des « savants », une certaine image de Marivaux : « singulier », « précieux », bizarre inventeur de mots et de tours « de nouvelle fabrique », toujours en train de « courir après l'esprit ».

De là, au Théâtre de la Foire et parfois même à la Comédie-Italienne, tant d'esquisses satiriques ou de grossières caricatures du poète : le Berger d'Amphrise de Delisle (février 1727), la Nouvelle Sapho de Valois d'Orville et Laffichard (juillet 1735), les Amours anonymes de Boissy (décembre de la même année), mais, déjà en septembre 1726, à la Foire Saint-Laurent, les Amours déguisés de Lesage et d'Orneval, où Marivaux apparaissait sous les traits de Mlle Raffinot, « précieuse ridicule » (« Quelle Amazone de Parnasse! [...]. Il vaudrait mieux qu'elle eût à la tête un fardeau de bon sens »). De là surtout la réputation dont il fut affublé auprès de certains « lettrés » et notamment de quelques Académiciens influents qui parlaient de lui comme du créateur d'un nouvel idiome; d'après Dubuisson, l'un des Immortels déclarait encore en juin 1736 :

> Notre métier [...] est de travailler à la composition de la langue, et celui de M. de Marivaux est de travailler à la décomposer; nous ne lui refusons pas de l'esprit, mais nos emplois jurent l'un contre autre.

En 1743, son discours de réception permettra aux Jésuites des *Mémoires de Trévoux* d'écrire dans leur plus beau style diplomatique : « Par l'élégante simplicité à laquelle il s'y borne, il fait sentir combien il est capable d'assujettir son génie au goût qui domine dans le Corps dont il est devenu membre ». Pour se rendre compte de l'épaisseur des préjugés qui l'entouraient, il faut lire, au tome III des *Nouveaux Mémoires* du candide abbé d'Artigny (1750), le tableau des lettres françaises aux XVIIe et XVIIIe siècles : « Les héros du néologisme, successeurs des Démétrius de Phalère et des Sénèque, formèrent un parti capable de replonger la France dans son ancienne barbarie » : leur « plume libertine » ne témoignait-elle pas d'une « liberté effrénée », telle qu'on n'en avait jamais connu « sous le règne du paganisme »? Deux notations des *Lettres juives* du marquis d'Argens nous fournissent à peu près l'idée moyenne qu'on se faisait de Marivaux quand on ne l'aimait pas trop :

> Un jeune homme écrit des comédies et des histoires galantes, d'une manière touchante, mais son style est guindé [...]. On dirait volontiers quelquefois en lisant ses ouvrages que l'auteur invente, et que le petit-maître écrit.

> C'est un des chefs des novateurs. Il ne manque pas d'esprit et paraît même penser, mais ses bonnes qualités sont absolument éteintes par les manières dont il s'exprime.

Mais beaucoup de « savants » trouvaient ces jugements

beaucoup trop indulgents. La Hode (l'ex-jésuite Yves-Joseph de La Motte) put écrire dans la *Correspondance historique* :

> A côté du grand nom de M. Rollin, Aaron Monceca [c'est-à-dire d'Argens] cite celui du Sr. de Marivaux. Voilà une terrible chute [...]. La disette des savants est bien grande en France, si Marivaux doit suivre Rollin de si près. Je m'étonne comment il a pu seulement mériter le titre d'Auteur. Un style guindé, des comédies qui ne sont point théâtrales, des *Surprises de l'Amour* retournées, de grands riens qui deviennent des colifichets par le secret de son art; tout cela, dis-je, ne placera jamais un écrivain à côté de M. Rollin (1737).

Pendant ce temps, à beaucoup de lecteurs et de spectateurs (10 000 entrées par an, entre 1720 et 1760), Marivaux *fait plaisir*. De Hollande le rédacteur des *Lettres sérieuses et badines* sait savourer l'atmosphère tendre et changeante, déceler les vertus *dramatiques* (ou, comme on disait, « le jeu ») de ce théâtre qui est en effet l'un des moins *théâtraux* qui soient. Un amateur comme le marquis d'Argenson, qui traduit dans ses notes ses réactions à l'emporte-pièce et auprès de nous l'interprète de tout un public. *La Fausse suivante, le Prince travesti, le Jeu, le Triomphe de l'Amour, les Fausses Confidences* lui paraissent des productions *bourgeoises,* un peu gâtées par des idées d'intrigue « licencieuses » : « Il y a de l'indécence au parti d'épouser son intendant; il est vrai que l'on suppose la dame plus riche que qualifiée ». Que de « saillies », quelle « vivacité », mais aussi quelle « négligence » !

> Le style de Marivaux va tellement au courant de la plume, que tout dépend du ton où il est monté tel jour *(le Jeu).*

> Marivaux broche ses ouvrages promptement, selon une saillie à laquelle aura donné lieu quelque remarque qu'il aura faite dans ses coteries *(le Legs).*

Qu'il peut paraître facile de le définir !

> C'est un grand homme dans les petites choses : il a étudié profondément tous les caprices des femmes et

surtout des femmelettes et des bourgeoises *(les Serments indiscrets)*.

Seulement, voilà : d'Argenson aime beaucoup plus Marivaux qu'il ne voudrait se l'avouer. Marivaux ne cesse pas d'étonner le marquis (au point de l'amener à attribuer certaines de ses pièces à quelque jeune auteur encore inconnu). On ne peut pas beaucoup lui en vouloir, à ce diable d'homme, pour son « style un peu précieux » ou pour ses audaces bourgeoises :

> L'auteur a un feu d'imagination qui produit [...] toujours du nouveau. Il a étudié à fond les mouvements secrets du cœur et de l'esprit et y a fait des découvertes pour la morale moderne *(la Seconde Surprise)*.

Est-il de réplique plus probante à la trop fameuse boutade : « Il y a dans ces pièces d'ailleurs très jolies et très amusantes, un défaut, c'est qu'elles pourraient presque toutes être appelées *la Surprise de l'amour* » (D'Argens, 1743)?

Entre 1731 et 1740, on assiste à la révélation de Marivaux comme romancier. Pour parler des premières parties de *la Vie de Marianne,* il suffit à Desfontaines d'adapter ses critiques habituelles en les nuançant légèrement :

> Marianne a bien de l'esprit, mais elle a du babil et du jargon; elle conte bien, mais elle moralise trop *(le Nouvelliste du Parnasse,* 1731).

> Ce qu'on appelle esprit y est prodigué et étincelle à chaque ligne; mais c'est un phosphore qui brille dans les ténèbres *(le Pour et Contre,* 1734).

Trop de réflexions, pas assez de récit! Bien des lecteurs ont partagé ce point de vue, tel le prince Tanzaï, porte-parole de Claude Crébillon qui fut pour Marivaux un disciple ennemi (« Taupe, mes amours, des faits et point de verbiage »), tandis que Prévost, qui a exercé sur le roman une influence si différente, a su lui rendre justice dans une mise au point exemplaire :

> Ceux qui n'aiment que la nature simple et sans art se plaindront peut-être encore qu'il subtilise trop ses

impressions et qu'il paraisse continuellement se contraindre pour leur donner un tour aisé. Mais ceux qui savent que leur cœur a son analyse comme l'esprit, et que les sentiments sont aussi capables de variété et de diversité que les pensées, ne seront pas surpris qu'un écrivain qui s'attache à développer aussi exactement les facultés du cœur que Descartes, Malebranche, celles de l'esprit, conduise quelquefois le lecteur par des voies qui lui semblent nouvelles, et qu'il emploie pour s'exprimer des thèmes et des figures aussi extraordinaires que ses découvertes (*le Pour et Contre,* octobre 1736).

Mais il vint un moment où la verve créatrice de Marivaux fit taire pour un temps ses détracteurs les plus acharnés : *Marianne* émut de plus en plus, l'on jugea « sublime » la sixième partie; déjà Desfontaines avait dû vanter les « jolies peintures », « l'ingénieux langage » du *Paysan parvenu* et ranger, pour finir, le nouveau roman au nombre « de ces livres agréablement frivoles qu'on ne saurait quitter » (*Observations sur les écrits modernes,* 1735)... Au XVIIIe siècle, la plupart des éloges de Marivaux romancier consistent à vanter ses dons de peintre : « Il ne raconte pas, il peint, il met sous les yeux les faits qu'il rapporte », notait en 1734 le rédacteur du *Journal littéraire;* en 1772, Mayeul-Chaudon écrira dans la *Bibliothèque d'un homme de goût :*

> Il peint d'un mot, il a l'art de faire passer dans l'esprit du lecteur les sentiments les plus déliés, les fils les plus imperceptibles de la trame du cœur.

Restait pourtant un dernier grief : la hardiesse inconsidérée de certains épisodes (« Un peintre doit-il traiter indifféremment toutes sortes de sujets, lorsqu'il destine ses travaux au grand jour? », *le Glaneur français,* 1735), l'effrayant mauvais goût avec lequel Marivaux laissait la parole aux petits bourgeois ou au peuple :

> La querelle de la lingère avec le cocher de fiacre a paru peu digne d'un esprit aussi élevé et aussi délicat qu'est celui de M. de Marivaux [...]. Les vils et indignes objets ne se présentent que trop souvent devant nos yeux malgré nous [...]. Qui pourrait souffrir sur le théâtre les

mauvais quolibets d'un homme ou d'une femme de la lie du peuple? (Desfontaines, 1734).

En 1749, on pourra lire sous la plume d'Espiard de la Cour : « Scrutateur du cœur des petites gens, il possède à fond leur jargon »; mais Grimm aura des haut-le-cœur en se rappelant les moments les plus « triviaux » de *Pharsamon* et du *Paysan parvenu;* d'Alembert lui-même croira devoir ajouter :

> Marivaux, en voulant mettre dans ses tableaux populaires trop de vérité, s'est permis quelques détails ignobles, qui détonnent avec la finesse de ses autres dessins; mais cette finesse, qu'on nous permette ici un terme de l'art, demande grâce pour ses *bambochades.*

La longue chute

Pendant vingt ans Marivaux n'avait guère cessé d'étonner ses contemporains : ils croyaient bien le connaître (comme disait l'abbé Leblanc, « c'est toujours Marivaux se retourne sur lui-même ») et il leur fallait précisément ce léger choc de la surprise pour qu'ils pussent le reconnaître. Lorsque son activité d'académicien lui sert de retraite, il semble très longuement se survivre : dans un monde nouveau (celui d'après Fontenoy) il paraît un peu déplacé.

Certes, sans avoir de disciples avoués, il a dans le domaine du roman de très nombreux continuateurs. Dès 1735, à propos de *la Paysanne parvenue* et du *Mentor à la mode,* de Mouhy, Prévost notait dans *le Pour et Contre :* « On découvre sans peine dans ces deux romans qu'on s'est formé sur les ouvrages de M. de Marivaux, modèle excellent pour la finesse et l'agrément des pensées, pour la peinture des mœurs, pour la variété des caractères ». Rétrospectivement, en feuilletant les histoires de parvenus qui ont jalonné le siècle jusqu'aux années 80, mais aussi en mesurant son influence sur le roman anglais (Richardson, Fielding, Sterne) ou italien (Manzoni), nous pouvons penser que son apport a surtout consisté à présenter à ses contemporains de nouveaux modèles de roman alors admirablement « modernes ». Vers le milieu du siècle, auprès de toutes sortes de jeunes écrivains « marginaux », Marivaux demeure séduisant. Dans

Angola, histoire indienne, ouvrage sans vraisemblance (1746), le chevalier de la Morlière, chargé de pouvoir des plus légers aristocrates, ne manque pas de lui reprocher de « faire parler à l'esprit une langue inconnue » et de « représenter, pour être neuf, des imaginations basses et triviales », mais il lui reconnaît « des talents supérieurs » et ajoute que « le théâtre lui [a] de grandes obligations ». Dans la préface du *Quart d'heure d'une jolie femme* (1753), Chevrier est plus enthousiaste; il attribue au poète « le ton du théâtre » et « les charmes du style » :

> J'ai toujours regardé M. de Marivaux comme le Racine du théâtre comique, habile à saisir les sensations imperceptibles de l'âme, heureux à les développer.

Dans la *Lettre sur les aveugles* (1749), Diderot évoque son « imagination vive » et le rapproche de Tacite, alors que dans *les Bijoux indiscrets* (1748), le médecin de Mangogul fournit au jeune prince « un anti-somnifère des plus violents » :

> [Prenez] de *Marianne* et du *Paysan* par... quatre pages. Des *Égarements du cœur*, une feuille. Des *Confessions*, vingt-cinq lignes et demie.

L'héroïne du singulier et bourru Fougeret de Monbron, Margot la ravaudeuse, applique un régime plus savoureux encore : retirée après fortune faite, elle prend soin d'avoir toujours auprès d'elle « un jeune et vigoureux laquais » qui partage ses jours et ses nuits :

> J'ai toujours eu la précaution de les prendre tout neufs, exactement de la tournure d'esprit et de corps du Paysan, que l'ingénieux et élégant M. de Marivaux nous a peint d'un coloris si naïf et si gai.

Cependant au théâtre son prestige a baissé peu à peu. Dans les années qui suivirent immédiatement la Régence, on l'avait beaucoup imité, au point d'inciter les critiques à lui attribuer parfois des comédies qu'il n'avait pas écrites, comme celles de Beauchamps; mais, contrairement à Regnard ou à Destouches, il n'avait jamais été reconnu comme le successeur de Molière. Tandis qu'on le joue un peu partout dans des théâtres « de société », chez le duc d'Orléans, le comte de Clermont, les demoiselles Verrières; à Marseille, à Venise, à Gotha, La Nouvelle-Orléans, Saint-Pétersbourg; que le marquis de Paulmy dans son *Manuel des châteaux* (1779) recommande ses « rôles de femmes » qui « prêtent des grâces à l'intelligence, au feu et à la vivacité de l'actrice », on commence à ranger ses pièces parmi « les comédies du second ordre » (*Bibliothèque d'un homme de goût*, 1772). Au Théâtre-Français, il y avait eu les triomphes de la « comédie larmoyante », puis la longue installation du drame bourgeois (Landois, Sedaine, Diderot, Mercier, Beaumarchais...); à la Comédie-Italienne, un demi-siècle de décadence progressive qui avait abouti à une profonde transformation de son répertoire : dans les années cinquante, ce qui lui réussissait le mieux, c'étaient les petites pièces chantées, les feux d'artifice ou les fantaisies à machine du genre *la Sylphide, les Ensorcelés, Camille et Coraline fées;* en 1762, elle fusionna avec l'Opéra comique et même, entre 1769 et 1779, se vit interdire de jouer des pièces françaises, ce qui « cassa littéralement le répertoire » de Marivaux (Henri Lagrave). D'autre part, au plus fort des combats idéologiques qui marquèrent l'avènement des « Lumières », il pouvait, en tant qu'essayiste, paraître dépassé, malgré les fréquentes éditions de ses périodiques (1752, 1754, 1755, 1761, 1765) et dans le domaine du roman, après *Paméla, Clarisse* (la révolution richardsonienne!) et *la Nouvelle Héloïse, la Vie de Marianne* et *le Paysan parvenu,* engloutis sous le flot d'une production toujours plus considérable, commençaient à dater. Grimm écrivait peu après la mort de Marivaux :

> Il a eu parmi nous la destinée d'une jolie femme, et qui n'est que cela [...]. Le souffle de la philosophie a renversé depuis une quinzaine d'années toutes ces réputations étayées sur des roseaux.

On peut juger plus significatives encore les quelques lignes de Bachaumont qui notait le jour même :

> Les deux Théâtres sont enrichis de ses productions,

et plusieurs de ses romans ingénieux sont entre les mains de tout le monde. Il avait l'esprit fin et maniéré, beaucoup de délicatesse; il était parvenu à sa 77e année et ne faisait plus rien.

A la veille de la Révolution paraîtront de belles éditions de ses œuvres : en 1781, la veuve Duchesne publie une édition « complète » dont la reine Marie-Antoinette a possédé un exemplaire; à Venise on imprime en 1790 une troisième traduction italienne de *la Vie de Marianne* « élégante, enrichie de notes et de gravures sur cuivre »... Mais on commence à « marivauder » son théâtre qu'on ne distingue plus guère des fades imitations auxquelles s'étaient livrés ses lointains épigones, les Voisenon, les Barthe et les Dorat, et ses romans ne paraissent plus accordés à une sensibilité effervescente. Dans une lettre à sa femme, Laclos lui reproche de n'avoir touché que « la première peau du cœur humain ». Sade, l'aurait-on cru, est plus nuancé... Dans un projet d'avertissement pour le recueil de ses *Contes et nouvelles* (1788), il l'oppose à Claude Crébillon : après les « délicats et tendres » romans du xviie, ils « sentirent bien que de telles longueurs n'amuseraient pas le siècle corrompu par le Régent, enveloppèrent des immoralités et du cynisme sous un style léger, fleuri, et souvent même philosophique », mais « il ne fallait pas conserver les *doux aveux* de Crébillon [...], il fallait esquisser à grands traits comme l'auteur de Marianne ». Le texte définitif d'*Idée sur les romans* (1800) est plus explicite :

> Marivaux, plus original dans sa manière de peindre, plus nerveux [que Crébillon], offrit au moins des caractères, captiva l'âme, et fit pleurer; mais comment, avec une telle énergie, pouvait-on avoir un style aussi précieux, aussi maniéré?

On comprend dès lors que dans la seconde version de *Justine,* par la bouche d'un de ses libertins, M. de Corville, il l'ait accusé d'être de ces romanciers qui « n'osent, portant une main hardie dans le cœur humain, en offrir à nos yeux les gigantesques égarements »...

Pendant toute cette période — un demi-siècle — tandis que lentement s'éloigne l'œuvre de Marivaux, une certaine image tend à s'interposer entre elle et le public : celle d'un homme étrangement « maniéré » (un mot d'époque!). Comme on sait, « le style, c'est l'homme » : à l'origine donc, une réaction littéraire, celle des ennemis de l'écrivain qui réduisaient son originalité à une façon de s'exprimer (c'est-à-dire finalement à une forme particulière d'affectation), et bientôt un jeu qui semble avoir beaucoup amusé certains salons : l'art de pasticher Marivaux. Claude Crébillon, Desfontaines, Dumas d'Aigueberre, Voltaire et Piron, Mme Riccoboni l'ont pratiqué avec un certain bonheur; dans la *Suite de Marianne,* au seuil de sa carrière, la romancière ne visait qu'à prolonger malicieusement l'existence d'une héroïne, mais plus méchamment les Crébillon et les Piron cherchaient à faire entrevoir un homme derrière de simples phrases : le pastiche est une forme de portrait. Dans les années qui précèdent et suivent immédiatement la mort de Marivaux, sous prétexte de l'éditer, un journaliste, pourvoyeur théâtral du prince de Ligne, l'abbé de la Porte (« un faux frère », suivant le mot si juste d'Edward Greene) se met en devoir de l'éreinter, tandis que toute une nouvelle génération de bourgeois satisfaits et honteux de l'être, « philosophes » ou « anti-philosophes », les Raynal et les Grimm, les Palissot et les Sabatier, projettent volontiers sur l'homme les impressions qu'ils retirent de l'œuvre : Raynal nous le dépeint, « burlesque et familier », en train de lire à l'Académie des réflexions « dans lesquelles il n'y avait pas le sens commun ». Palissot va beaucoup plus loin : comme il tient à expliquer « pourquoi un auteur si ingénieux a souvent péché contre le goût », il soutient sans broncher qu'il a été victime d'un double malheur : n'ayant « point fait de bonnes études », il a subi de détestables influences lors de cette « seconde éducation que nous recevons dans les maisons où nous sommes admis... ».

Peu à peu des témoignages ou des insinuations enrichissent cette première esquisse. Avec la manière qui lui appartient, sérieuse, précise et pesante, Marmontel insiste sur son amour-propre et sa fureur de montrer de l'esprit :

> Dans Marivaux, l'impatience de faire preuve de finesse et de sagacité perçait visiblement.

Depuis des années déjà Piron s'ingéniait à entretenir autour de l'écrivain une certaine réputation : quel homme ennuyeux! Mais il a tant d'esprit... — Ah! (avec un sursaut)... Dieu nous en garde!... « Envoyant à Madame de Tencin, sous le nom de Vénus, un petit marteau de table » magique, il déclarait, faussement flatteur (alors qu'il avait grossièrement attaqué *Annibal* au temps de sa création) :

> Niera-t-on que sa vertu bizarre
> Aura produit du rare et du nouveau [...]
> S'il vous fait voir l'Auteur de *Marianne*
> Et d'*Annibal*, au lieu d'un sentiment,
> D'un terme heureux, d'un bon raisonnement,
> Ou d'un trait fin, lâcher un coq-à-l'âne!

Mais c'est bien lui qui s'est écrié aussi, comme pour éclairer son double jeu :

> L'esprit qui dans mon cœur pétille
> Fait feu des quatre pieds pour vous :
> Je veux qu'à chaque mot il brille :
> Saint Marivaux, priez pour nous!

Les deux biographes de l'écrivain, Lesbros de la Versane (1769) et d'Alembert (1783) n'ont certainement pas contribué à clarifier sa situation. Lesbros admire très sincèrement son œuvre, mais certainement plus encore l'être qu'il a été : il nous le dépeint comme un brave homme, simple, généreux, foncièrement bon, et fournit ainsi sans le savoir une solution commode aux auteurs des Dictionnaires biographiques ou historiques qui suivront la Révolution : Marivaux y figure, modestement, comme un « honnête homme » et « un nom honorable », son œuvre ne compte à peu près plus. D'Alembert au contraire n'aimait guère son œuvre (il avait consacré un passage du Discours préliminaire de l'*Encyclopédie* à dénoncer cette « anatomie de l'âme », cette « métaphysique du cœur qui s'est emparé de notre théâtre »), mais il est fasciné par son personnage : il le voit et le représente comme un étrange phénomène, une sorte de monstre sacré. En fait, il sympathise très subtilement avec cet « honnête homme » si secret, sur la vie duquel on peut à loisir multiplier les euphémismes, les litotes, les notations exquises, adore à sa façon cette bête de salons qui semble avoir mis dans des mots d'auteur un génie qu'il gaspillait dans son œuvre : un grand homme stérile, un « criminel » d'un genre bien particulier, le type même de l'homme de lettres. On ne s'étonnera pas de constater que la postérité n'a retenu que la part la moins originale de ce portrait : d'Alembert a contribué à fournir de Marivaux une image glacée.

Pour qu'en une époque où le xviiie siècle paraîtra comme l'âge d'or de la galanterie et du libertinage, naisse dans un certain inconscient collectif (l'esprit des gens « cultivés ») l'image qui aujourd'hui encore semble trop souvent être celle du « marivaudage », il suffira que l'ombre vague d'un Marivaux homme d'esprit un peu ennuyeux (« un entêté du fin », comme disait Nisard) vienne animer de vieux clichés... Car on n'en finirait pas de suivre dans leurs infinies variations les « idées sur Marivaux » qui se sont mises à prévaloir. Contentons-nous d'en indiquer l'étroit faisceau et l'implacable progression (du langage sur du langage !) :

— « L'anatomiste » (que remplacera au xixe siècle l'observateur au microscope) :

> « Cher anatomiste du cœur humain » (« Lettre d'une dame allemande » dans le *Mercure,* 1738) ; « C'était l'anatomiste du cœur ; il se plaisait peut-être un peu trop aux détails ; mais il n'ennuyait pas, il aurait prouvé la divisibilité de l'âme à l'infini » (*Mémoires* du président Hénault) ; « ce grand disséqueur du cœur humain et des tendres caprices » (d'Argenson) ; « un écrivain estimable et qui a peint l'homme d'après le nu » (Collé, au grand moment du « retour à l'antique ») ; « le grand anatomiste du cœur humain » (Florian).

— « Le myope » :

> « La taupe Moustache » (Crébillon) ; « Si Marivaux voyait finement, il ne voyait pas loin [...]. Les miniatures [...] ne sont bonnes à voir qu'avec une loupe » (La Harpe) ; « Pour lire Marivaux, on a besoin d'un verre grossissant » (Vinet) ; « Marivaux qui ne peut voir que des choses petites est myope » (Fleury) ; « Cela est écrit en pieds de mouche, et il faut lire à la loupe son flux de paroles » (Lintilhac).

— « *Le grand manieur de riens* » :

> « Tout le canevas de la pièce est, pour ainsi dire, tracé sur une belle toile d'araignée » (Desfontaines sur *le Legs*); « M. de Voltaire disait de lui qu'il passait sa vie à peser des riens dans des balances de toiles d'araignée » (Grimm, 1763 — Voltaire avait en effet répandu la célèbre formule « peser des œufs de mouche dans des balances de toiles d'araignée », mais il ne l'appliquait pas ouvertement à Marivaux).

— « *L'étrange styliste* » :

> « Vous me permettrez d'être assez franc pour vous dire qu'il n'aura de sa vie mon suffrage, à moins qu'il n'abjure son diabolique style » (D'Olivet à Bouhier, 1732); « C'est une façon d'écrire propre à l'auteur, qu'on ne peut pas dire imitée et qui ne le sera, je crois, de personne. C'est une liqueur qui ne doit jamais changer de vase » (Prévost, 1738); une sorte de criminel « qu'on ne condamne qu'à regret » (*Nouvelle Bibliothèque d'un homme de goût*, 1772); « On doit le respirer comme une fleur, et non s'en nourrir » (Paul de Saint-Victor).

« *L'homme d'esprit* », « ingénieux », « affecté », « maniéré », qui met son esprit « à l'alambic » (Marmontel, Larroumet...) ... « *ennuyeux* » (La Harpe : « On sourit, mais on baille ». Francisque Sarcey : « Cela n'était pas toujours amusant, mais c'était du Marivaux ») ... « *Le spécialiste des femmes* » qu'on tend à prendre pour un efféminé et que, pour finir, on ne manque pas de féminiser : Faguet est ici indépassable, qui conclut son étude en évoquant « cette coquette », « cette caillette », « cette petite baronne de Marivaux » : elle « en savait bien long sur certaines choses, sans en avoir l'air »...

Il serait intéressant d'étudier dans leurs trop faciles métamorphoses certaines de ces images. Dans ce qu'il a d'envoûtant et de médiocre, le mythe du « marivaudage » est né d'un long sommeil. Les Geoffroy et les La Harpe, et bientôt les Nisard et les Sainte-Beuve, ont pris le relais des Grimm et des Palissot. Toute une critique universitaire, profondément conservatrice en art comme en politique, enchaînait ces thèmes connus : le faiseur d'intrigues sans action, l'ignorant, le « criminel » d'un type particulier, l'écrivain de mauvais goût (quel style, quelles idées!), le spécialiste des femmes, l'homme d'esprit qui n'est qu'homme d'esprit, le revenant d'un autre âge... En projetant sur une œuvre un peu oubliée l'image qu'on en était venu à donner de l'homme, on a fini par imposer, sans l'avoir voulu, cette conception du marivaudage comme jeu convenu, raffiné, prestigieux, parfaitement désuet. Meilhac et Halévy s'en amuseront beaucoup dans *la Belle Hélène* : « Voilà un mois que nous nous en tenons au marivaudage. Marivaux aurait compris cela... »

L'oubli et la renaissance

Vaille que vaille, au XIXe siècle l'œuvre de Marivaux poursuit son destin. Certes peu à peu ses romans tombent dans l'oubli, et au moment même où les critiques les disent supérieurs à ses pièces, avec des arguments qui ne manquent pas d'intérêt. De La Harpe à Villemain il semble bien en effet qu'on ait affaire à un contact de plus en plus vrai avec des textes que le public négligeait. La Harpe :

> Toutes ces nuances légères peuvent passer dans un roman et faire valoir les petites choses; mais au théâtre on a trop peu de temps, et il faut savoir mieux l'employer.

Barante :

> Les comédies de Marivaux se ressemblent toutes [...]; c'est toujours un passage insensible d'un sentiment à un autre, décrit dans ses nuances successives [...]; et cette progression si bien ménagée conduit justement à ce qu'elle voulait éviter, à l'invraisemblance. Le cours plus lent et plus gradué d'un roman se prête mieux à ce genre de composition. En renonçant aux effets que produisent les mouvements rapides et passionnés, en se bornant à peindre des sentiments doux dont l'analyse fait sentir le charme, en donnant assez peu de rapidité aux événements pour décrire leurs plus petits résultats, Marivaux est arrivé à faire un roman plein d'agrément, et qui a même de l'intérêt.

Villemain :

Cette comédie, que Voltaire appelait métaphysique, et qui semble plutôt sensuelle avec subtilité, était conforme au temps, et vraie par la recherche du langage [...]. A notre avis, cependant, ce n'est pas au théâtre que Marivaux est vraiment supérieur. Il est plus à son aise dans le roman. Il ne prête pas son genre d'esprit à tous ses personnages : il s'en sert pour raconter. Il est peintre moraliste; il est souvent pathétique, et trouve, dans un vif sentiment des misères humaines, une éloquence naturelle [...]. Il est expressif et touchant dans les détails pris dans la vie la plus simple, la condition la plus obscure.

Bientôt on renversera ce point de vue : Sainte-Beuve partage la position de Nisard : « Le théâtre de Marivaux est plus aisé que son roman, et quoique là encore le fin y touche souvent au précieux, on se délasse et on se détend du Marivaux de *Marianne* dans le Marivaux des *Jeux de l'amour et du hasard* et des *Fausses Confidences* ». Musset aime *le Spectateur français,* Marceline Desbordes-Valmore écrit à son fils en 1842, alors qu'elle vient de lire *Volupté :* « Il y a du Rousseau, il y a du Marivaux, il y a surtout de lui-même et des ailes d'oiseaux qui contrastent beaucoup avec la mélancolie du fond... ». Mais le seul écrivain de l'époque romantique pour qui Marivaux comme essayiste et comme romancier ait profondément compté est sans doute Stendhal. En 1804 il écrivait à sa sœur Pauline :

Fontenelle, l'homme qui a le plus affecté de finesse, et son disciple Marivaux, qui vaut mieux que lui, ont contribué à chasser l'hypocrisie des mœurs de la bonne compagnie.

Et trente ans plus tard à Mme Jules Gauthier :

Lisez la *Marianne* de Marivaux et *Quinze cent soixante douze* de M. Mérimée comme on prend une médecine noire, pour vous garantir du phoebus de province [...]. En vous préparant tous les matins par la lecture de vingt pages de *Marianne*, vous comprendrez les avantages qu'il y a à décrire juste les mouvements du cœur humain.

Jusque dans *Lamiel*, comme l'a montré Victor del Litto, il ne perdra pas de vue Marivaux. Belle originalité sous le règne de Louis-Philippe!

Pendant de nombreuses décennies c'est le théâtre de Marivaux qui assurera, tant bien que mal, sa survie. Loin de couper court à la carrière de ses pièces, la période révolutionnaire leur avait assuré un très net regain de faveur, malgré la violence des attaques dont elles étaient l'objet : comédies « minaudières », disait Marie-Joseph Chénier, et les rédacteurs de la Décade n'étaient pas loin de penser qu'elles auraient dû disparaître avec le « bon ton » et la « bonne compagnie », alors qu'aux Théâtres de la République et de la Nation les comédiens inclinaient à leur rendre un « culte exclusif ». Donc, à partir de juin 1793, quelques triomphes pour Mlle Contat et ses camarades, puis, sous l'Empire, l'enlisement dans la routine : car il nous semble difficile de penser que Marivaux ait été très bien servi, quand nous lisons des impressions de spectacle comme celles de Stendhal :

> La Surprise de l'amour [...] dialogue tatillonné et marivaudé; très mauvaise pièce; le Legs, dégoûtante bêtise [...]. Fioravanti [...] toujours piquant à la Marivaux, mais jamais de chaleur à la Cimarosa [...]. C'est Marivaux voulant être passionné.

Il est un fait plus saisissant : l'extraordinaire amputation dont resta victime ce théâtre pendant tout le XIXe siècle. De 1801 à 1900 les seules pièces qui tinrent l'affiche furent les comédies reprises sous la Révolution, moins la seconde Surprise (jouée 23 fois seulement entre 1801 et 1900) — le Jeu : 682 représentations (dont 77 de 1841 à 1850, 206 de 1851 à 1870); le Legs : 423 représentations (avec deux grandes périodes : 1801-1830, et surtout 1850-1870); les Fausses Confidences : 349 représentations (dont 73 de 1811 à 1820, 60 de 1851 à 1860, mais 48 seulement dans les quarante dernières années du siècle); l'Épreuve : 336 représentations (dont 84 de 1811 à 1820, 68 de 1881 à 1890).

Quatre pièces sur trente-six, sur lesquelles on se fonda pendant plus d'un siècle pour juger Marivaux; quatre pièces qu'on tendait de plus en plus à considérer, suivant le mot de Lanson, comme de « délicieux marchandages » et qu'on croyait honorer en les jouant avec de beaux clins d'yeux; un fond sérieux : comment ne pas faire du mariage une mauvaise affaire; une forme « brillante », des « finesses exquises », tout « un ingénieux harcèlement » (Sainte-Beuve) propice aux exploits de monstres sacrés... Pour le meilleur et pour le pire, Marivaux est alors livré à quelques reines de théâtre : chaque fois que meurt l'une d'elles (Mlle Contat, Mlle Mars), on croit, comme Casanova au moment de la disparition de Gianetta Benozzi, qu'il va mourir pour toujours avec elle... Théophile Gautier sera le premier à réagir, en 1848 :

> C'est bien assez de porter le deuil de Mlle Mars sans porter encore celui de Silvia. Jetons des fleurs sur sa tombe, mais n'y enfermons pas Marivaux.

Dès lors commence une longue reconquête, liée à une lente et profonde évolution culturelle. Alors qu'Arsène Houssaye, pour les délices des « gens d'esprit », s'apprête à réduire Marivaux à une biographie parfaitement fictive, Gautier le découvre en poète et en parle avec liberté. Il recommande particulièrement sa première *Surprise de l'amour* qu'on ne jouait plus depuis quatre-vingt-un ans (1767), tient à protester contre l'annexion dont il est victime de la part d'actrices trop sûres d'elles (après Mlle Mars, Madeleine Brohan) et s'écarte peu à peu des formules figées où il tendait à l'enfermer : c'est grâce à Marivaux qu'on a pu, à la Comédie-Italienne, commencer « à sentir le véritable cœur humain »; pour peu qu'on vienne à sentir battre le cœur de Jean-Jacques sous la livrée de Bourguignon, sa pièce la plus célèbre et peut-être la plus dévaluée pourrait bien apparaître comme un « jeu terrible et cruel »... Ce théâtre qu'il plaçait quelque part entre Musset et Scribe (Musset, c'est « la finesse » de Marivaux, avec « en plus, une fleur poétique »; Scribe, « un Marivaux bourgeois, sans la fantaisie, bien entendu »), il finit par y découvrir « un côté fantasque, presque rêveur, souvent sensible et passionné », « un élément aventureux et romanesque », ce qui lui permet de le rapprocher de Shakespeare :

257

> Les héroïnes de Marivaux [...] sont cousines des Rosa-
> linde, des Hermia, des Perdita, des Béatrix. Dans *les
> Jeux de l'amour et du hasard,* respire comme un frais
> souffle de *Comme il vous plaira...*

Shakespeare et les « fêtes galantes »... Avec un commentaire
d'une belle franchise, en juin 1848 Théophile Gautier avait
repris sans le savoir une formule séculaire :

> Marivaux est le Watteau du théâtre [Watteau, « le Mari-
> vaux de la peinture », disait d'Argens] et n'est pas Wat-
> teau qui veut. Aux yeux de ces vains bourgeois, M. Win-
> terhalter fait du Watteau, et M. Guillard fait du Marivaux.

Au moment de « l'écriture artiste », le xvIIIe siècle représente
une époque de la sensibilité, une *vision d'art,* une atmosphère
vers laquelle on aime à se retourner avec nostalgie. Charles
Monselet, poète gastronome, ne craint pas de tirer de la
première *Surprise* un livret pour une musique de Ferdinand
Poise qu'on compare un peu vite à Grétry; mais des livres
comme *Masques et bouffons* de Maurice Sand (1860) et la
brillante reconstitution des Goncourt, *la Femme au XVIIIe
siècle* (1862), rendent un son neuf et entrouvrent tout un
domaine imaginaire. On commence à rêver sur Arlequin et
la Comédie-Italienne, sur *le Prince travesti,* sur Marivaux...
Réhabilitation propice, hélas, à de nouveaux clichés dont le
poème un peu retardataire de Stuart-Merrill, *Fête au parc*
(1887), peut donner une idée :

> Du Marivaux et du Watteau !
> Du pastel et des mousselines !
> Sur un air de pizzicato
> Des crincrins et des mandolines !
>
> O le frisson des falbalas,
> Le bruissement des brocatelles,
> La lassitude des lilas,
> La vanité des bagatelles.

A chaque époque, son Marivaux. En 1868, Marc Monnier
suggère que « cet auteur musqué fut peut-être un des hommes les plus pensifs et les plus sérieux de France ». En 1877,

phonse Daudet intervient énergiquement dans le *Journal*
fficiel :

> Nous ne craignons pas d'affirmer que certains chapitres
> de la *Vie de Marianne,* certaines pages du *Spectateur
> Français,* seront une véritable surprise littéraire, mon-
> trant que Marivaux n'était pas le petit maître dont le nom
> est devenu l'étiquette d'un genre contourné et moribond,
> mais un des premiers écrivains du XVIIIe siècle.

1880, l'Académie met en concours l'éloge de l'écrivain
recueille plusieurs dizaines d'envois. En 1882, dans une
osse thèse Gustave Larroumet réhabilite ses romans et
ême ses journaux : il lui arrive encore, suivant une ancienne
nvention, d'accuser Marivaux un peu hypocritement, pour
e faire pardonner de parler de lui, mais, scandalisant ses
aîtres de Sorbonne, il était allé jusqu'à rechercher dans le
ercure de France certains de ses textes perdus. On devient
nsible à la vérité humaine de cette œuvre : en 1897 Gaston
eschamps parle de « la franchise décidée qui est la marque
la noblesse des héroïnes de Marivaux » (Giraudoux repren-
a ces formules pour les transfigurer quand, aux plus som-
es heures de l'Occupation, il le dressera contre les nazis
mme champion de « l'honnêteté française »). Dès lors, on
mmence à expliquer le « marivaudage » comme une cer-
ine exigence profonde : c'est la démarche de ces êtres qui
nt peur d'un dénouement trop brusque et trop peu sin-
re. Ils se plaisent aux déguisements qui leur permettront
constater si les sentiments qu'ils inspirent proviennent
l'amour ou de l'amour-propre » (Marie Châteauminois,
380).

> Dans cet *Embarquement pour Cythère,* ils ont peur des
> exagérations, des emphases, des grimaces par lesquelles
> on ment aux autres et à soi-même. Tous et toutes, ils ont
> fait l'impossible rêve d'être aimés pour eux-mêmes
> (G. Deschamps, 1897).

endant toute cette période (l'installation de la République
ourgeoise) le débat s'organise, ce qui marque un énorme
ogrès, autour de la *solidité* de Marivaux (Gossot, Larrou-

met, Lanson, Faguet, etc...). Il fallait cependant être auss[i] « indépendant » que Jules Lemaitre pour le vanter, ce[t] « esprit rare », de « sentir vivement la réalité tout entière e[t] de n'en rien mépriser ». Après avoir affirmé (en 1881) qu[e] c'est « la solidité du fond qui soutient [ici] la précieuse frag[i]lité de la forme », Brunetière évolue vite : l'audace de ce[s] valets, le caractère « scabreux » de tant de « situations », un[e] peinture aussi dangereuse de l'inégalité des conditions l[e] choquent, et il n'est pas loin de revenir à la réaction de Des[-] fontaines, de d'Alembert et de Duviquet; décidément Mari[-] vaux est d'une « grossièreté révoltante » !

Tout naturellement dans l'ère suivante, entre 1910 e[t] 1930, à « la belle époque » et au lendemain de la premièr[e] guerre mondiale, la controverse va donc porter sur la *sign[i]fication sociale* d'un théâtre dont on commence à se deman[-] der s'il est ou non un reflet fidèle de « l'ancienne France »[.] Maricourt constate que Marivaux a été le premier à « donne[r] aux gens du commun » une « personnalité et un caractère »[,] mais les critiques de l'Action Française sont heureux d'affir[-] mer qu'on ne trouve pas chez lui de « revendications absu[r]des et pleurnichardes » et s'efforcent de justifier le mot d[e] Barbey d'Aurevilly :

> Il devrait être interdit de prendre plaisir à une pièce d[e] Marivaux à une société issue du suffrage universel.

Dans le camp opposé, Pierre Lièvre définit la *Double Incons[-]tance* comme « une pièce affreuse sous des apparences dél[i]cates » (thème sur lequel Anouilh, dans *la Répétition o[u] l'Amour puni*, a brodé de saisissantes variations); il s'irrit[e] de la « naïve insolence » avec laquelle le poète « admet l[a] séparation des castes sociales ». Telle position de « just[e] milieu » n'est pas plus défendable, mais tout aussi sugges[-]tive :

> A cette date, ce n'est point par le comique, mais par le[s] sentiments, que les dramaturges prêchent le rapproche[-] ment des classes, l'adoucissement de l'autorité pater[-] nelle et la pitié pour les fautes (Félix Gaiffe, 1931).

Il devenait urgent de restituer à Marivaux son « tranchant [»]

Gide s'y emploiera, pour son propre usage, quelques années plus tard. Depuis la lointaine époque où, devant jouer *l'Épreuve* avec de petits camarades, il avait été réduit à tenir le rôle de Maître Blaise, il ne le portait pas dans son cœur :

> 1902 : Ce matin Léon Blum me lit le premier acte de sa pièce *(la Colère)*. Molière aujourd'hui se venge de ce que Blum lui ait toujours préféré Marivaux [...]. — *Andromaque.* [...] J'y fus gêné par une sorte de marivaudage tragique.
>
> 1922 : Le roman de Rivière *(Aimée)* [...] m'exténue, me consterne. Je comprends à présent ce qui lui fait tant aimer Marivaux.

Or l'année du Front populaire, il découvre « avec ravissement » *la Double Inconstance* (avril 1936); il songeait alors à une « étonnante anthologie [...] qui grouperait et ferait ressortir de tous les grands écrits du passé l'élément révolutionnaire »; il lui destine aussitôt « les scènes entre Arlequin et Trivelin » (« Mon honneur n'est pas fait pour être noble : il est trop raisonnable pour cela ») et copie cette réplique du *Legs :* « La médiocrité de l'état fait que les pensées sont médiocres ».

En fait, c'est seulement à la veille de la dernière guerre que se prépare vraiment le renouvellement de la lecture de Marivaux grâce aux progrès conjugués de la dramaturgie et d'une certaine curiosité psychologique. D'abord une remarquable entreprise de résurrection. De 1911 à 1931, Xavier de Courville a présenté *le Jeu, le Triomphe de l'Amour, le Prince travesti*, la seconde *Surprise de l'amour* et *les Sincères* en s'efforçant de faire retrouver à ses acteurs la spontanéité, la mobilité et la vivacité : le « feu », du « jeu à l'italienne ». De 1930 à 1938, grâce à Jean Sarment, on a enfin repris, sur la scène semi-officielle de l'Odéon et bientôt directement à la Comédie-Française, quatre nouvelles pièces : *Arlequin poli par l'amour, la Double Inconstance, l'Île des esclaves* et même *la Dispute.* L'esprit du Vieux-Colombier poussait à délivrer Marivaux, ses intrigues et ses héros de leurs oripeaux très « parisiens ». Le décor idéal pour une de ses pièces, selon Jacques Rivière? « une simple

statuette de l'Amour, au-dessus [d'un] banc circulaire »
« Théâtre pur », disait Jouvet; sûr de ses vertus, il exigeait
de ses interprètes une ascèse féconde : « dire », non pas
« les sentiments qu'ils éprouvent », mais « le texte, dans une
claire énonciation ». En même temps, parmi les critiques
fusent des thèmes dont la force de percussion paraît toute
nouvelle : Marivaux et la *grâce* (de Raymond Bayer à Gabriel
Marcel), la *sensualité* de Marivaux (« Les grâces de l'esprit
servent-elles à dissimuler la hâte des corps? » demandait
en 1935 Marie-Jeanne Durry dans un article sur « les déli-
catesses du sentiment ou les dessous du marivaudage »), la
cruauté de Marivaux (de Pierre Gilbert à Thierry Maulnier
qui parle de « sadisme sentimental »); peu à peu s'approfondit
une certaine conception psychologique du « marivaudage »
Paul Chaponnière y voyait en 1922 « une exquise expression
de la pudeur; l'hésitation du cœur, le malaise au contact
d'une joie intense, la révolte de l'égoïsme devant le don de
soi, cette recherche d'une souffrance pour payer le bonheur
avant de le savourer ». En 1939, Edmond Jaloux s'efforce
d'éclairer l'attitude des héros de Marivaux à la lumière de
la psychanalyse :

> Leur premier geste est la peur, ou mieux encore le défi
> [...]. Rien n'est comparable [...] au sursaut, chez Mari-
> vaux, de la femme qui se sent devinée, qui a peur qu'on
> la soupçonne, et qui se défend contre l'agresseur en lui
> opposant toutes ses armes [...]. Les femmes de Mari-
> vaux sont si animales qu'elles ne tiennent aucun compte
> des différences sociales.

Jean Paulhan ajoutera en 1945 :

> Tant de peurs devant l'amour et de défis à la peur, tant
> de fiertés et de fuites, et de repliements sur soi, et ce
> refus de voir et d'entendre que trahit et protège à la fois
> tout ce qu'on devait nommer par la suite marivaudage
> — car Marivaux partage avec Sade le douteux privilège
> d'avoir laissé son nom à certaine conduite amoureuse :
> et je ne suis pas sûr d'ailleurs que l'attribution soit beau-
> coup plus exacte, ni mieux entendue dans le cas de Sade
> que dans celui de Marivaux — cet effarouchement et
> cette crainte d'une blessure ne s'expliquent, ne s'en-

tendent même que s'il y a chance de blessure, et si l'amour enfin est dangereux. Les héroïnes de Marivaux sont pudiques comme si elles avaient lu *Justine*.

Des thèmes, des échos, des résonances sans fin. Mais pas un critique ne semble s'être interrogé sur la fonction du « marivaudage »; à la charnière de deux époques Giraudoux nous la fait entrevoir, en 1943, dans le beau texte d'*Hommage* où apparaît un Marivaux giralducien :

> Le débat du héros et de l'héroïne n'est pas le jeu d'une coquetterie ou d'une crise, mais la recherche d'un assentiment puissant qui les liera pour une vie commune de levers, de repas et de repos. Pas d'ingénue. Aucune prude. Les femmes chez Marivaux sont les aînées, plus loyales, mais à peine moins averties des femmes de Laclos [...]. Qui a cherché l'imaginaire chez Marivaux? Ses scènes sont les scènes de ménage ou de fiançailles du seul monde vrai. Qui a vu la fausseté dans son style? Les paroles en sont neuves, subtiles, parce qu'elles affleurent de la zone des silences.

Marivaux parmi nous

Il restait à découvrir, dans son immensité, *tout Marivaux* et à étudier son œuvre dans son « fonctionnement ». Tel était le vœu des nouveaux pionniers (Claude Roy, Marcel Arland) qui, au lendemain de la Libération, publièrent ces petits livres limpides où, pour la première fois après un demi-siècle, on examinait avec un égal intérêt l'ensemble de sa production : telles ont bien été les voies suivies par la critique depuis une vingtaine d'années, le temps qu'il a fallu à Frédéric Deloffre pour mener à bien jusqu'au bout son entreprise d'édition, après avoir révélé des textes comme *le Télémaque travesti* ou les *Réflexions sur l'esprit humain* dont la lecture suffit à briser tant de vieux préjugés.

Venait le temps des interprétations globales : l'analyse du sentiment de l'existence chez Marivaux (Georges Poulet, 1952), l'étude de « la structure du double registre » (Jean Rousset, 1957), l'explication d'un système théâtral rigoureux et complexe (Frédéric Deloffre, 1955; Bernard Dort, 1962; Jacques Schérer, 1964). Selon Georges Poulet, le statut métaphysique de « l'être marivaudien », c'est l'inconstance. Il naît à la vie dans la stupeur, dans un étonnement si intense qu'il ne pourra jamais se saisir qu'« au vol et par hasard », dans « le scintillement de l'instant » qui passe. De là, un certain charme, une fragilité particulière : un langage qui est lui-même une naissance (« Du sentir au penser, et du penser au dire, point de traduction, ni d'intervalle »); une œuvre toujours menacée par le « libertinage d'idées », « le jeu du temps et du hasard » : au long « d'un temps qui risque de rester perpétuellement celui de la successivité pure », ses romans finissent par « s'évaporer », tandis que ses comédies sont sauvées par les règles, « les restrictions du théâtre français ». Cette épure a inspiré une double série de travaux où l'on a mis l'accent tour à tour sur « le sensualisme de Marivaux », et sur le rôle que jouerait dans son œuvre le conditionnement social. Aux Etats-Unis, frappés par la place que tiennent dans ce théâtre et plus encore peut-être dans ces romans les déguisements, les métamorphoses, les « jeux de reflets » et de mimétisme, des critiques amoralistes ou un peu puritains ont incliné à penser que les héros en sont à la fois les utilisateurs et les victimes : toute cette pratique rusée de la vie sociale entraînerait, ipso facto, « la perte de la personnalité ». En Suisse, à partir de concepts explicatifs tirés des textes théoriques de l'écrivain, la plus douée des disciples de Georges Poulet, Suzanne Mülhemann, s'est efforcée d'expliquer le mouvement de « l'être marivaudien » avec une rigueur leibnizienne; elle le décrit comme un impossible exode : une conscience très vive des limites où nous enferme la condition humaine, une éclatante *apparition*, bientôt suivie par une longue réintégration sociale. Le retour au conformisme était-il inscrit dans cet essor existentiel ? On peut en douter, et croire que la jeune philosophe était bien près d'atteindre le tuf « marivaudien » lorsque, chemin faisant, elle se contentait d'analyser des états vécus comme « l'étourdissement » ou « l'arrachement ».

Des journaux, des romans, des comédies : une seule forme maîtresse, « la structure du double registre », « le dédoublement du regardant et du regardé ». Dans les journaux, un auteur-spectateur : le cœur, « qui va comme ses mouvements le mènent », sous le regard de l'esprit, ce

« guetteur obstiné ». Dans chaque roman, un narrateur-témoin : le récit et le regard sur le récit. Dans les comédies, des meneurs de jeu, auxquels le dramaturge a délégué ses pouvoirs et confié son intrigue, tout en livrant « chaque scène à des êtres qui ne savent où ils vont ». Tel était le point de vue qui permettait à Jean Rousset en 1957 d'étudier les structures formelles chez Marivaux (le récit à la première personne, et dans les comédies, le jeu rococo des ensembles et des détails). Un système? En 1966, dans un colloque sur *les Chemins actuels de la critique,* Walter Ince affecta de le croire en évoquant avec humour « l'unité du double registre ». Dans les journaux le rédacteur est un « guetteur » très actif, un « spectateur » engagé, « un virtuose frémissant de passion devant les autres » (comme d'ailleurs les personnages-témoins des comédies). Un regard, non pas « inhumainement pur », mais « porteur de valeurs affectives, de générosité », chaleureux et charitable. Une méfiance si profonde à l'égard du « rationnel figé, du rationnel tout court », qu'elle entraîne des démarches complexes : « Si l'esprit conscient guette souvent le cœur inconscient, l'esprit guette aussi l'esprit qui guette [...]. L'instantanéité de l'être marivaudien peut ainsi être regardée non comme un état de confusion, mais au contraire comme une exceptionnelle synthèse de facultés conscientes et inconscientes, intellectuelles et affectives ». Après un utile détour, l'on rejoignait ainsi les remarques de Léo Spitzer qui, dans sa « Réponse à Georges Poulet », démontrait irréfutablement la capacité de résistance de Marianne, sa force créatrice et son génie intuitif.

Mais il était sans doute plus urgent de définir le « marivaudage » théâtral. En 1947, Gabriel Marcel avait montré que dans une pièce de Marivaux, comme dans un psychodrame réussi, ce cheminement qui amène à la « transparence de soi à soi et de soi-même à l'autre » est sans doute au moins aussi important que l'esprit de défi ou de défiance, la sourde angoisse ou l'imperceptible blessure qui pousse les héros à s'affronter. En 1955, Frédéric Deloffre définit l'intrigue chez Marivaux comme « un voyage au monde vrai », mené à bien par le truchement du langage. Ici « les mots valent moins par ce qu'ils expriment que par ce qu'ils impliquent », mais chaque scène « se déroule suivant une ligne continue dont la trame est constituée par les mots eux-mêmes »; « le mode obligatoire du progrès de l'action est le passage d'un mot à un autre », — jusqu'au moment où, dans une phrase, un geste ou un soupir, les personnages enfin *parlent clair*. Dans une étude rigoureuse qui se présente comme « une dialectique du langage », Jacques Schérer est allé jusqu'à constater que « sans l'implacable nécessité de chaque réplique, de chaque mot, l'œuvre de Marivaux s'effondrerait dans la fadeur et la monotonie ». Il faut dire encore que, comme chez Pinter ou Félicien Marceau, les silences, la présence muette des héros comptent ici tout autant que le langage. L'enchaînement nécessaire des répliques n'est qu'une suprême réussite de l'illusion esthétique, comme le puissant déterminisme qui semble emporter les intrigues. Chaque pièce demeure un jeu dans les trois sens possibles du mot : un jeu réglé, rigoureusement concerté (l'« *agôn* » dont parlait Roger Caillois), un vertigineux entraînement (« *ilinx* »), enfin une sorte de sport enfantin (« *paidia* »), une « aventure », comme dit Silvia, où s'ébattent des libertés. On doit lire aussi comme un brillant essai de synthèse l'article de Bernard Dort « A la recherche de l'Amour et de la Vérité, esquisse d'un système marivaudien », fruit de lectures éclectiques : Georges Poulet, Frédéric Deloffre, Bertolt Brecht. Il y a les paysans, Arlequin, les valets et les maîtres. Le comportement de ces divers types de personnages dépend naturellement de leur statut social : ainsi les valets se trouvent forcés d'agir sur leurs maîtres, de jouer la comédie, pour parvenir à leurs fins. Comme l'avait pressenti Jean Maquet, la figure essentielle et la substance de tout ce théâtre, c'est l'épreuve. « Surpris » par l'amour, « déchiré entre ce qu'il est et ce qu'il a été, entre son moi et son sur-moi social », chacun des maîtres doit jouer « pour éprouver l'autre, et pour s'éprouver soi-même face à l'autre ». Lutte cruelle, épuisante, dont l'enjeu est de « reconquérir la possibilité de s'exprimer pleinement ». Mais l'amour se nourrit « de tous les obstacles qui se sont opposés à sa réalisation », et l'on aboutit à l'accord de deux êtres enracinés dans une société concrète. Bernard Dort ajoute que chez Marivaux l'on peut « jouir de soi sans troubler l'ordre social » (ce qui pourra sembler une vue optimiste) : ce théâtre reflèterait « l'image d'une société immobile, suspendue entre le passé et l'avenir », « en équilibre entre son passé féodal et son avenir bourgeois ».

A ce stade de la recherche il devenait plus nécessaire que jamais d'aborder de front trois questions fondamentales que naturellement l'on n'épuisera pas de sitôt. Après avoir défini « le marivaudage » comme une trajectoire, « l'épreuve » comme un parcours, ne devait-on pas étudier l'œuvre de Marivaux dans son évolution; s'interroger sur sa place et sa signification en son temps; se demander enfin pourquoi le même homme a écrit à la fois des comédies, des romans et des essais journalistiques?

A cette question deux critiques au moins ont commencé à répondre. Selon Robert Nelson, chez Marivaux tout reposerait sur l'opposition du cœur et de l'esprit : le cœur est naturellement généreux, mais l'esprit, qui commande les relations sociales dans la vie quotidienne, ne cesse de créer de faux problèmes. Ses romans évoqueraient donc « le drame de l'âme », plongée sans recours dans un long purgatoire, tandis que chacune de ses pièces pourrait être définie comme la reconquête d'un paradis perdu. Le « dénouement heureux » ne représente pas seulement une convention féconde, c'est le « fondement » même de ce théâtre où l'on participerait à l'épanouissement du cœur comme à une épreuve mystique. Au contraire, suivant Robert Mauzi :

> Romans et comédies dessinent deux parcours inverses du personnage marivaudien dans son cheminement vers la vérité. Le personnage du théâtre, pour reprendre une juste formule de Claude Roy, « renonce au mensonge du moi pour rencontrer la vérité de l'amour ». Partant des illusions et des refus de l'amour-propre, il parvient progressivement à la découverte de soi à travers les obstacles successifs, inéluctables ou même nécessaires, que sont les surprises du cœur, les résistances de la vanité ou de l'inquiétude, et les à peu près du langage. Les deux grands romans de Marivaux [...] tracent également un itinéraire vers la vérité, mais le point de départ et le point d'arrivée s'en trouvent inversés. Le personnage romanesque (Marianne en est le meilleur exemple) renonce au mensonge de l'amour pour rencontrer la vérité du moi.

Remarquables formules, dont le plus grand mérite est peut-être de nous poser à leur tour de nouvelles questions.

Replacer Marivaux en son temps et faire profiter de cette connaissance notre lecture de son œuvre : telle est l'immense tâche qui incombe encore à l'histoire littéraire. Malgré la précieuse petite plaquette de Mme Durry, *Quelques nouveautés sur Marivaux* (1939), c'est seulement dans les vingt dernières années qu'elle a recommencé à s'intéresser réellement à l'écrivain après l'avoir abandonné pendant soixante-dix ans aux chroniqueurs théâtraux. Rendre, si possible, une biographie à Pierre Carlet de Marivaux (des parents, une enfance, des relations, un milieu, une carrière...), s'efforcer de reconstituer ses lectures, fixer la date de parution de ses œuvres (et parfois les retrouver...), examiner des « sources », comme on l'avait fait depuis si longtemps pour Molière, ou pour Stendhal, ou pour Baudelaire, recueillir les réactions du public, retrouver peu à peu le sens de son œuvre comme *différence*... Dans tous ces domaines les travaux de Frédéric Deloffre et de Jean Fabre ont communiqué à la recherche une impulsion décisive, comme en témoignent plusieurs thèses de doctorat d'Etat parues ou à paraître dans les années soixante-dix (L. Desvignes, H. Lagrave, H. Coulet, J. Lacant, M. Gilot, etc.) et la toute récente multiplication des articles sur Marivaux dans les revues universitaires françaises et étrangères. Il n'est sans doute pas encore tout à fait temps de faire le point. En attendant de sélectionner, d'exploiter et de voir fructifier les résultats de cette vaste enquête, on peut penser du moins que trois grandes voies s'offrent à la connaissance de Marivaux et il serait désastreux de croire qu'elles s'excluent : le lire, aussi familièrement que possible, à la lumière de son temps; sonder ses vertus actuelles; aborder cette œuvre avec des méthodes précises, en la traitant sans ménagement, comme un objet de science.

Faire bénéficier le « sentiment » critique des données de l'histoire littéraire, voilà une pratique plus difficile qu'on ne croirait, mais elle fait le prix des études les plus équilibrées et les plus suggestives, tels les articles de Jean Fabre et de Jean Sgard cités dans notre bibliographie. En 1958, Jean Fabre présente Marivaux, « métaphysicien du cœur », disci-

ple de Descartes et de Malebranche et géomètre du sentiment, comme un technicien subtil doublé d'un philosophe.
Il étudie le rôle qu'ont joué ses premières œuvres et ses
journaux dans la formation de sa personnalité intime et
constate qu'« un abîme » sépare ses romans de son théâtre :
« celui qui sépare l'expérience du jeu ». Deux registres, deux
évolutions apparemment opposées. Dans ces *romans,* où
peuvent paraître régner « une sorte de dramatisation spontanée et permanente », puis « une théâtralisation concertée »,
s'exerce tout un art « des révélations en demi-teintes », où
Marivaux « serait resté inimitable, si Proust n'était pas venu
le relayer en étendant sa méthode aux données immédiates
de la conscience » : « l'analyse, dans le cas de Marianne,
apparaît comme l'envers du sentiment et comme la démarche de la vie ». Mais ils se caractérisent finalement par le
refus du tragique : c'est ce refus obstiné qui, conférant aux
dernières parties de *la Vie de Marianne* un ton « d'autant
plus âpre et désenchanté », en ferait un terrible procès de la
société. Ces *comédies* nous concernent directement et l'on
ne doit pas se contenter d'y voir « les derniers produits d'une
société à son déclin, au crépuscule de 'l'honnêteté', à
l'aube de la démocratie ». Mais, « à mesure que ce théâtre
s'éloigne de la fantaisie et se charge de réalité, une morale
à base de confiance et de sympathie s'y accorde plus aisément avec une philosophie sans illusions ». « Montée
conjointe d'optimisme et de réalisme » qui nous ferait voir
« Marivaux en marche vers un théâtre qui ne sera plus le
sien ».

En étudiant les milieux et les textes où s'est manifestée
au XVIIIe siècle la « nouvelle préciosité », Frédéric Deloffre
avait montré que, dans le domaine du style, loin d'avoir été
une invention individuelle, le « marivaudage » ne se comprend
vraiment que comme phénomène culturel et comme manifestation d'une nouvelle rhétorique. Jean Sgard fait ressortir
l'originalité de l'œuvre de Marivaux, en la situant à un
moment précis de l'histoire du *sentiment :*

Au moment où la comédie cherchait à s'enrichir des
ressources du réalisme, du roman ou du drame, Marivaux ne semble attiré que par l'irréalité du spectacle; on

269

> opposait les genres et les styles, il crée un genre qui n'appartient qu'à lui, qui ne peut porter que son nom, et qui disparaîtra avec lui; on était las du discours, il fonde la comédie sur les jeux du langage. Cette recherche poétique ne cesse pas d'être pour autant une aventure de théâtre [...].

Cent petites touches précises nous entraînent insensiblement dans une vision désenchantée :

> La gaieté et la jeunesse suffisent-elles à changer le monde? Pour écrire, il semble que Marivaux ait besoin de le croire [...]. Comme dans *l'Amour et la Vérité*, l'amour se retire sur son arbre et la vérité dans son puits. A l'exemple de Shakespeare et de Calderon qu'il aimait, Marivaux échappe à la cruauté de la vie par la poésie des songes.

Peur de vivre ou *rage de vivre,* comme nous serions plutôt tentés de penser? Qu'est-ce qui est réellement au fond de l'inspiration de Marivaux? Une légère ouverture pourtant, dans le second article de Jean Sgard :

> Il donne à penser que la vie est un jeu dont la signification nous échappe [...], mais l'homme étant constamment prisonnier de sa condition, des situations et du langage, le théâtre montre l'apprentissage de la liberté : au travers des masques, au hasard des répliques et des métaphores prises à la lettre, une autre vérité se fait jour; le cœur « entrepris » parle une autre langue *(Double Inconstance)*. Consacré à ces brèves illuminations, le théâtre de Marivaux est par nature poétique.

On peut aussi aborder Marivaux en s'interrogeant sur son efficacité actuelle. Il serait prématuré d'étudier l'accueil que la génération présente fait à ses romans (*le Paysan parvenu* n'a été publié en livre de poche qu'en 1965), bien qu'il puisse être passionnant dans un délai assez proche de sonder des réactions où s'exprimeront des cultures très diverses : traduit en japonais, puis en anglais, en allemand et en russe depuis une dizaine d'années, il a de fidèles lecteurs en Italie, aux Etats-Unis, en Tchécoslovaquie, en Australie, au Brésil. Mais, même sans aborder la longue étude que le sujet exigerait, on doit signaler la place nouvelle que semble occuper aujourd'hui son théâtre. « Il est significatif, écrivait en 1959 Michel Vinaver, que les trois metteurs en scène les plus marquants de l'après-guerre aient successivement *choisi* Marivaux pour aller jusqu'au bout de l'audace dans l'exploration de leurs possibilités d'action ». Le phénomène continue : après Barrault, Vilar et Planchon, Marcel Bluwal, Michel Berto, Patrice Chéreau, Jean-Pierre Vincent.

Selon Jouvet, « les pièces de Marivaux, issues du geste, sont des pantomines où les gestes ont été remplacés par des mots, les attitudes par des répliques, les expressions corporelles par un langage intense... ». En 1946, sous l'excellent prétexte de jouer *les Fausses Confidences* dans la tradition « italienne », Jean-Louis Barrault a détruit la longue tradition du « Marivaux d'intérieur » (Béatrice Dussane) en montant, dans un blanc décor de Brianchon, une comédie estivale, lumineuse, largement ouverte sur un parc : un ballet et une pièce de grand air. Vingt ans plus tard, c'est la caméra amoureuse de Marcel Bluwal qui servira ces mots fragiles et intenses, tant d'*instants*, légers et décisifs. Qu'on se rappelle quelques images de sa *Double Inconstance,* Silvia devant la fenêtre, traversée de lumière sur un fond de verdure : « Je le verrai donc... » (I, 1); Silvia et Flaminia, tout à leurs confidences de femmes (II, 1), derrière les futaies, glissant longuement sur la grande pelouse : bientôt la troupe joyeuse des filles de la Cour va descendre en riant le grand escalier...

En 1959, Roger Planchon arrache la seconde *Surprise de l'amour* à la « planète Mars des sentiments bien filés » (Pierre Marcabru) en imposant à Marivaux un traitement « brechtien ». Pourtant « les personnages disent ce qu'ils croient penser au moment où ils le disent [...]. Les surprises de l'amour sont celles d'un amour qui a mûri comme un fruit », s'étonnait Henri Gouhier. Mais pourquoi pas? Des costumes, solides, et une toile de fond de René Allio (des figures de Watteau présentées comme de grandes cartes à jouer), un rythme d'abord quasi indéfiniment ralenti; des lieux multiples : un salon, une salle d'armes, une buanderie (II, 6), des couloirs, « lieux privilégiés où se nouent les intrigues », la chambre d'une marquise, où un grand lit défait (III, 10) témoigne d'une conception un peu sommaire de la « sensualité de Marivaux »; une foule de domestiques perpétuellement présents, dont la bouffonnerie est une arme défensive et offensive : « Lubin s'adresse à des nobles : il ne peut leur parler que sous l'angle de la drôlerie, sinon le tolèreraient-ils ? » Une *maison* de 1727, où l'on s'aime physiquement, où l'on travaille (on pèle des pommes de terre, on fait la lessive...) : la pièce *tient*, plus solidement que jamais. Depuis, avec une réussite inégale, Patrice Chéreau, Jean-Pierre Vincent, Roger Mollien se sont efforcés de « rendre compte de la violence » du théâtre de Marivaux et de montrer « la façon dont les gens y vivent des rapports de force » en manifestant, ou en mimant, « des comportements de classe ». Jean-Pierre Vincent, qui est à la fois le plus brechtien et le plus joueur, semble le plus convaincant, Patrice Chéreau le plus fastueux. En 1971, *la Fausse Suivante* devient un étrange opéra décadent. Un grand fond de ciel blanc, les vieux murs roses d'un palais en ruine, et encore des blancs, des ocres, tout un bric-à-brac anachronique (une poulie qui fonctionne, de la paille, une serpe abandonnée, un compteur électrique) : tout « un travail spatial, pictural ». Des clochards, des voyeurs, des dandys fatigués, une femme hystérique : « deux styles de parasites entraînés dans une même agonie ». Au dénouement, un vieux disque éraillé : « Lorsque tout est fini... ». Un seul sujet : le triomphe de la mort. Opéra fabuleux? Superbe piano mécanique? On pourrait sans doute reprocher à Patrice Chéreau de ne pas avoir assez fait confiance à Marivaux.

En montant précisément *le Triomphe de l'Amour* et *l'Heureux Stratagème*, Jean Vilar avait choisi des pièces bien aptes à détruire « l'idée qu'on se fait d'habitude d'un Marivaux précieux et tendre, peignant d'un pastel délicat des bergeries » (Paul Souday). Il les présentait comme un combat et comme un extraordinaire épanouissement, en révélant enfin, une fois pour toutes, leur puissance comique. « Éliminer une certaine façon de jouer Marivaux à laquelle nous cédons tous, nous comédiens, à laquelle nous avons toujours la tentation de céder : le charme, la gentillesse, la beauté de la phrase... Trouver une base réaliste, c'est-à-dire dans le cœur humain... Et il y a aussi l'*intrigue*, et c'est encore un mot de théâtre... » (Interview de 1968). On n'oubliera pas ce fragment de scène répété devant la télévision : Jean Vilar, masque de Gide, appuyé sur sa canne, fasciné par un rêve tragique, tandis que danse autour de lui Maria Casarès, en imperméable, une cigarette à la main, sous une petite pluie : la princesse Léonide. Puis la représentation; toute une pièce tendue vers sa triomphale résolution : le moment où Léontine, vertueuse vieille fille, qui s'est éprise de Léonide et la prend toujours pour un garçon, demande à son frère : « Vous l'épousez, dites-vous? Vous n'y rêvez pas? ». En 1968, avec le Théâtre des Ouvrages Contemporains, Michel Berto devait présenter l'Ile de la Raison comme si elle avait été écrite l'année même. En Italie certains spectateurs crurent qu'il s'agissait d'une tentative d'endoctrinement politique : du haut de leurs échelles, à grands coups de projecteurs et de micros, avec leurs vareuses et leurs petits livres jaunes, les sages Insulaires écrasaient les Européens dont ils menaient à bien la « rééducation » : « autocritique, lavage de cerveau, psychanalyse et coup de foudre démocratique ! » Une de ces trop faciles utopies, comme on en voit tant depuis quelques années? Mais le poète ne conviait pas ses héros à entrer dans une société toute faite, il leur permettait de devenir hommes, en pleine lumière, ici, sous nos yeux. En aidant ses acteurs à entrer dans le jeu avec un plaisir sportif, en préservant la qualité de certains silences, en organisant cette immense, allègre et radieuse surprise : une *fête,* Michel Berto a bien fait sentir que chez Marivaux l'humour et la tendresse, le comique et le rayonnement poétique ont partie liée.

On serait tenté de dire qu'à la télévision où Marivaux est entré depuis dix ans, ses plus beaux moments ont été des moments de féerie, suivant le style de Marcel Bluwal dans *le Jeu de l'amour et du hasard :* un rythme très vif où la caméra va toujours à la rencontre des acteurs, un espace illimité et mouvant (plus de « décor », où entreraient les héros; une demeure, un grand parc sans clôture, l'élan d'un jour de printemps); les escaliers, les portes et les rencontres, le jaillissement de la surprise; la pureté des silences; ces visages en gros plan, et ces regards...

Ce corps n'agit pas, ne dit rien, il attend dans une robe de satin. Quoi? Que le visage ait décidé de ses amours.

> Il fallait donc un petit théâtre où ce visage fût capté, pri-
> vilégié, grossi, où l'on pût lire sur lui les plus secrètes
> pensées. En bref, il fallait la télévision [...]. Plus rien
> n'échappe et, de sourire en moue, en clin d'œil et en lar-
> mes, la pièce s'écrit [...]. C'est du « théâtre » prodigieu-
> sement épuré. Des regards, des mots et le cœur à nu
> (Morvan Lebesque).

La vie peut être un émerveillement... D'images en images,
la pièce semble « s'écrire » toute seule, et, bien entendu, il
n'en est rien; tel est le « miracle » que nous ont éclairé deux
exemples récents. *La Double Inconstance,* admirable super-
production en couleurs, pouvait paraître un peu gâtée
d'abord par les scies sophistiquées du cinéma de 1950 : de
cet écrin somptueux, peu à peu Marivaux émergeait, irrésistiblement. Commencée, suivant une néfaste tradition,
comme une histoire cousue de fil blanc, la présentation télé-
visée des *Fausses Confidences* par la Comédie-Française
témoignait une nouvelle fois de la puissance de la pièce :
elle montait d'elle-même vers ces instants oniriques (une
lettre à écrire; une autre lettre, profanée; l'ouverture d'une
petite boîte) où le temps semble s'arrêter pour confondre
dans une commune tension les personnages et leurs spectateurs.

   Les contradictions des metteurs en scène éclairent d'une
lumière crue la richesse et les incertitudes des recherches
théâtrales d'aujourd'hui, mais c'est bien à *notre* Marivaux
qu'il ont eu affaire : Marivaux en son temps, Marivaux parmi
nous. Théâtre éclaté, critique multiforme. Malgré le terro-
risme intellectuel qui sévit parmi les écoles et les chapelles,
il n'y a plus, et il ne devrait plus y avoir, de système régnant.
L'histoire littéraire, l'approche thématique, l'analyse formelle,
l'explication sociologique ont commencé, elles aussi, à *se
dénoncer* en servant Marivaux, mais elles sont bien loin
encore de lui avoir appliqué leurs méthodes dans toute leur
rigueur. Marivaux peut et doit être abordé sans respect.
Soyons tranquilles : on n'oubliera pas de sitôt le poète qu'il
fut, et l'humoriste, et le rêveur d'hommes.

Bibliographie

Généralités

Grandes conceptions

G. Poulet — *Études sur le temps humain,* t. II : *La Distance intérieure,* Plon, 1952, p. 1-34.

F. Deloffre — *Une Préciosité nouvelle. Marivaux et le marivaudage,* A. Colin, 1955; rééd. 1967.

J. Rousset — « Marivaux et la structure du double registre », *Studi Francesi,* 1957, p. 58-68, repris dans *Forme et signification,* J. Corti, 1962, p. 45-64.

J. Fabre — « Marivaux », dans *Histoire des littératures,* Bibliothèque de la Pléiade, t. III, 1958, p. 677-695 et dans *Dictionnaire des Lettres françaises, XVIIIe siècle.*

B. Dort — « A la recherche de l'Amour et de la Vérité : esquisse d'un système marivaudien », *les Temps Modernes,* XVII, janvier-mars 1962, p. 1058-1087, repris dans l'édition du Club Français du Livre et dans *Théâtre Public,* Le Seuil, 1967.

J. Schérer — Préface au *Théâtre complet* de Marivaux (Le Seuil, 1964), reprise dans *Marivaux* (monographie publiée par la Comédie Française, 1966).

F. A. Friedrichs — *Untersuchungen zur Handlungs- und Vorgangsmotivik im Werk Marivaux,* thèse en offset, Heidelberg, 1965.

R. Nelson — « The trials of love in Marivaux's theatre », *University of Toronto Quarterly,* avril 1967, p. 237-248.

J. Sgard — « Marivaux », dans *Histoire de la littérature française*, t. II, A. Colin, 1970, p. 546-549 et 557-560, et dans *Encyclopaedia Universalis*.

S. Mühlemann — *Ombres et lumières dans l'œuvre de Pierre Carlet de Chamblain de Marivaux*, Publications Universitaires Européennes, éd. Herbert Lang, Berne, 1970.

Études d'ensemble

G. Larroumet — *Marivaux*, 1882, 1894.

R. K. Jamieson — *Marivaux, a study in sensibility*, Columbia Univ., 1941 ; rééd. New York, Octagon, 1969.

C. Roy — *Lire Marivaux*, « Cahiers du Rhône », La Baconnière, Le Seuil, 1947.

M. Arland — *Marivaux*, N.R.F., 1950.

P. Gazagne — *Marivaux par lui-même*, Le Seuil, 1954.

E. J. H. Greene — *Marivaux*, University of Toronto Press, 1965.

H. Lagrave — *Marivaux et sa fortune littéraire*, Ducros, Saint-Médard-en-Jalles, 1970.

Thèmes et ressources

A. Séailles — « Les déguisements de l'amour et le mystère de la naissance dans le théâtre et les romans de Marivaux », *Revue des Sciences humaines*, 1965, p. 479-491.

M. Gilot — « Les jeux de la conscience et du temps dans l'œuvre de Marivaux », *Revue des Sciences humaines*, 1968, p. 369-389.

Journaux

K. Holzbecher — *Denkart und Denkform von Pierre de Marivaux*, Berlin, 1936.

F. Deloffre — « Aspects inconnus de l'œuvre de Marivaux, II », *Revue des Sciences humaines*, 1954, p. 97-115.

M. Matucci — *Le Miroir*, Libreria Scientifica Editrice, Napoli, 1958.

W. Wrage — A critical edition of *le Spectateur français,* University of Wisconsin, 1964.

W. H. Trapnell — *The Contribution of Marivaux's journalistic works to his theater and novels,* University of Pittsburgh, 1967.

Romans

P. Reboul — « Aspects dramatiques et aspects romanesques du génie de Marivaux », *l'Information littéraire,* nov-déc, 1949, n° 5, p. 175-179.

L. Spitzer — « A propos de *la Vie de Marianne,* lettre à M. Georges Poulet », *Romanic Review,* 1953, p. 102-126.

F. Deloffre — « De Marianne à Jacob : les deux sexes du roman chez Marivaux », *l'Information littéraire,* 1959, p. 185-192.

M. Matucci — *L'Opera narrativa di Marivaux,* Pironti, Napoli, 1962.

J. Minár — « Marianne et Jacob, protagonistes d'une nouvelle mimesis », *Philologica Pragensia,* n° 7, 1964, p. 39-55.

J. Parrish — « Illusion et réalité dans les romans de Marivaux », *Modern Language Notes,* mai 1965.

V. Mylne — *The 18th Century French novel. Techniques of Illusion,* Manchester Univ. Press, 1965, p. 104-112 : « Marivaux. Characters in depth ».

R. Mauzi — « Marivaux romancier », préface au *Paysan parvenu,* 10/18, U.G.E., 1965.

J. D'Hondt — « Hegel et Marivaux », *Europe,* déc. 1966, p. 323-337.

J. Rousset — « L'emploi de la première personne chez Chasles et Marivaux », *C.A.I.E.F.,* 1967.

J. Proust — « Le jeu du temps et du hasard dans *le Paysan parvenu »,* Europäische Aufklärung, Munich, W. Fink, 1967.

P. Brooks — *The Novel of worldliness,* Princeton University Press, 1969, p. 94-145 : « Marianne in the world ».

J. von Stackelberg — « Le *Télémaque travesti* et la naissance du réalisme dans le roman », *La Régence* (Colloque du Centre Aixois, février 1968), A. Colin, 1970.

W. Bahner — « Quelques observations sur le genre picaresque », *Roman et Lumières au XVIIIe siècle* (Colloque du C.E.R.M., nov. 1968), Éditions Sociales, 1970; p. 63-72.

M. Gilot — « Remarques sur la composition du *Paysan parvenu* », *XVIIIe siècle*, nº 2, 1970.

W. H. Trapnell — « Marivaux's unfinished narratives », *French Studies*, 1970, p. 237-253.

G. Bonaccorso — « Considerazioni sul metodo del Marivaux nella creazione romanzesca », *Umanita e Storia, Scritti in onore di A. Attisani*, 1970, p. 1-27.

S. Lotringer — « Le roman impossible », *Poétique*, 1970, nº 3, p. 297-321.

J. von Stackelberg — *Von Rabelais bis Voltaire. Zur Geschichte des französischen Romans*, C. H. Beck, München, 1970.

L. Levin — « Masque et identité dans *Le Paysan parvenu* », *Studies on Voltaire*, LXXIX, 1971, p. 177-192.

R. Mercier — « Le héros inconstant : Roman et réflexion morale (1730-1750) », *Revue des Sciences humaines*, juil.-sept. 1971, p. 333-355.

R. Démoris — « Les fêtes galantes chez Watteau et dans le roman contemporain », *XVIIIe siècle*, 3, 1971, p. 337-357.

L. C. Crocker — « Le portrait de l'homme dans le *Paysan parvenu* », *Studies on Voltaire*, 1972, t. 87, p. 253-276.

E. B. Hill — « Sincerity and self-awareness in the *Paysan parvenu* », *Studies on Voltaire*, 1972, t. 88, p. 735-748.

Théâtre

Ouvrages d'ensemble

O. Ruggiero — *Marivaux e il suo teatro*, Fratelli Bocca, Milano-Roma, 1953.

K. Mac Kee — *The theater of Marivaux*, New York, University Press, 1958.

M. Meyer — *La Convention dans le théâtre d'amour de Marivaux*, Sao Paulo, 1961.

V. P. Brady — *Love in the Theatre of Marivaux,* Droz, Genève, 1970.

L. Desvignes-Parent — *Marivaux et l'Angleterre,* Klincksieck, 1970.

Contextes

G. Attinger — *L'esprit de la Commedia dell'Arte dans le théâtre français,* La Baconnière, Neuchâtel, 1950.

H. C. Lancaster — *The Comédie Française (1701-1774), plays, actors, spectators, finances,* Philadelphie, 1951.

Clarence D. Brenner — *The Théâtre Italien, its repertory, 1716, 1793,* Berkeley, 1961.

Comédie Italienne et Théâtre français, C.A.I.E.F.; t. XV, 1963.

X. de Courville — « Le merveilleux dans le théâtre de Marivaux », *Revue d'Histoire du Théâtre,* 1963, p. 29-35.

M. Descotes — *Les grands rôles du théâtre de Marivaux,* P.U.F., 1972.

H. Lagrave — *Le théâtre et le public à Paris de 1715 à 1750,* Paris, Klincksieck, 1973.

Dramaturgie

X M. Daniels — « Marivaux, precursor of the « Théâtre de l'Inexprimé », *Modern Language Review,* 1950, p. 465-470.

R. Nelson — « Marivaux : The play as game » dans *Play within a play,* Yale Univ. Press. et P.U.F., 1958.

R. Planchon — « Pour Marivaux », *Le travail au Théâtre de la Cité,* Paris, 1959, p. 17-27.

Cahiers de la Compagnie Renaud-Barrault, n° 28, janvier 1960 : J. Schérer : « Analyse et mécanisme des *Fausses Confidences* », p. 11-19; J. L. Bory : « La dramatisation d'un style », p. 20-26; J. Schérer : « Marivaux et Pirandello », p. 38-43.

R. Pomeau — « La surprise et le masque dans le théâtre de Marivaux », *The Age of the Englightenment,* Oliver and Boyd, Edinburgh and London, 1967, p. 238-251.

M. Gilot — « La Vocation comique de Marivaux », *Saggi et ricerche di letteratura francese,* XI, 1971, p. 59-86.

Portée sociale

J. Fischer — « L'assise sociale des comédies de Marivaux »
et « De la morale sociale dans l'œuvre de Marivaux »,
Philologica 3 et *Romanistica Pragensia 1,* Prague,
Université Karlova, 1959.

J. Ehrard — *L'Idée de Nature en France à l'aube des Lumières,*
S.E.V.P.E.N., 1963; réédition condensée, Flammarion,
1970 : cf. chapitre « Le sentiment et les délices de la
vertu ».

R. Navarri — « Marivaux réactionnaire? », *Europe,* nov.-déc.
1963, p. 65-71.

L. Gossman — « Literature and Society in the early Enligh-
tenment : the case of Marivaux », *Modern Language
Notes,* 1967, p. 306-333.

J. Donohe — *Marivaux's theater. Comic vision and social
reality,* Princeton, 1967 (Diss. Abstracts, XXVIII, 8,
1968).

Index des références

Les textes de Marivaux sont cités d'après les éditions suivantes :

1. *Œuvres de jeunesse,* édition établie, présentée et annotée par Frédéric Deloffre, avec le concours de Claude Rigault, Paris, Gallimard, 1972; cette édition contient :
   - *les Aventures de *** ou les Effets surprenants de la sympathie* = Effets
   - *la Voiture Embourbée* = Voit. Emb.
   - *Pharsamon ou les Nouvelles Folies romanesques* = Phars.
   - *le Bilboquet* = Bilb.
   - *le Télémaque travesti* = Tél. trav.
   - *l'Homère travesti* (six premiers livres) = Hom. trav.

2. *Théâtre complet,* 2 volumes, texte établi par Frédéric Deloffre, avec introduction, chronologie, commentaire, index et glossaire, Paris, Garnier, 1968 = *T.C.* I et II; cette édition comprend entre autres :
   - *la Surprise de l'amour* = Surpr. Am.
   - *la Double Inconstance* = Double Inc.
   - *le Prince travesti* = Pr. trav.
   - *la Fausse Suivante* = Faus. Suiv.
   - *l'Héritier de Village* = Hér. Vill.
   - *la Seconde Surprise de l'Amour* = Sec. Surpr.
   - *le Jeu de l'Amour et du Hasard* = Jeu
   - *la Réunion des Amours* = Réun. Am.
   - *les Serments Indiscrets* = Serm. Ind.
   - *l'École des mères* = Éc. des M.

— *l'Heureux Stratagème* = *Heur. Strat.*
— *le Petit-Maître Corrigé* = *Pet.-M. corr.*
— *la Mère Confidente* = *Mère conf.*
— *les Fausses Confidences* = *Faus. Conf.*
— *les Acteurs de bonne foi* = *Acteurs*

3. *Journaux et Œuvres diverses,* texte établi par Frédéric Deloffre et Michel Gilot, avec introduction, chronologie, commentaire, bibliographie, glossaire et index, Paris, Garnier, 1969; cette édition contient notamment :

— *Lettres sur les habitants de Paris* = *Hab. de Paris*
— *Pensées sur différents sujets* = *Pensées diff. suj.*
— *Lettres contenant une aventure* = *L.C.A.*
— *le Spectateur français* = *Spect. fr.*
— *l'Indigent philosophe* = *Ind. phil.*
— *le Cabinet du philosophe* = *Cab. phil.*

4. *La Vie de Marianne ou les Aventures de Madame la Comtesse de ***,* texte établi par Frédéric Deloffre, avec introduction, chronologie, bibliographie, notes et glossaire, Paris, Garnier, 1957 = *V.M.*

5. *Le Paysan parvenu ou les Mémoires de M***,* texte établi par Frédéric Deloffre, avec introduction, bibliographie, chronologie, notes et glossaire, Paris, Garnier, 1955 = *P.P.*

9 — *Spect. fr.,* XXIV; *J.O.D.,* 255. - *Tél. trav.,* II; *O.J.* 101.
10 — *Tél. trav.,* II; *O.J.* 101. - *Tél. trav.* I; *O.J.,* 65-66. - *Phars.;* VII; *O.J.,* 601.
11 — *Tél. trav.,* I; *O.J.* 70.
12 — *V.M.,* I, 17. - *P.P.,* I; 9. - *Hab. de Paris; J.O.D.,* 9. - *Spect. fr.,* III; *J.O.D.,* 124.
16 — Lettre; *J.O.D.,* 443. - *Spect. fr.,* I; *J.O.D.,* 116. - H. Lüthy : *La Banque protestante en France de la révocation de l'édit de Nantes à la Révolution,* Paris, 1961, t. II, p. 23.
17 — *Spect. fr.,* XXII; *J.O.D.,* 242-243. - *P.P.,* IV, 203-204. - *Ile des esclaves,* sc. X. *T.C.,* I, 540.
18 — *Spect. fr.,* XXV; *J.O.D.,* 266. - *V.M.,* VIII; 423.
19 — *Education d'un prince; J.O.D.* 122. *V.M.,* VI; 315-316.
20 — *Réfl. sur l'esprit; J.O.D.,* 477.
21 — *Cab. Phil.,* V; *J.O.D.,* 377-378. - *P.P.,* IV; 187.
22 — Crébillon : *Les Égarements,* III; éd. Etiemble (Cluny), p. 182. *V.M.,* IV; 211-213.
23 — Mᵐᵉ de Lambert : *Œuvres,* Lausanne, 1747, p. 218; p. 274-275.
24 — Fontenelle : *Réflexions sur la poétique,* XIII; *Œuvres,* Paris, 1766, t. III, p. 135; *Lettres sur Eléonor d'Yvrée; Œuvres,* t. XI, p. 229.
25 — *Spect. fr.,* XX; *J.O.D.,* 226. - *Pensées sur diff. suj; J.O.D.,* 70-71. - *Miroir; J.O.D.,* 540.
26 — *Spect. fr.* XXIII; *J.O.D.,* 246-247. - Lettre; *J.O.D.,* 443.
27 — *Ind. phil.,* VII; *J.O.D.,* 322. - *Cab. phil.,* VII; *J.O.D.,* 391.
28 — *Cab. phil.,* VII; *J.O.D.,* 452-453. - D'Alembert : *Éloge de Marivaux (T.C.,* II, 1020).

29 — *Journal historique de Collé*, fév. 1763; Paris, 1868, t. II, p. 228-229. - *Ind. phil.*, II; *J.O.D.*, 282-283.

30 — *Mémoires* de Marmontel publiées par M. Tourneux, Paris 1891, t. I, p. 232-234.

31 — D'Alembert : *Eloge de Marivaux (T.C.*, II, 993-994).

32 — *Réfl. sur l'esprit*; *J.O.D.*, 473. - D'Alembert : *Eloge de Marivaux (T.C.*, II, 999).

33 — Lesbros de la Versane : *Eloge historique de M. de Marivaux* dans *Esprit de Marivaux*, Paris, veuve Pierres, 1769, p. 27; 35. - *Pr. trav.*, I, 4; *T.C.*, I, 343.

34 — *Ind. phil.*, VII; *J.O.D.*, 317. *Eloge*, cité, p. 20; 36.

35 — *V.M.*, I, 21-22.

36 — Malebranche : *De la Recherche de la Vérité*, III, II, 7 (Paris, 1946, 3 vol., t. I, p. 257-258). - *Méditations chrétiennes*, IX (Paris, 1928, p. 177).

37 — Malebranche : *Traité de Morale*, I, V, parag. 17 (Paris, 1953, p. 55). - *Arlequin poli*, sc. I; *T.C.*, I, 88. - *Ind. phil.*, II; *J.O.D.*, 286.

38 — *P.P.*, III; 140. - *Ind. phil.*, I; *J.O.D.*, 281.

39 — *Spect. fr.*, I; *J.O.D.*, 114. - *Ind. phil.*, V; *J.O.D.*, 309. - *Ind. phil.*, VI; *J.O.D.*, 310.

40 — *Ind. phil.*, I; *J.O.D.*, 278-279. - *Double Inc.*, III, 8; *T.C.*, I, 312. - *Heur. Strat.*, I, 4; *T.C.*, II, 58-59. - *Dispute*, sc. III; *T.C.*, II, 606.

41 — *L.C.A.*; *J.O.D.*, 121; 78.

42 — *L.C.A.*; *J.O.D.*, 96.

43 — *P.P.*; IV, 187.

44 — *Méprise*, sc. XVIII; *T.C.*, II, 137. *P.P.*, II; 92. - *Cab. Phil.*, III; *J.O.D.*, 353.

45 — *Spect. fr.*, XXIV; *J.O.D.*, 254; 256.

46 — *V.M.*, I, 37. - *Réfl. sur l'esprit*; *J.O.D.*, 483-484.

47 — *Dén. impr.*, sc. IV; *T.C.*, I, 490. - *Double Inc.*, I, 1; *T.C.*, I, 257; II, 11; *T.C.*, I, 295.

48 — *V.M.*, VIII, 382.

49 — *V.M.*, III, 145; IV, 198; VII, 367; IX, 480.

50 — *Spect. fr.*, IX; *J.O.D.*, 158-159. - *Ind. phil.*, VII; *J.O.D.*, 320.

51 — *Spect. fr.*, XX; *J.O.D.*, 227; X, *J.O.D.*, 161.

52 — *Spect. fr.*, I; *J.O.D.*, 118. - *Cab. phil.*, III; *J.O.D.*, 394-395; *J.O.D.*, 391.

53 — *Ile des escl.*, sc. X et XI; *T.C.*, I, 539 et 541. - *Jeu*, III, 9; *T.C.*, I, 845. - *Pet. M. Corr.*, III, 11; *T.C.*, II, 212.

54 — *Acteurs*, sc. XIII; *T.C.*, 789-790.

55 — *Épreuve*, sc. XVIII et sc. I; *T.C.*, II, 539 et 515. *Jeu*, III, 8; *T.C.*, I, 842.

56 — *Pr. trav.*, II, 7; *T.C.*, I, 370, 371. - *Heur. Strat.*, III, 10; *T.C.*, 104.

57 — *Double Inc.* III, 9; *T.C.*, I, 315. - *Faus. Conf.*, III, 12; *T.C.*, II, 415-416.

58 — *Double Inc.* III, 9; *T.C.*, I, 315. - *Faus. Conf.*, III, 12; *T.C.*, II, 415-416.

59 — *Spect. fr.* XXI; *J.O.D.*, 232. - *Faus. Conf.*, I, 2; *T.C.*, II, 360. - *Double Inc.*, I, 8; *T.C.*, 270.

60 — *Spect. fr.*, XVI; *J.O.D.*, 201. - *Cab. phil.*, II; *J.O.D.*, 344. - *Faus. Suiv.*, div.; *T.C.*, I, 470. - *Double Inc.*, III, 8; *T.C.*, I, 312.

61 — *Spect. fr.*, VII et VIII; *J.O.D.*, 148 et 149. - *Serm. ind.*, I, 2; *T.C.* I, 1971.

62 — *Pr. trav.*, I, 5; *T.C.*, I, 344. - *Spect. fr.*, XX; *J.O.D.*, 227. - *Réfl. sur l'esprit*; *J.O.D.*, 487.

63 — *Réfl. sur l'esprit*; *J.O.D.*, 488-489. - *Cab. phil.*, VII; *J.O.D.*, 397.

64 — *Réfl. sur l'esprit*; *J.O.D.*, 484. - *Ind. phil.*, V; *J.O.D.* 309. - *Cab. phil.*, I; *J.O.D.*, 341.

65 — *Miroir*, *J.O.D.*, 539-540.

66 — *Pr. trav.*, I, 6; *T.C.*, I, 346. - *V.M.*, IV, 166. - Voltaire, Lettre à Berger (début de février 1736).

69 — *Effets*, avis au lecteur; *O.J.*, 7. - *Tél. trav.*, I; *O.J.*, 722. - *Réfl. sur l'esprit*; *J.O.D.*, 471.

70 — *Ile de la Raison*, I, 10; *T.C.*, I, 610.

71 — *Spect. fr.*, I; *J.O.D.*, 114-115. - *V.M.*, V, 254.

72 — *V.M.*, I, Av. 5-6. - *V.M.*, II, Av., 55-56.

73 — *Spect. fr.*, VII; *J.O.D.*, 148. - *Hom. trav.* préf.; *O.J.*, 962. - Notices sur les œuvres de théâtre, éd. H. Lagrave, II, P. 656; 670; 655; 677.

74 — Marquis de Calvière : Journal (février-juin 1722), éd. par E. et J. de Goncourt, *Portraits intimes du XVIIIᵉ siècle* (Charpentier, 1878), p. 27-28. - Laclos : *Les*

Liaisons dangereuses, Lettre 96, éd. G.-F., p. 209 (« Douceur » semble préférable; éd. Y. Le Hir, Garnier, p. 214).

75 — *Nouvelliste,* t. III, p. 163-166. - *P.P.,* IV, 173. - *V.M.,* IV, 200.

76 — *Pensées sur diff. sujets; J.O.D.,* 64-65. - *Spect. fr.,* XX; *J.O.D., 226.*

77 — St. Fumet : « Il y a deux cents ans mourait Marivaux », *Table Ronde,* juillet-août 1963, p. 42. - *Spect. fr.,* XX; *J.O.D.;* 226; 227.

78 — *V.M.,* X, 526.

80 — *Réflexions; J.O.D.,* 473-474. - *V.M.,* IX, 480.

81 — *Jeu,* III, 4; *T.C.,* I, 835. - *Acteurs,* sc. X; *T.C.,* II, 786.

82 — *Ind. phil.,* I; *J.O.D.,* 287. - *Acteurs; T.C.,* II, 780; 771; 773.

83 — *Acteurs, sc.* X, *T.C.,* II, 785; sc. I; *T.C.,* II; 770; sc. II; *T.C.,* II, 771. - Sc. X; *T.C.,* II, 785. - Sc. IV; *T.C.,* II, 774.

84 — *Acteurs,* sc. VII; *T.C.,* II, 782. - *Spect. fr.,* I; *J.O.D.,* 114.

85 — *Spect. fr.,* V; *J.O.D.,* 132. - *Spect. fr.,* IV; *J.O.D.,* 127. - *Spect. fr.,* VI; *J.O.D.* 138 et 588 (note 108).

86 — *Hab. de Paris; J.O.D.,* 8. - *Hab. de Paris,* « Lettre écrite par M. de Marivaux »; *J.O.D.,* 22. - *Hab. de Paris, J.O.D.,* 29.

87 — *Ind. phil.,* V; *J.O.D.,* 303. - *J.O.D.,* 749. - *Le Pour et Contre,* 30 (rédigé par Desfontaines), t. II, p. 342.

88 — *Cab. phil.,* I; *J.O.D.,* 335.

89 — *Ind. phil.,* VII; *J.O.D.,* 317.

90 — *V.M.,* IV, 166.

91 — *V.M.,* I, 26.- *V.M.,* VIII, 425.

94 — « La genèse de *la Vie de Marianne* »; *V.M.,* XLVI-XLVII.

96 — D'Argenson, *Notice; Mercure de France (T.C.,* I, 480, pour le *Dén. impr.).* - *Miroir; J.O.D.,* 537. - *Cab. phil.* X; *J.O.D.,* 419.

97 — *T.C.,* I, 92; 259. - *T.C.,* I, 340. - *Arlequin poli,* sc. « dernière »; *T.C.,* I, 109. - Descartes : *Les Passions de l'âme,* éd. F. Mizracki (10/18, 1965), p. 95-96 et 101-102 (1re partie, articles 99, 101 et 111).

98 — *Supr. Am.; T.C.,* I, 196; 206.

99 — *Supr. Am.; T.C.,* I, 222; 235.

100 — *Double Inc.,* II, 6; *T.C.,* 286.

101 — Elena Virginia Baletti : Sonnet XIV, cité par X. de Courville : *Luigi Riccoboni, dit Lelio,* T. I, p. 101.

102 — *Double Inc.,* III, 9; *T.C.,* 315. - *Pr. Trav.,* III, 11; *T.C.,* 394.

103 — *Spect. fr.,* V. - *Ind. phil.,* V; *J.O.D.,* 304.

104 — *L'Amour et la Vérité,* div.; *T.C.,* I, 69. - *Spect. fr.,* I; *J.O.D.,* 116.

105 — *Spect. fr.,* III; X; *J.O.D.,* 126; 161.

106 — *Ec. des M.,* sc. VI; *T.C.,* II, 21. - *Dén. impr.,* sc. VI; *T.C.,* I, 492.

108 — *Dispute,* sc. III; *T.C.,* II, 605.

109 — *Double Inc.,* I, 1; *T.C.,* I, 256.

110 — *Réun. Am.,* sc. V; Sc. XII; *T.C.,* I, 865; 875. - *Fausse Suiv.,* III; 6; *T.C.,* I, 463.

111 — *Ile des escl.,* sc. VI; *T.C.,* I, 532-533.

113 — *Ec. des M.,* sc. XII; *T.C.,* II, 28. - *Dén. impr.,* sc. VII; *T.C.,* I, 496-497. - *Faus. Conf.,* III, 12; *T.C.,* II, 414.

114 — *Arlequin poli,* sc. VIII; *T.C.,* I, 97. - *Double Inc.,* I, 6; *T.C.,* I, 269.

115 — *Faus. Suiv.,* I, 10; *T.C.,* I, 426. - *Surpr. Am.,* T. 1; *T.C.,* I, 677-678. - *Tr. Am.,* II, 13; *T.C.,* I, 929.

116 — *Heur. Strat.,* I, 12; *T.C.,* II, 67. - *Réun. des Am.,* sc. VI; *T.C.,* I, 867. - *Jeu,* I, 1; *T.C.,* I, 801.

117 — *Serm. ind.,* I, 2; *T.C.,* I, 971. - *Cab. Phil.,* VI; *J.O.D.,* 389. - *Ind. phil.,* I; *J.O.D.,* 281.

119 — *L'Amour et la Vérité,* div., *T.C.,* I, 69.

120 — *Tr. Am.,* III, 8; *T.C.,* I, 943-944. - *Père prudent,* sc. VI; *T.C.,* I, 26.

121 — *Faus. Conf.,* III, 12; *T.C.,* II, 415. - *Acteurs,* sc. XII; *T.C.,* II, 787. - *E. des M.,* sc. XVI; *T.C.,* II, 33. - *Heur. Strat.,* II, 13; *T.C.,* II, 89.

122 — *Dén. impr.,* sc. VI; *T.C.,* I, 494. - *Méprise,* sc. XXII; *T.C.,* II, 141:

124 — *Legs.,* sc. X; *T.C.,* II, 317-318.
129 — G. Lanson : *Histoire de la littérature française,* 12ᵉ éd. (Hachette, 1910), p. 656. - *Acteurs; T.C.,* II, 775. - *Ile des esclaves; T.C.,* I, 533.
130 — Cl. Roy : « Un théâtre grave et cruel », *Cahiers Renaud Barrault,* nº 28, p. 36. J. de la Porte, dans l'*Observateur littéraire* (1759), t. I, lettre 4 *(T.C.,* II, 972). La *Décade* du 30 floréal de l'an II (texte cité par H. Lagrave, *Marivaux et sa fortune littéraire,* p. 84).
131 — *Heur. Strat.,* II, 3; *T.C.,* II, 77. - *Spect. fr.,* III; *J.O.D.,* 124. - Texte cité dans l'*abbé Trublet* de J. Jacquart (Paris, A. Picard, 1926), p. 324. - A. Gide : *Journal,* éd. citée, II, p. 428 (16 juin 1932).
132 — *Jeu,* II, 8; *T.C.,* I, 821-822. - *Legs,* sc. XXI; *T.C.,* II, 332.
133 — *Faus. Conf.,* III, 6; *T.C.,* II, 407.
134 — *L'Amour et la Vérité,* div. *T.C.,* I, 69. - *Faus. Suiv.,* I, 7; *T.C.,* I, 425.
135 — *Surpr. Am.,* III, 4; *T.C.,* I, 232. - *Pr. trav.,* II, 5; *T.C.,* I, 365; Sec. *Surp.,* III, 12; *T.C.,* I, 723. - *Jeu,* II, 7; *T.C.,* I, 821. - *Mère conf.,* III, 7; *T.C.,* II, 273. - *Pet. M. Corr.,* III, 11; *T.C.,* II, 212. - *Double Inc.,* I, 12; *T.C.,* I, 275. - S. Freud : *Le Mot d'esprit et ses rapports avec l'inconscient,* éd. N.R.F., 1969, p. 369-370. - *Faus. Conf.,* III, 9; *T.C.* II, 412.
137 — *Double Inc.,* II, 6; *T.C.,* I, 285-287.
139 — *Faus. Conf.,* I, 2; *T.C.,* II, 361. - *Faus. Conf.,* I, 5 et 6; *T.C.,* II, 363 et 364.
140 — *Faus. Conf.,* I, 9 et 16; II, 16; *T.C.,* 367; 377; 398.
141 — *Acteurs,* sc. II, *T.C.,* II, 771; sc. XIII; *T.C.,* II, 790.
143 — *V.M.,* IV, 200.
146 — *V.M.,* II, 87. - *Faus. Conf.,* III, I; I, 3; *T.C.,* II, 400; 361.
147 — *Faus. Conf.,* III, 9; I, 16; III, 1; *T.C.,* II, 411; 377; 400.
148 — *Faus. Conf.,* III, 13; *T.C.,* II, 416-417. - *Spect. fr.,* XXII; *J.O.D.,* 242. - Manuscrit des *Faus. Conf.;* texte cité par F. Deloffre, voir *T.C.,* I, 354 et 356-357.
149 — *Ind. phil.,* V; *J.O.D.,* 304; VI; *J.O.D.,* 313.
151 — *Acteurs,* sc. IV; *T.C.,* II, 775. - *E. des mères,* sc. XII; *T.C.,* II, 28. - Laclos : *Les Liaisons dangereuses,* Lettre 81. - *P.P.,* I; 39 et *Spect. fr.,* V; *J.O.D.,* 134. - *Ile de la Raison,* prol., sc. I; *T.C.,* I, 595.
152 — G. Charbonnier, au cours d'une émission scientifique en 1971.
154 — *Double Inc.,* III, 5; *T.C.,* I, 308; II, 1; *T.C.,* I, 278.
155 — *V.M.,* III, 160.
157 — *L.C.A.; J.O.D.,* 83-84.
159 — Sade : *Idée sur les romans,* éd. cit. - G.H. Bougeant : *Voyage merveilleux du prince Fan-Férédin dans la Romancie,* 1735.
160 — *Effets, O. J.,* 270. - *V.M.,* II, 57. - *Effets, O.J.,* 3. - *Effets, O.J.,* 270-271. - *V.M.,* Av. 5.
161 — *Effets, O.J.,* 36.
162 — *Voit. emb., O.J.,* 374.
167 — *V.M.,* VIII, 375. - *V.M.,* I, 17.
168 — *P.P.,* I, 40. - *Effets, O.J.,* 11. - *Effets, O.J.,* 145-146.
169 — *P.P.,* I, 29. - *V.M.,* I, 13. - *V.M.,* II, 79.
170 — *V.M.,* III, 135. - *V.M.,* I, 17. - *V.M.,* I, 21.
171 — *P.P.,* IV, 204. - *P.P.,* V. 266.
172 — *V.M.,* II, 57.
173 — *V.M.,* I, 12-13. - *Effets, O.J.,* 147.
174 — *Effets, O.J.,* 151.
178 — *Spect. fr.,* XXV; *J.O.D.,* 262-263.
180 — *P.P.,* IV, 200.
181 — *Effets, O.J.,* 271.
182 — *Phars., O.J.,* 437.
187 — *Phars., O.J.,* 614-615. - *Phars., O.J.,* 500. - *Phars., O.J.,* 508.
188 — *Phars., O.J.,* 503. - *Phars., O.J.,* 603.
189 — *Pensées diff. Suj., J.O.D.,* 64. - *V.M.,* I, 5 (« Avertissement »).
190 — *P.P.,* I, 6.

191 — *V.M.*, II, 55 (« Avertissement »). - *V.M.*, I, 5 (« Avertissement »).
193 — *Miroir; J.O.D.*, 535. - *Miroir; J.O.D.*, 548.
194 — *Réfl. sur l'esprit; J.O.D.*, 473. - *V.M.*, I, 22. - *Faus. Conf.*, III, 12; *T.C.*, II, 414.
195 — *V.M.*, VIII, 411. - *Jeu*, II, 12; *T.C.*, I, 829. - *Arlequin poli*, I; *T.C.*, I, 88.
196 — *Spect. fr.*, IX; *J.O.D.*, 159. - *V.M.*, II, 66.
197 — *Cab. Phil.*, II; *J.O.D.*, 342. - *Surpr. Am.*, I, 2; *T.C.*, I, 192. - *Sec. Surpr.*, III, 11; *T.C.*, I, 721. - *Sec. Surpr.*, III, 12; *T.C.*, I, 723.
198 — *Félicie*, IX; *T.C.*, II, 756. - *P.P.*, IV, 172. - *V.M.*, IV, 208.
199 — *V.M.*, IX, 450.
200 — *V.M.*, I, 21. - *V.M.*, IX, 446.- *Spect. fr.*, XIV; *J.O.D.*, 188. - *V.M.*, III, 134.
201 — *V.M.*, III, 443. - *V.M.*, X, 530.- *V.M.*, I, 23-24; IV, 293; VI, 302; VII, 380.- *V.M.*, IX, 447. - *Spect. fr.*, XIX, *J.O.D.*, 223; XIV, *J.O.D.*, 187; XXIV, *J.O.D.*, 257.
202 — *Spect. fr.*, XXIV; *J.O.D.*, 252. - *V.M.*, II, 90. - *P.P.*, V, 266.
203 — *V.M.*, VII, 369.- *V.M.*, VIII, 386.
204 — *Effets, O.J.*, 111. - *V.M.*, I, 33. - *V.M.*, X, 510.
205 — *V.M.*, X, 502. - *L.C.A.; J.O.D.*, 100. - *P.P.*, V, 265.- *P.P.*, V, 231.
206 — *V.M.*, II, 60. - *Spect. fr.*, II; *J.O.D.*, 121. - *P.P.*, III, 141; IV, 187. - *P.P.*, V, 362.
207 — *P.P.*, V, 252. - *V.M.*, II, 60.- *V.M.*, IV, 190; VIII, 407. - *V.M.*, VIII, 414.
208 — *V.M.*, III, 154. - *V.M.*, III, 155. - *Hab. de Paris; J.O.D.*, 35.
209 — *V.M.*, V, 224. - *Spect. fr.*, XXII; *J.O.D.*, 240.- *V.M.*, VI, 273.
210 — *V.M.*, VII, 324. - *P.P.*, II, 93. - *Effets, O.J.*, 48. - *Ec. des M.*, XVIII; *T.C.*, II, 35.
211 — *Double Inc.*, III, 1; *T.C.*, I, 299. - *V.M.*, II, 72. - *Spect. fr.*, IX; *J.O.D.*, 159.
212 — *V.M.;* III, 366-367.- *V.M.*, XI, 566.- *V.M.*, IV, 198.
213 — *V.M.*, II, 72. - *Ile de la Raison*, II, 6; *T.C.*, I, 630. - *Spect. fr.*, IV; *J.O.D.*, 132.
214 — *Ind. Phil.*, V; *J.O.D.*, 306. - *Cab. Phil.*, III; *J.O.D.*, 353.
216 — *Cab. Phil.*, III; *J.O.D.*, 352.
218 — *Arlequin poli*, V; *T.C.*, I, 94. - *P.P.*, IV. 173 et V, 223.
219 — *Phars., O.J.*, 602.
220 — *V.M.*, II, 56. - *P.P.*, I, 46.
221 — *P.P.*, III, 166. - *P.P.*, V, 266. - *V.M.*, I, 50. - *V.M.*, VII, 341. - *Double Inc.*, II, 9; *T.C.*, I, 291.
222 — *Effets, O.J.*, 213.
223 — *Voit. emb.; O.J.*, 375.
224 — *Dispute*, I; *T.C.*, II, 603. - *Phars., O.J.*, 674. - *V.M.*, V, 262.
225 — *Her. Vill.*, I; *T.C.*, I, 553. - Dufresny, *La Coquette de village*, I, 1.
226 — *Effets, O.J.*, 102. - *Voit. emb., O.J.*, 320. - *Tél. trav.; O.J.*, 735. - *Tél. trav., O.J.*, 921 et 901-903.
227 — *Tél. trav., O.J.*, 734.
229 — *V.M.*, XI, 561.
230 — *Spect. fr.*, XX; *J.O.D.*, 226.
231 — *Spect. fr.*, XVII; *J.O.D.*, 207-208. - G. Poulet : *Etudes sur le temps humain*, II, *La Distance intérieure* (p. 32).
232 — *V.M.*, IV, 177.
233 — *V.M.*, XI, 540.- *V.M.*, I, 17.
234 — *V.M.*, II.
236 — Freron : *Opuscules*, t. II, dans *Le Sermon au XVIIIᵉ siècle*, d'A. Bernard (1901), p. 28.
239 — A. Houssaye : *Galerie du XVIIIᵉ siècle - Première série : les hommes d'esprit*, « 6ᵉ édition » (Hachette, 1858), p. 90. - *Nouvelles (...) publiées d'après une correspondance inédite* (Librairie ancienne et moderne Edouard Rouveyre, 1879), p. 23 (B.N. Lb 38 1730).
240 — *Mémoires sur divers genres de littérature et d'histoire*, mois de mars 1722 (Paris, veuve Le Febvre), p. 53.
242 — *Mémoires de Trévoux*, août 1743, p. 2174. - *Nouveaux Mémoires d'histoire, de critique et de littérature*, t. III, p. 40-41.
243 — *Correspondance historique, philosophique entre Lisandre, Ariste et quelques autres amis* (A. Van Dole), lettre 14, p. 110.

246 — Leblanc au président Bouhier, 15 avril 1734, B.N., Ms fr. 22-412, F° 435 - Prévost : *Le Pour et Contre,* tome V, p. 359.

247 — *Margot la ravaudeuse,* éd. M. Saillet (J.J. Pauvert, 1965), p. 131.

249 — Bachaumont : *Mémoires secrets, 12 février 1763.* - Dans Sade, *Idée sur les romans,* éd. J. Glastier (Ducros, 1970), p. 69, 71. Sade, éd. citée, p. 47.

250 — Raynal; Lettre du 6 septembre 1751, *Correspondance de Grimm,* éd. Tourneux, t. II, p. 95 *(J.O.D.,* p. 716*).*

251 — Piron, *Mercure,* février 1751, p. 8-9.

253 — E. Faguet : *Dix-huitième siècle. Etudes littéraires,* « 43ᵉ édition » (Société française d'Imprimerie et de Librairie, s.d.), p. 138.

255 — *Correspondance intime* de M. Desbordes - Valmore, publiée par B. Rivière (Lemerre, 1896), t. II, p. 76 (juillet 1842); dans la *Correspondance générale* de Sainte-Beuve recueillie par J. Bonnerot, t. IV, p. 276. - Stendhal : *Correspondance,* éd. H. Martineau et V. del Litto (Bibliothèque de la Pléiade), t. I, p. 103 *(J.O.D.,* p. 726*);* t. I, p. 567 (9 décembre 1804); p. 1361; p. 1274 (10 septembre 1813).

257 — Th. Gautier : *Histoire de l'art dramatique,* t. V, p. 310-311; t. VI, p. 227; t. I, p. 196; t. V, p. 310 (4 septembre 1848); t. VI (20 janvier 1851); t. V, p. 289 (19 juin 1848).

261 — Gide : *Poésie, Journal, Souvenirs* (Gallimard, 1952), t. II, p. 439 (27 décembre 1932); t. I, p. 583 (15 janvier 1902); t. I, p. 589 (1ᵉʳ février 1902); t. II, p. 117 (10 octobre 1922); t. II, p. 519-520.

265 — G. Marcel : Préface à l'édition du *Théâtre choisi,* Paris, édition des Loisirs.

266 — J. Maquet : « Marivaux 1688-1763 : vue d'ensemble », dans *Critique* (avril 1948).

271 — H. Gouhier : « Du metteur en scène », dans *La Table ronde,* octobre 1959, p. 174.

272 — C. Godard : « A Spolète, *La Finta Serva* de Patrice Chéreau » *(Le Monde,* 1ᵉʳ juillet 1971*); «* La Finta Serva à Nanterre - Une allégorie sur les sentiments et la société » *(Le Monde,* 4 novembre 1971*).* - J. Vilar, O.R.T.F., T.V., 2ᵉ chaîne, 22 décembre 1968.

273 — B. Poirot-Delpech :« *L'Ile de la Raison* »*(Le Monde,* 10 décembre 1968*).*

274 — M. Lebesque : « Marivaux est fait pour le petit écran » *(L'Express,* 13-19 mars 1967*).*

Imprimerie BERGER-LEVRAULT, Nancy. – Août 1973.
Dépôt légal 1973-3e. – No 779968. – No de série Editeur 6407
IMPRIME EN FRANCE *(Printed in France)*. – 35020-8-73.

DUE